역사의 거울 앞에서

개정판

중세교회사

역사의 거울 앞에서

개정판

임원택

Facing the Mirror of History

목차

추천의 글

기독교 교회사의 한 부분인 중세교회사를 기술한다면 중세 유럽의 문화와 사회 속에 존재한 교회의 삶이나 사상 등을 적절히 선별하여 옮겨다 적는 것이 고작이라고 생각할지 모릅니다. 그러나 임원택 교수의 「역사의 거울 앞에서」는 책 제목이 말해 주듯이 교회사를 배우고 연구하는 목적이 거기에 우리 교회의 모습, 즉 우리 그리스도인들 자신의 모습을 비추어 성찰함에 있음을 잘 드러내 줍니다.

저자는 역사적 사건이나 사상 그리고 당시 교회의 삶을 대화체의 쉬운 말로 소개할 뿐 아니라 우리가 일상에서 다양하게 경험하는 사건이나 생각들을 동원하여 설명함으로써 중세의 역사가 옛날 지구 저 편에 있었던 교회 역사의 한 부분이 아니고 오늘 여기에 사는 우리와 불가분의 관계에 있는 산 역사로 다가오게 합니다.

저자는 역사를 객관적인 관점에서 평면적으로 담담하게 기술하는 방식이 아니라, 독자들이 마치 강의실에서 다른 학생들과 더불어 강의를 경청하고 호응하는 가운데 있는 것처럼 여겨지게, 때로는 설교하듯 때로는 담론을 나누듯 쓰고 있습니다. 그래서 때때로 주관적인 관점을 강하게 드러내기도 하는데, 그것이 저자의 역사 서술 가운데 옥의 티라고 할 수도 있겠으나 오히려 바로 그것이 젊은이들을 비롯한 일반 신자들을 교회 역사에 가까이 다가오도록 하기 위한 저자의 수사(修辭)이며 이 책의 특징이요 매력이라고 할 수 있을 것입니다.

그러나 무엇보다도 이 책의 가치는 중세교회 역사에 대한 일반적으로 잘못된 이해를 바로 잡아 주고 그 의미를 옳게 평가하도록 깨우쳐 주는 데 있습니다. 중세기를 암흑시대라고 말하는 것은 잘못된 편견임을 잘 설명해 줍니다. 중세교회가 교황주의와 교계주의 교회가 되는 바람에 부패하게 되고 여러 가지 부정적인 면에서 퇴보한 것이 사실이긴 하지만, 중세에도 교회를 개혁하려는 의지를 가지고 실천한 신앙인들과 그런 운동들이 많았으며, 또한 많은 스콜라 신학자들이 기독교 교리에 대한 이해를 더 심화하고 풍성하게 한 사실을 옳게 이해해야 한다고 일깨워줍니다. 종교개혁의 역사가 초대교회에서 중세를 건너 뛰어 우연히 있게 된 것이 아니고 교회 역사의 큰 흐름의 연속선상에 있게 된 것임을 알게 해 줍니다.

김영재

전 합동신학대학원대학교 교수

머리말

역사를 살피다 보면 그 속에서 오늘날 우리의 모습을 발견할 때가 종종 있습니다. 교회 역사도 예외는 아닙니다. 중세교회를 비난하며 들었던 손가락을 중세교회 역사를 곰곰이 되새기는 과정에서 슬그머니 내려놓을 수밖에 없었습니다. 중세교회의 일그러진 모습에서 오늘날 한국 교회의 모습을 보았기 때문입니다. 얼굴에 묻은 티 하나를 닦아내거나 조금 흐트러진 매무새를 가다듬더라도 거울 앞에 서야 합니다. 그런데 오늘날 한국 교회는 자기 모습을 제대로 알지도 못한 채 눈에 보이는 성장만을 향해 마냥 달려가고 있습니다. 한국 교회가 주님의 몸 된 교회의 모습을 되찾으려면 지금이라도 중세교회라는 역사의 거울 앞에서 자신의 진상을 보고 스스로 모습을 바로잡아야 합니다. 그리고 한 걸음 더 나아가 자기 모습을 그리 만든 자신의 비뚤어진 삶의 행태를 고쳐야 합니다.

중세교회 역사는 우리 역사입니다. 기독교회 역사는 초대교회로부터 중세교회를 거쳐 종교개혁기 교회로 면면히 이어져 왔습니다. 말은 그렇게 하지 않지만 실제로는 중세교회 역사를 우리 역사라 여기지 않는 개신교인들이 의외로 많습니다. 교회가 중세 말에 본질이 훼손되는 지경에 이르러 결국 종교개혁이라는 전무후무한 상황을 맞게 된 것은 사실입니다. 그렇다고 해서 그전까지 중세교회 역사 전체를 송두리째 부정할 수는 없습니다. 교황청의 부패와 타락 때문에 중세교회가 쇠락하던 어두운 상황에서도 하나님 섭리의 손길은 중세교회를 붙들고 계셨고, 하나님 섭리의 불꽃은 끊임없이 타오르고 있었습니다. 중세교회 역사는 바로 우리 역사입니다.

만약 중세교회 신자들이 악하고 추한 일을 행했다면 우리는 그것을 우리의 죄악과 수치로 여기고 아파해야 합니다. 그리고 그 전철을 밟지 않으려 애써야 할 것입니다. 오늘날 우리가 누리는 신앙의 소중한 유산은 상당 부분 중세교회 선배들이 물려준 것이기 때문입니다. 우리의 영적 혈관 속에 중세의 피가 흐르고 있습니다.

교회사를 연구할 때 세계 교회가 공유하는 보편성뿐 아니라 각 교회가 처한 역사·지리적 특수성도 언제나 염두에 두어야 합니다. 중세교회 천 년은 세계 교회의 보편적 신앙 내용 형성에 큰 영향을 끼쳤습니다. 중세교회는 삼위일체 신앙을 초대교회로부터 충실히 이어받았고, 구원론의 핵심이라 할 대속교리를 크게 발전시켰습니다. 하지만 견강부회식 성경 해석에 바탕을 둔 교황제도가 점점 강화되면서 교회의 본질이 훼손되었으며 마침내 종교개혁을 맞게 되었습니다. 「역사의 거울 앞에서」의 저술 목적은 중세교회를 비판하는데 있지 않습니다. 중세교회의 제도와 의식을 거의 고스란히 유지하고 있는 오늘날 로마 가톨릭 교회를 비판하기 위함도 아닙니다. 다만 중세교회가 천 년에 걸쳐 겪은 부패와 타락을 역사·지리적으로 전혀 다른 상황 속에 있는 한국 교회가 거의 십분의 일에 불과한 백여 년의 기간에 따라잡은 것을 가슴 아파하며 이런 상황을 타개하고자 이 책을 썼습니다.

「역사의 거울 앞에서」는 2000년 가을부터 지금껏 신학대학원 학생들에게 강의한 중세교회사 수업 내용을 담고 있습니다. 중세교회 역사를 주제별로 묶어서 다루는 방식을 취했고, 신앙에 관심 있는 청·장년 신자라면 누구라도 쉬이 읽을 수 있도록 내용을 풀어썼습니다. 하지만 스콜라신학 부분은 조금 까다로울 수 있기에, 원치 않는다면 그 부분은 건너뛰고 읽어도 전체 이해에 큰 지장이 없을 것입니다.

비록 졸저지만 주님께서 여러 손길을 통해 큰 은혜와 사랑을 베풀어 주셨기에 이 책이 나올 수 있었습니다.

유학을 마치고 와서 20여 년 후학들을 가르칠 수 있도록 건강을 허락하신 하나님 아버지께 감사드립니다. 매일 아침 시작되는 하루하루가 주님께서 베푸신 선물이기에 그동안 제 삶을 이끄시며 돌보아주신 주님 은혜에 감사한 마음밖에 없습니다.

신학 수업의 시작에서부터 지금까지 김영재 교수님은 학문에서나 인격에서나 제 마음의 한결같은 스승이십니다. 중세교회사 강의를 시작하며 대본으로 삼은 책도 교수님의 「기독교 교회사」였습니다. 역사의 객관적인 진술에 집중하고 가능하면 주관적인 진술을 배제해서 마치 여백의 미를 살린 동양화처럼 담백한 역사 기술을 하시는 교수님께서 자신과 전혀 다른 기술 방식을 사용한 제자의 졸저를 추천하는 글을 써주신 것에 감사드립니다. 2000년 가을학기에 모교인 총신대학교 신학대학원에서 중세교회사를 강의하도록 배려해 주셔서 중세교회 역사 강의의 첫 장을 열어주신 심창섭 교수님께도 감사드립니다.

귀한 제자들을 만날 수 있도록 가르침의 장을 주셨을 뿐만 아니라 부족한 저를 품어주시고 항상 사랑으로 격려해 주시는 백석학원 설립자 장종현 총장님께 감사드립니다. 「역사의 거울 앞에서」강의의 실제 대상으로 이 책의 출판을 기다려준 백석대학교 신학대학원의 제자 여러분께도 감사드립니다. 아울러 동료 교수님들과 직원 여러분의 성원에도 감사드립니다.

2008년 도서출판 수풀에서 처음 출간된 「역사의 거울 앞에서」가 2012년과 2015년에는 기독교연합신문사에서 발간되어 독자들의 많은 사랑을 받았습니다. 졸저가 신학도들의 교회 역사 이해를 도울 뿐 아니라, 목회 현장에서도 성도들의 유익을 위해 활용될 수 있어 글쓴이로서 큰 보람을 느꼈습니다.

2019년 산책길에서 낸 개정판에서는 앞의 판들과 달리 미주를 각주로 돌리고 주를 좀 더 달았습니다. 조인범 교수님의 도움을 받아 지도도 새로 만들었습니다. 이번 개정판은 독자 여러분이 읽기 편하도록 본문 자간을 조금 넓혔습니다. 출간을 기꺼이 맡아주신 방주석 대표님과, 실무로 수고해 주신 정진혁 실장님, 편집으로 수고해 주신 방나예 실장님께 감사드립니다. 「역사의 거울 앞에서」가 계속 출간되도록 큰 힘이 되어주신 박관수 목사님께 감사드립니다.

항상 사랑과 기도로 격려해 주시는 어머니, 아버님, 그리고 형님과 형수님께 감사드립니다. 특별히 건강의 어려움을 딛고 다시 일어선 형님으로 인해 하나님께 감사드립니다.

20여 년의 장정 후 처음이자 마지막으로 맞은 안식년은 큰 선물이었습니다. 몇 년 남은 가르침의 길을 감에도 아내의 신뢰와 내조는 제게 가장 큰 힘이 될 것입니다. 자기 길을 꿋꿋하게 걸으며 아빠를 응원해주는 민혁이에게도 이 자리를 빌려 사랑과 고마움을 표합니다.

2025년 2월 10일

임원택

1. 중세교회 시대는 암흑기인가?

'중세교회사'라고 하면 여러분은 어떤 느낌이 드십니까? 아마 대부분 암흑기라는 말을 떠올릴 것입니다. 그런데 만약 중세가 암흑기라면 여러분은 이 책을 읽을 필요가 없을 겁니다. 암흑이라면 캄캄하다는 건데, 캄캄한 데선 아무 것도 보이지 않을 것이고, 볼 것이 없는데 얻을 것은 더더구나 없을 테니까요.

그런데 왜 우리는 중세가 암흑기라고 생각할까요? 중고등학교 세계사 시간에 '중세'하면 '암흑기'라는 식으로 그렇게 배웠기 때문입니다. 중세를 암흑기라고 하는 이들은 두 부류입니다. 우선, 일반 문화사가들이 중세를 암흑기라고 합니다. 중세 때 세속문화나 세속 학문이 교회 조직에 눌려 기를 펴지 못했기 때문입니다. 다음은, 기독교인 가운데 중세를 암흑기라고 하는 경우입니다. 로마 가톨릭 쪽에서는 중세를 암흑기라고 부르지 않겠지요? 중세 때 로마 가톨릭 교회의 조직이 강화되고 크게 융성했으니까요. 그런데 유독 기독교 안에서도 개신교 쪽에서는 중세를 암흑기라고 쉽게 얘기하는 듯합니다. 중세에 대한 세속적인 평가를 쉽게 받아들이는 것이지요.

그렇다면 중세는 정말 암흑기일까요? 우리는 이제 중세가 암흑기인지 아닌지 살펴 볼 것입니다. 아래 〈표 1〉은 교회사 2,000년의 개략적인 시대구분입니다. 초대교회 시대는 예수님께서 부활·승천하신 후 성령 충만 받은 제자들에 의해 교회가 시작되어, 박해를 견디어 내고 기본 조직을 갖춘 시기입니다. 교회의 첫 시대라는 의미에서 초대(初代)라고 부릅니다. 종교개혁기는 16세기 100년으로 봅니다. 현대(現代)는 지난 20세기를 가리키고, 우리가 지금 살고 있는 21세기는 현대를 지났다 또는 벗어났다는 뜻으로 후현대(後現代) 또는 탈현대(脫現代)라고 부르는데, 'post-modern'을 번역한 말입니다. 근세(近世) 혹은 근대(近代)는 종교개혁기 후 현대 이전까지 오늘날과 가까운 시대 300년을 말합니다. 초대는 교회의 시작 시기, 종교개혁기는 종교개혁의 시대, 근대는 오늘날과 가까운 시대, 현대는 20세기 당시의 '오늘날,' 후현대는 현대를 지난 시대, 이런 식으로 다른 시대명칭들은 다 나름의 의미가 있는 반면에 중세는 초대교회와 종교개혁기 사이의 중간기라는 상당히 막연한 의미밖에 없습니다. 교회사가 아닌 일반 세계사에서 고대와 근대 사이에 있는 시대를 중간기라는 의미로 중세라고 이름 붙였는데, 이것을 교회사에서도 따온 것입니다.

그런데 중세가 중간기라는 막연한 이름을 가진 것은 중세의 시작 시기를 딱히 언제로 잡기가 어렵다는 점과 무관하지 않습니다. 종교개혁의 시작을 중세의 끝으로 보기 때문에 중세의 끝은 잡기가 쉽지만 이와 달리 중세의 시작 시점에 대해서는 의견이 분분합니다. 어떤 이들은 중세의 시작을 **그레고리우스 대교황**(大教皇)이라고 불리는 **그레고리우스 1세**의 즉위 시점으로 잡습니다. 교회조직의 확립과 강화에 끼친 **그레고리우스 대교황**의 지대한 공헌을 중시한 것이지요. 하지만 그것은 중세를 지나치게 교황제도 중심으로 해석한 것이 아닌가하는 생각이 듭니다. 저는 게르만족의 남하와 서로마제국의 멸망이 맞물리는 500년 어간을 중세의 시작 시점으로 잡습니다.

초대	중세	종 교 개 혁	근대	현 대	후 현 대

0 500 1000 1500 2000

〈표 1〉 교회사 시대구분

〈표 1〉에서 보듯이 교회사 전체 역사는 2,000년 쯤 됩니다. 그 중에 초대 500년, 종교개혁 100년, 근대 300년, 현대 100년을 다 합하면 1,000년이 됩니다. 그 1,000년을 빼고 난 나머지는 고스란히 중세입니다. 그런데 그 기간이 1,000년입니다. 교회 역사의 절반이 중세교회사라는 말입니다.

따라서 만약 중세교회 시대가 암흑기라면 우리 기독교회 역사의 절반이 암흑기라는 말이 됩니다. 여러분은 이 말에 동의할 수 있습니까?

로마 가톨릭 역사가들은 아예 말할 것도 없고, 만약 개신교 역사가들 중에 초대부터 현재까지 교회사를 기술하면서 초대를 기술하고 나서 톡 건너뛰어서 종교개혁사를 기술하고 있는 그런 경우를 본 적 있다면 그 책을 제게 한번 가져와 보십시오. 중세는 암흑기이고 아무런 소용이 없기 때문에 중세를 뺀 채 기록한 교회사가 있다면 말입니다. 그런 책은 없습니다.

중세 1,000년이 전체 교회사의 절반이나 되는 기간이기에 그 양을 생각할 때 암흑기일 수 없다, 그런 말은 아닙니다. 중세에 잘못된 제도나 가르침이 많이 있지요. 예를 들어서, 교회론 같은 경우가 대표적이라고 할 수 있습니다. 중세교회의 가장 큰 특징이 교황교회입니다. 교황교회라는 말은 교황이 피라미드와 같은 계단형 구조의 정점에 있는 그런 제도를 말합니다. 평신도와 사제 그룹을 갈라놓은 이층 구조도 잘못된 것이지만, 피라미드와 같은 교회 계급 제도 즉 교계주의(敎階主義, hierarchy)도 잘못된 것입니다. 이런 잘못된 교회조직 때문에 중세교회는 교회론 면에서는 시간이 지날수록 초대교회 때보다 오히려 점점 퇴보했습니다. 교회론 면에서 이런 퇴보가 멈추고 큰 발전이 있었던 때가 종교개혁기였습니다.

하지만 중세교회 때 이런 잘못된 것 혹은 퇴보한 것만 있었던 것은 아니었습니다. 스콜라신학에 관한 부분에서 조금 더 다양하게 살필 수 있겠지만, 우선은 맛보기로 한 예를 들어보겠습니다. 과연 중세가 암흑기인가 아닌가를 판단하는데 필요한 정도만 말입니다.

대속교리의 발전

기독교 교리 중에 대속(代贖, atonement) 교리가 있습니다. 대속이 무슨 말이지요? 예수님께서 우리 죄를 대신 담당하신다는 것입니다. 여기서 속(贖)이라는 말은 "죄 씻는 벌을 받는 대신에 재물이나 노력 따위를 바치는 일, 또는 그 재물이나 노력"이란 뜻이 있습니다. 원래 한자 중에 조개 패(貝)가 들어가는 글자는 거의 돈과 관계가 있습니다. 옛날 중국에서 조개가 화폐 역할을 한 적이 있기 때문입니다. 그래서 속전(贖錢)은 "죄를 면하기 위해 바치는 돈"을 말합니다. 실제로 종의 신분에서 건져내기 위해 치르는 종의 몸값을 속전이라고 합니다. 바다의 왕 장보고의 일생을 그린 〈해신〉이라는 TV 드라마에서 언제 죽을지 모르는 검투노예인 궁복과 그 동생을 설평대인이 돈을 치르고 사서는 자기 수하에서 일하도록 하고 노예의 신분을 벗겨주는 대목이 있는데, 여기서 설평대인이 궁복과 그 동생을 위해 치른 돈 역시 속전이라고 할 수 있겠지요.

이 속전을 영어로는 랜섬(ransom)이라고 합니다. 그런데 '랜섬'이라고 하면 떠오르는 게 있지요? 아마 멜 깁슨 주연의 영화 〈랜섬〉이 떠오를 것입니다. 이 영화에서 랜섬이 무엇입니까? 그것은 몸값입니다. 멜 깁슨이 거부로 나오는데, 그 억만장자의 아들이 납치당합니다. 납치범이 그 아들의 목숨을 미끼로 요구하는 돈, 즉 몸값이 바로 랜섬입니다.

신학에서 속전이라는 말도 몸값을 말합니다. 우리 몸값을 누가 지불한 것입니까? 예수 그리스도께서 지불하셨습니다. 그래서 대속이라는 말은 예수님께서 우리대신 우리 몸값을 치르셨다는 말입니다.

초대교회 때는 이 대속교리의 주된 흐름이 속전 개념이었습니다. 그런데 이 속전을 누구한테 지불했다고 생각했는가하면 마귀 즉 사탄에게였습니다. 즉 사탄의 굴레 아래 있는 우리를 구해내기 위해 사탄에게 우리 몸값을 지불했다는 것입니다. 속전을 사탄에게 지불했다는 것이 이 교리의 핵심입니다. 물론 이 교리가 초대교회 교부 모두의 공통된 지지를 받은 것은 아니었습니다. 하지만 초대교회의 교부들 다수가 이런 속전 개념을 가지고 있었습니다. 이것이 속전 교리(ransom theory)입니다.

가만히 생각해보면 이 속전 교리도 일리가 있습니다. 사탄의 굴레에서 우리를 건져낸다는 점은 맞는 것이지요. 하지만 그것이 완전히 맞는 말이 아닌 게 문제입니다. 석연찮은 것이 있지요? 그것이 무엇입니까? 사탄에게 몸값을 지불했다는 것입니다. 이것은 오늘날 우리가 알고 있는 대속교리와는 분명히 다른 것입니다.

그런데 이러한 초대교회의 대속교리가 큰 변화를 맞게 되는 것이 중세 중반쯤인 11세기 말입니다. 나중에 캔터베리의 대주교가 된 **안셀무스**는 대속을 다음과 같이 설명했습니다.

> 우리는 죄를 지었는데, 우리가 지은 죄는 하나님께 지은 죄다. 감히 하나님께 지은 죄이기 때문에 우리 사람들의 죄는 무한히 큰 죄다. 죄가 무한한 죄이기 때문에 그 죄에 대한 형벌도 무한하다. 그래서 죄를 갚음도 무한하게 갚을 수밖에 없다. 그런데 우리 사람들에게 무한이라는 것은 도무지 어울리지 않는 것이다. 우리 가운데

그 누구도 죄 갚음을 무한하게 감당할 수 있는 사람은 없기 때문이다. 그런데 사람의 죄는 사람이 갚아야만 한다. 구약에 나오는 양과 같은 짐승들의 희생은 그림자나 예표일 뿐 그 자체가 실제로 우리 죄를 씻는 것은 아니기 때문이다. 사람의 죄는 사람이 갚아야만 하는데 사람 가운데 그 누구도 다른 사람의 죄를 대신 갚을 사람이 없는 것은 사람들 모두가 남의 죄 갚기는커녕 자기 죄 때문에 자기 자신이 벌을 받아야 할 처지에 있기 때문이다. 우리가 하나님께 각각 지은 죄는 무한한 죄로 우리 각자가 갚아야 하는데, 우리는 무한한 죄를 갚을 무한한 보상 능력을 가지고 있지 않다. 사람이 지은 죄이기에 사람 자신이 갚아야 하는데, 그 죄가 하나님께 지은 무한한 죄라 그것을 갚을 능력은 무한한 능력을 가지신 하나님밖에 없다. 그러므로 신인(神人, God-man), 즉 하나님이시면서 사람이신 분이 필요하다. 그래서 하나님께서 인간이 되셨다.[1]

이것이 바로 **안셀무스**가 자신의 유명한 논문인 「왜 하나님께서 인간이 되셨나?」에서 설명하는 그리스도의 성육신(成肉身, incarnation)의 이유입니다. 인간의 죄는 인간이 감당해야만 하는데 그 죄가 무한한 죄이기 때문에, 결국은 그 죄를 갚을 수 있는 하나님이시면서 인간이신 그리스도께서 이 땅에 태어나셔야만 했다는 것입니다. 즉 대속을 위한 그리스도의 성육신의 필연성을 주장했던 것입니다.

그런데 대속에 관한 **안셀무스**의 가르침에는 초대교회 때 대속교리의 주된 흐름이었던 속전 개념과는 다른 중요한 것 하나가 있습니다. 초대교회 때는

1 Anselmus, *Cur Deus homo*, in Anselmus, *St. Anselm: Basic Writings*, tr. S. N. Deane, 2nd ed. (La Salle, IL: Open Court Publishing Company, 1992), 191-302; Philip Schaff, *History of the Christian Church*, 8 vols. (Grand Rapids, MI: Wm. B. Eerdmans Publishing Company, 1994), 5:604-607; 그리고 Williston Walker et al., *A History of the Christian Church*, 4th ed. (New York: Charles Scribner's Sons, 1985), 326-327 참조.

속전을 사탄에게 지불한다는 것이 주된 입장이었던데 반해, **안셀무스**는 우리 인간의 죄 값을 하나님께 치른다고 가르치고 있습니다. 즉 **안셀무스**의 가르침이 성경이 가르치는 대속 개념에 좀 더 다가간 것입니다. "모든 사람이 죄를 범하였으매 하나님의 영광에 이르지 못하더니"(로마서 3:23)라는 말씀대로 우리 모든 사람이 죄를 범했습니다. 그런데 우리가 누구에게 죄를 범했습니까? 로마서 5장 10절의 말씀대로 우리가 하나님과 원수가 된 것입니다. 그러니까 우리는 하나님께 죄를 지은 것입니다. 그러므로 우리 죄 값을 하나님께 치른다는 **안셀무스**의 가르침이 초대교회 때의 대속교리보다 훨씬 더 성경적이며, 아울러 우리의 경험에도 더 적합함을 알 수 있습니다.

그러나 **안셀무스**의 이런 가르침에 단점이 있었습니다. **안셀무스**에 따르면, 우리는 죄를 지었고 하나님께서는 우리를 고소하는 원고의 입장이 되어 있습니다. 그러니까 하나님은 마치 재판정의 검사와 같이 우리 죄를 추궁하는 아주 잔인한 분으로 여겨질 수 있습니다. 하나님의 공의(公義)는 분명히 드러날지 모르나 하나님의 사랑은 잘 느껴지지 않습니다. 그래서 **안셀무스**의 대속교리는 초대교회의 것보다는 훨씬 발전했지만 하나님의 사랑이 잘 드러나지 않으며 지나치게 법정(法庭)적이라는 비판을 받습니다. 너무 삭막하다는 겁니다. 또한 하나님과 우리를 마치 원고와 피고처럼 묘사함으로, 하나님과 우리 인간을 대등한 관계의 존재들로 그리는 문제가 있다는 비판을 받습니다.

이러한 **안셀무스**의 한계를 넘어선 것이 13세기 **토마스 아퀴나스**의 대속교리입니다. **안셀무스**처럼 **토마스**는 우리가 지은 죄가 무한히 큼을 인정합니다. 하지만 **토마스**는 그리스도의 구속 은총은 그분의 자발적이고 적극적인 순종으로 인해 하나님께 지은 우리의 무한한 죄를 다 갚고도 엄청나게 남는 매우 풍성한(superabundans) 은총이라고 합니다. 그러므로 **토마스**가 말하는 그리스도의 구속 은총의 가치는 **안셀무스**가 말하는 그리스도 은총의 가치보다 훨씬 더

큰 것입니다.[2]

여기서 **토마스**는 한 걸음을 더 내딛습니다. 그는 '하나님께서 우리를 구속하시기 위해 반드시 인간으로 오셔야만 했나?'라는 문제를 고찰합니다. **안셀무스**가 가르친 성육신의 필연성의 의미를 되새겨 보는 것이지요. 인간의 구속을 위해 성육신이 필연적이었다고 보는 **안셀무스**에 비해 **토마스**는 그 필연성(necessity)을 조금 더 세분해서 살핍니다. **토마스**는 필연성을 절대적 필연성, 비본질적 필연성, 그리고 가정적 필연성의 3가지로 구분합니다. 먼저, 절대적 필연성(absolute necessity)은 실제로 그렇게 될 수밖에 없는 필연성을 말합니다. 동그란 네모나, 각진 동그라미가 불가능한 것처럼, 혹은 '악한 하나님'이나 '선한 사탄'이라는 개념의 존재가 불가능한 것처럼, 능력의 부족 때문이든지 혹은 다른 어떤 이유로든지 그리될 수밖에 없는 경우를 말합니다. 이 절대적 필연성을 그리스도의 대속에 적용해 본다면, 하나님께서 우리 인간을 구원하실 수 있는 다른 방법이 존재하지 않기에 하나님께서 인간이 되시는 이 방법밖에는 없다는 주장이 됩니다. 다른 길이 불가능하다는 것입니다. 그런데 이것은 말이 안 되지요? 왜냐하면 하나님께서 전능하신 분이시라면 다른 방법으로도 우리를 구원하실 수 있기 때문입니다. 즉 그 방법 외에는 다른 방법이 없기에 하나님께서 성육신의 방법을 쓰셔서 우리를 구원하신 것은 아니라는 말입니다. 둘째로, 비본질적 필연성(extrinsic necessity)은 어떤 외적 요인에 의해 강요나 강제되어 그리할 수밖에 없는 경우입니다. 하나님께서 어떤 다른 이에게 강요되어 성육신의 방법을 사용하신 것이 아니기에 이 경우 또한 성육신을 통한 구속의 필연성과는 무관합니다. 마지막으로 가정적 필연성(hypothetical necessity)이 있습니다. 무엇을 가정한다는 걸까요? 하나님의 섭리를 가정한다는 겁니다. 하나님의 섭리를 가정할 때, 즉 성육신의 방법을 통해 우리를 구원하겠다고

2 임원택, "**토마스 아퀴나스**의 대속론: 「신학대전」, III, QQ. 46~49에 나타난 그리스도의 수난 교리를 중심으로," 「역사신학논총」 13 (2007): 241-246.

만세전부터 계획하신 하나님의 섭리를 가정할 때, 성육신을 통한 우리의 구속이 필연적일 수밖에 없다는 말입니다. 하나님의 작정은 반드시 이루어져야만 하기에 그 작정하신 내용이 필연적일 수밖에 없습니다. 따라서 **토마스**는 성육신을 통한 구속이 하나님의 섭리를 가정할 때 필연적이었다고 가르칩니다. 이렇게 함으로써 **토마스**는 **안셀무스**보다 하나님의 절대성과 전능하심을 훨씬 드높이는 대속교리를 제시한 것입니다.[3]

또한 **안셀무스**는 성육신의 방법을 통해 인간의 구속이 가능하다는 점을 강조하면서도 은혜를 받는 수단에 대해서는 비교적 덜 구체적인데 반해 **토마스**는 우리가 믿음으로써 예수 그리스도와 신비한 연합을 이루게 되면 머리이신 예수 그리스도의 공덕을 그 지체인 우리가 자동적으로 받아 누리게 됨을 가르칩니다. 그리스도의 대속의 은총을 실제로 누리게 되는 방법을 구체적으로 제시하고 있는 것입니다. **토마스**의 대속교리가 **안셀무스**의 그것보다 훨씬 더 발전한 것은 이렇듯 여러 면에서 분명히 드러납니다.[4]

스콜라신학의 위대한 학자들인 **안셀무스**와 **토마스 아퀴나스** 등의 연구로 초대교회 때보다 훨씬 더 성경적으로 다듬어진 중세교회의 대속교리는 종교개혁자들의 대속교리로 고스란히 이어집니다. 종교개혁자들 중 특히 **요한 칼빈**은 대속교리를 크게 발전시켰습니다.

칼빈의 대속교리는 그리스도의 삼중직(三重職) 교리로 표현됩니다. 예수 그리스도께서 선지자와 제사장이시며 또한 왕이시라는 이 삼중직 교리가 **칼빈**의 대속교리의 핵심입니다. 간혹 목사님들 중에 이 삼중직 교리를 담임목사직과 관련지어 말하는 경우가 있는데 그것은 부적절한 것입니다.

그렇다면 그리스도의 삼중직 교리가 우리 죄를 대속하심과 어떤 관련이 있을까요? 먼저 예수 그리스도께서는 선지자로서 우리의 죄를 지적하십니다.

---

3 임원택, "**토마스 아퀴나스**의 대속론," 228-231.
4 임원택, "**토마스 아퀴나스**의 대속론," 239-241.

하지만 우리 죄를 지적하시는 데서 끝나지 않고 예수께서는 대제사장으로서 친히 자기 몸을 우리 죄를 위한 속전으로 주시는 단번제(單番祭)를 드리셨습니다. 예수께서 십자가 위에서 온 인류의 죄를 대신하기 위해 드리신 단번제는 예수 그리스도의 신성과 인성이 어우러져 단번에 온 인류의 죄를 영원히 씻는(once for all) 희생 제사였습니다. 그렇게 우리에게 구속의 은총을 베푸신 예수께서는 부활·승천 하신 후 왕으로 계시면서 우리 신자들에게 하늘 백성의 은총을 베풀고 계시며 또한 이후로도 영원히 우리를 다스리실 것입니다. 우리 죄를 대속하신 예수 그리스도의 사역을 선지자·제사장·왕의 삼중직으로 표현한 **칼빈**의 대속교리는 가히 대속교리의 꽃이라 할 수 있습니다. **칼빈** 이전에는 세 가지 직분이 예수 그리스도의 사역과 관련하여 각각 다루어지거나 둘 정도가 함께 다루어진 경우는 있어도 이렇게 세 가지 직분을 함께 예수 그리스도에게 적용시킨 경우는 없었습니다. 그러므로 이 삼중직 교리는 **칼빈**의 대속교리의 특징이기도 합니다. 다시 본론으로 돌아가 본다면, 이렇듯 **칼빈**에 의해서 대속교리는 훨씬 더 발전했습니다.

지금까지의 설명을 종합하면, 대속교리는 초대교회 때보다 중세교회 때 더욱 발전했으며 이러한 발전은 종교개혁 때로 이어지고 있다는 것입니다. 그런데 이 대속교리는 우리 기독교 신앙의 핵심적 교리입니다. 만약 우리 신앙의 핵심적 교리가 중세교회 때 발전했다면 중세교회가 암흑기라는 말은 적절하지 않은 것입니다.

중세교회를 사용하신 하나님의 섭리

암흑이 무엇입니까? 별빛 하나 없는 칠흑 같은 밤에 전등이나 촛불은 물론 성냥불빛조차 없어서 캄캄해야지 암흑입니다. 우리가 사용하는 휴대전화 불빛 하나도 없어야 암흑이라고 할 수 있는 것이지요. 그런데 우리 신앙에 있어 이렇게 중요한 중심적 교리가 빛을 발하고 있는데 중세를 암흑기라고 한다면 그것은 잘못된 것입니다.

물론 중세교회 때 잘못된 것들, 특히 오히려 퇴보하거나 악화된 교리들도 많이 있습니다. 앞서 말한 교회론은 물론이고 성찬론 같은 경우에도 명백한 오류를 보입니다. 그리고 도덕적 부패와 타락도 엄청났습니다.

하지만 중세교회가 암흑기는 아니라는 말입니다. 우리를 구원하시기 위한 하나님의 섭리의 불꽃은 이때도 타고 있었습니다. 우리는 앞으로 중세교회의 여러 시기와 사건 가운데 중세교회의 잘못된 모습들을 많이 볼 것입니다. 하지만 중세교회 때라고 잘못된 모습들만 있었던 것은 아니라는 말입니다. 오히려 우리가 중세교회를 통해 배우고 도전받아야 할 것들도 그 안에서 발견하게 될 것입니다.

또한 이 중세교회역사는 로마 가톨릭 교회의 전유물이 아니라는 사실을 기억해야 합니다. 중세교회역사는 우리의 역사입니다. 우리 개신교 교회사가들이 중세교회사를 우리의 역사로 쓰고 있지 않습니까? 간혹 일선 교회에서 몇몇 목사님들이 중세교회역사를 우리 것이 아닌 양 얘기하다 보니까, 마치 중세 1,000년은 우리와 무관한 것처럼 오해하는 분들이 많이 있습니다. 그런데 이러한 오해는 마치 서있는 나무의 아랫동을 잘라내고는 그 나무더러 아무 일 없는 듯 서있으라는 것과 같습니다. 초대교회의 끝 무렵부터를 잘라내고는 중세를 풀쩍 뛰어넘어 종교개혁기로 바로 가버리는 교회사가는 어디에도 없습니다. 그런데 우리 개신교인들 가운데 무의식중에 이런 생각을 가지고 있는 분들이 의외로 많이 있습니다. 그래서 이런 입장을 보보(BOBO) 이론이라고 부르기도 합니다. 즉 기독교 신앙이 사도들 이후에 '깜빡 나갔다'(Blinked Out: BO)가 한참 후인 종교개혁 때에 '깜빡 들어왔다'(Blinked On: BO)는 주장이지요.[5] 하

5 Ralph D. Winter, "하나님 나라가 반격을 가하다: 구속사에 나타난 열 시대," Ralph D. Winter & Steven C. Hawthorne 편, 「미션 퍼스펙티브」, 정옥배 역 (서울: 예수전도단, 2000), 188과 190 참고.

지만 이런 생각은 초대교회 이래로 활발한 신앙을 가진 사람들이 언제나 있어 왔다는 명백한 사실을 간과한 오해일 뿐입니다.

우리는 오히려 초대교회마저도 완벽한 교회는 아니었다는 사실을 기억해야 합니다. 교회들 중에 예배실 앞쪽에 한 해의 표어를 붙여두는 경우가 많이 있는데, 제가 어릴 적에 그런 표어들 중에 '초대교회로 돌아가자'는 문구를 본 기억이 있습니다. 물론 복음의 순수성과 역동성이 두드러졌던 초대교회의 신앙을 본받자는 의도일 테지만, 가만히 생각해 보면 그 표어가 말 그대로 적용될 경우 아주 엉뚱한 결과가 나올 수도 있습니다. 가령 고린도 전·후서에서 보듯이 간음이나 방탕과 같이 육체의 정욕을 좇는 잘못들이 오늘날처럼 사도시대 교회들에도 있었기 때문입니다. 그런데 인간이 속해 있는 교회는 그런 모습일 수밖에 없는 것이 사실입니다. 초대교회든 중세교회든 이 점에 있어서는 예외가 없는 것입니다.

초대교회든 중세교회든 이 세상에 존재하는 교회는 완벽할 수가 없습니다. 그런데도 하나님께서는 흠이 없지 않은 이 지상의 교회를 보존하시고 사용하십니다. 비록 상대적으로 어두워보이던 중세에도 하나님의 섭리의 손길은 교회를 보존하셨을 뿐만 아니라 그 교회를 하나님의 나라 확장을 위해 사용하셨습니다. 그러므로 우리는 이 중세를 살핌으로 우리가 부족한데도 우리를 사용하셔서 이 땅에 하나님 나라를 확장시키시는 하나님의 섭리의 손길을 발견해야만 합니다.

6세기 초 유럽
프랑크
라인강
파리
센강
르와르강
알레만니
롬바르드
부르군디
동고트
게피드
도나우강
아퀼레이아
론강
마르세유
라벤나
서고트
동로마
로마
콘스탄티노폴리스
카르타고
반달

2. 게르만족 선교

〈글래디에이터〉라는 영화를 재미있게 보신 분들이 많을 겁니다. 저도 참 흥미롭게 봤는데, 주연 배우인 럿셀 크로우의 애잔한 눈빛이 아직도 기억납니다. 그 영화를 보신 분이라면, 영화 초두에 나오는 전쟁 장면을 기억하실 것입니다. 막시무스 장군이 이끄는 로마군이 웬 거지 떼 같은 이들과 맞서 싸워 결국 그들을 격퇴하는 장면 말입니다. 그런데, 영화 속에서 넝마를 걸치고 있던 그 볼썽사납던 거지 떼가 우리가 이 장에서 다룰 내용의 주인공입니다. 그들이 바로 게르만족이기 때문입니다. 그 영화는 주인공 막시무스를 비롯해 여러 가공의 인물들이 등장하며 주된 이야기도 허구적 내용입니다만, 영화의 배경은 상당 부분 역사적 사실을 바탕으로 하고 있습니다. 자기 아들이나 딸보다 막시무스를 더 신뢰해서 그에게 자기 사후의 로마를 맡기려했던 나이든 황제는 **마르쿠스 아우렐리우스**입니다. 중학교 때던가 고등학교 때던가 국어 교과서에 그의 글 「명상록」의 일부가 실려 있어서 우리들 대부분이 친숙하게 느끼는 바로 그 **마르쿠스 아우렐리우스**입니다. 영화 시작 때의 배경이 주후 180년인데, 실제로 그 해에 **마르쿠스 아우렐리우스** 황제가 죽었습니다. 2세기말이니까, 영화에서처럼 로마군이 게르만족을 격퇴해 물리치는 상황이 실제로도 충분히 가능한 시기였지요. 하지만 시간이 지나면서 상황이 점점 바뀌어 마침내 전세가 역전되기에 이릅니다. 그래서 결국 게르만족이 서유럽 역사의 주인공이 됩니다. 그러한 엄청난 변화가 기독교회에는 어떤 결과를 가져왔는지 살피는 작업이 이제 우리가 할 일입니다.

게르만족의 이동과 서로마제국의 멸망

마르쿠스 아우렐리우스 황제의 죽음과 함께 5현제(賢帝) 시대가 끝나면서 용렬한 황제들이 뒤를 잇게 되자 군에 대한 황제의 통솔권이 약화되었고 군의 세력은 점점 더 커져갔습니다. 거의 한 세기 동안의 혼란기를 지나며 로마제국은 도시와 농촌을 가릴 것 없이 피폐해져만 갔습니다. 3세기 말엽 **디오클레티아누스** 황제와 그 뒤를 이은 **콘스탄티누스 대제**(大帝)가 군에 대한 통솔권을 되찾고 전제군주제를 확립함으로써 이러한 혼란은 잠시 극복되는 듯했습니다. 특히 **콘스탄티누스**는, 황제숭배를 강요했던 **디오클레티아누스**와는 달리, 기독교를 통해 제국의 통일을 굳히려는 생각으로 313년 기독교를 위시한 모든 종교에 신앙의 자유를 허용했습니다. 또한 그는 284년 **디오클레티아누스**의 집권 이후 두 아우구스투스(Augustus)에 의해 동·서로 분할되어 통치되고 있던 로마제국을 325년에 하나로 통일했습니다. 참고로, '아우구스투스'라는 호칭은 B.C. 27년 원로원이 **카이사르 옥타비아누스**가 로마의 첫 황제가 되었을 때 준 것이었는데, 그 후 로마제국의 통치자를 가리키는 칭호로 쓰였습니다. **콘스탄티누스 대제**가 죽은 후 그의 세 아들들에 의해 나누어진 제국은 그 후 약 반세기 동안 사실상 다시 동·서로 분할되어 통치되었습니다.

로마제국은 **테오도시우스 대제**가 죽기 1년 전 다시 통일되었으나, 395년 그가 죽으며 두 아들에게 양분해 나누어줌으로 동쪽은 **아르카디우스**가, 서쪽은 **호노리우스**가 통치하게 되었습니다. 그런데 395년의 이 분열은 결과적으로 영구적인 것이 되고 말았습니다. 그 후 동로마제국은 비록 점차 그 영토가 줄어들기는 했지만 1453년 터키에 의해 멸망되기까지 1,000여년을 존속했습니다. 하지만 서로마제국은 게르만족의 침입을 받아 혼란을 겪다가 동·서로 갈라진 지 한 세기도 지나지 않아 멸망하고 말았습니다. 멸망 당시 서로마제국의 실제 지배자는 게르만 출신의 용병대장들이었고 황제는 허수아비에 불과했습니다. 476년 스키리족 출신 용병대장 **오도바카르**가 애송이 황제 **로물루스 아우구스툴루스**에게서 황제의 관을 뺏은 이후 서로마제국의 황제는 더는 존재하지 않게 되었습니다. '아우구스툴루스'(Augustulus)라는 칭호는 황제를 칭하는 '아우구스투스'(Augustus)에 '루'(lu)를 넣어 만든 축소명사입니다.

앞 장에서 말씀드린 대로, 저는 게르만족의 남하와 서로마제국의 멸망이 맞물리는 500년 어간을 중세의 시작 시점으로 잡습니다. 따라서 우리가 중세 유럽을 제대로 이해하기 위해서는 먼저 게르만족을 알아야 합니다. '게르만'은 알파벳으로는 'German'인데 이것이 영어로 독일을 뜻한다고 해서 게르만을 오늘날의 독일과 동일시함은 부적절합니다. 게르만족의 범위는 지금의 독일 지역도 포함하지만 그것보다 훨씬 더 넓은 지역에 뻗쳐 있었기 때문입니다. 기원전 5세기경 게르만족은 스칸디나비아반도 남부에 거주하고 있었습니다. 하지만 점차 남쪽으로 내려와 기원전 3세기경에는 지금의 덴마크, 그리고 독일의 북서부 지역에도 살았습니다.

게르만족이 왜 남쪽으로 내려오게 되었는가에 대해서는 여러 가지 이유를 추정할 수 있습니다. 우선은 날씨가 추운 곳에서 따뜻한 곳을 찾아내려왔다고 볼 수 있습니다. 또한 인구 증가로 인해 식량이 부족해서 먹을 것이 조금 더 풍족한 곳을 찾아왔다고 볼 수 있습니다. 추운 곳보다는 따뜻한 곳에 먹을 것이 더 풍족하기 때문이지요.

이것은 우리보다 훨씬 더운 동남아시아 지역의 나라들에 곡식이나 과일이 매우 풍부한 것을 봐도 알 수 있는 것이지요. 여담입니다만, 그런 나라에 사는 것에는 장점과 단점이 함께 있지요. 즉 날씨가 연중 따뜻해서 얼어 죽을 걱정 없고 또 먹을 것이 풍족한 편이어서 일을 안 해도 대충대충 먹고 살 수 있다는 장점이 있습니다. 하지만 이런 환경이 오히려 단점이 될 수도 있는데 그런 환경 때문에 사람들이 게을러지기 쉽다는 것이지요. 그래서 그런지는 몰라도, 실제로 보면 현재의 선진국들은 대부분이 남반구든 북반구든 비교적 고위도 상에 존재하며, 4 계절이 있거나 적어도 여름과 겨울이 있는 나라들입니다. 그러니까 따뜻하고 먹을 것 많다고 무조건 좋은 것은 아니지요? 하지만 게르만족의 경우 증가하는 인구에 비해 먹을 것이 턱없이 부족해서 아무리 부지런해도 원래 있던 곳에서는 계속 살 수 없을 상황이었나 봅니다.

본론으로 돌아가서, 게르만족이 남하한 이유에 대해서는 그 외에도 여러 이유를 추정할 수 있겠지만, 콕 찍어서 말하기는 좀 어렵습니다. 왜냐하면 게르만족의 이동은 단기간이 아닌 수 백 년에 걸쳐 일어난 일이기 때문입니다. 아니, 조금 더 넓게 잡는다면 거의 천 년에 걸친 이동이었습니다. 그러므로 정확하게 어떤 이유 때문에 그들이 이동해 왔다고 한 마디로 말하기는 어렵습니다.

스칸디나비아반도에서 출발하여 발칸반도의 동로마제국 지역을 제외한 유럽 전 지역과 북부 아프리카의 일부까지 옮겨와 살았던 이들 전체를 게르만족이라고 부릅니다. 그러므로 게르만족은 고트족, 프랑크족, 부르군디족, 롬바르드족, 반달족 등을 모두 포괄하는 이름입니다.

게르만족의 남하에 따라 이들과 로마인들 사이의 충돌은 이미 1세기 무렵부터 있었습니다. 사실 게르만족이 옛 로마제국의 영토로 이주해 들어오게 된 데는 로마제국의 쇠퇴가 한 몫을 했습니다. 3세기경 로마제국의 내정이 문란해지고 국경 방비가 소홀해지자 게르만족 중에 일부는 국경을 넘어 로마 영내로 들어와 로마의 하급관리나 용병이 되기도 했고 농사를 짓기도 했습니다.

오도바카르도 그런 경우였지요.

고트족은 그리스도께서 탄생하셨을 즈음 지금의 폴란드에 있는 비스툴라 강어귀에 정착했는데, 2세기 동안 남동쪽으로 이동하면서 동고트족과 서고트족으로 나누어졌습니다. 375년 훈족의 공격을 받은 서고트족이 서쪽으로 밀려오면서 게르만족의 본격적인 이동이 시작됩니다. 중국에 밀린 훈족의 서진 때문에 게르만족의 정주에 변동이 생긴 것이지요. 그 후 세력을 신장한 서고트족은 410년 **알라릭**의 지휘아래 로마를 약탈하고 남부 갈리아를 거쳐 스페인에 들어가 그곳에 앞서 침입해 있던 반달족을 밀어내고 스페인과 갈리아에 걸쳐 서고트왕국을 세웠습니다. 그들보다 앞서 갈리아를 거쳐 스페인에 들어가 있던 반달족은 서고트족에 밀려 아프리카로 건너가 그곳에 반달왕국을 세웠습니다. 브리튼 섬에는 5세기경 로마군단이 떠나고 반세기가 지났을 즈음 주트족과 앵글족 그리고 색슨족이 쳐들어와 원주민인 켈트족을 서북쪽으로 몰아내고 동남부 지역에 일곱 왕국을 세웠습니다.

서고트족이 로마를 약탈한 사건은 로마인들에게 큰 충격을 주었습니다. 특히 이교도들은 이전에 로마가 다른 신들을 섬길 때는 괜찮았는데, 기독교를 국교로 삼음으로 이런 수모를 겪게 되었다고 주장하며 기독교를 비방했습니다. 이러한 비방에 맞서 이 땅의 나라와 하나님 나라가 동일하지 않음을 보이고 이 땅의 나라는 불완전할 수밖에 없으며 기독교도들은 이 세상에 사는 동안에는 그러한 불완전함에도 이 땅에 속해 살아가야하지만 그들이 궁극적으로 지향해야 할 것은 하나님 나라임을 천명한 이가 **아우구스티누스**였습니다. 그가 그런 내용을 10여년이 넘는 기간에 걸쳐 적은 책이 바로 「하나님의 도성」이지요.

한편, 3, 4세기에 흑해 지역에 있었던 동고트왕국은 훈족에 의해 파괴되었지만, 453년 훈족의 왕 **앗틸라**가 죽은 후 동고트족은 지금의 헝가리와 유고슬라비아 지역에 해당하는 판노니아에 정착했습니다. 볼모로 잡혀 동로마제국의 궁전에서 자란 **테오도리쿠스**는 동고트족을 이끌고 발칸반도를 약탈했는데, 488년 황제로부터 이탈리아의 보호자(patricius)라는 칭호를 받기도 했습니다. 그 후 **테오도리쿠스**는 알프스를 넘어 이탈리아로 쳐들어가 **오도바카르**를 죽인 뒤 동고트왕국을 세웠습니다. 이와 비슷한 시기인 486년, 그때까지는 라인 강 하류에 거주했던 프랑크족이 **클로비스** 왕의 지휘아래 센 강과 르와르강 사이의 갈리아 지방에 쳐들어와 그 땅을 점령하고 프랑크왕국을 세웠습니다. 또한, 6세기 초까지 도나우 강 상류에 거주하고 있던 롬바르드족은 이탈리아 북부로 옮겨와 자기들의 왕국을 건설했습니다.

설명을 상세히 하다 보니 조금 장황스럽게 되어버렸는데, 게르만족의 이동을 간단히 말하면, 지금의 북유럽 지역에 있던 야만인들이 서서히 이동해와서 대제국 로마의 반쪽을 무너뜨리고 결국에는 그곳에 자기들의 나라를 세웠다는 내용입니다. 그런데 로마인들의 눈에 게르만족이 무척 야만인으로 보였던 것 같습니다. 예를 들어, 결국 북아프리카에 정착했던 반달족의 경우 그들의 종족명 자체가 '문화·예술의 파괴자'를 떠올리게 합니다. 영어의 '밴덜리즘'(vandalism)과 이에 상응하는 불어 '방달리슴'(vandalisme), 그리고 독어 '반달리스무스'(Wandalismus), 모두가 '반달족의 행위,' 즉 '야만행위'를 뜻하는 말입니다. 〈글래디에이터〉에 나오는 난폭한 거지 떼 같은 그들의 모습과 행동이 실제 그들의 행위와 매우 닮았으리라 짐작할 수 있겠지요.

그런 거지 떼에 의해 서로마제국이 멸망당한 것은 매우 충격적인 사실입니다. 게르만족의 침입이 처음부터 로마제국에 큰 위협이 된 것은 아닙니다. 로마가 강했을 때는 야만족 격퇴는 그리 큰 문제가 아니었습니다. 하지만 로마가 힘을 잃자 게르만족의 침입이 더는 '작은 문제'가 아니었습니다. 앞서 말한 대로, 395년 **테오도시우스 대제**의 아들들에 의해 양분된 후 불과 한 세기도 지나지 않아 서로마제국은 그들이 야만족이라 불렀던 게르만족의 손에 떨어져 사라지고 말았습니다.

서로마제국의 수도였던 로마는 원래 로마제국 전체의 수도였습니다. 그런데 **콘스탄티누스 대제**가 비잔티움이라는 도시로 천도를 함으로 이제는 제국의 수도는 아니었지만 종교적으로나 문화적으로는 여전히 제국의 중심이라는 역할을 감당하고 있었습니다. 서로마제국이 게르만족에게 멸망당한 후에도 도시 로마는 여전히 옛 서로마 지역의 중심이었습니다.

콘스탄티누스가 천도한 도시는 옛 이름인 비잔티움 대신에 콘스탄티노폴리스라 부르게 되었습니다. '**콘스탄티누스**의 도시'라는 뜻이지요. 콘스탄티노폴리스의 옛 이름이 비잔티움인 때문에 비잔틴제국이라는 말로 동로마제국을 일컫기도 합니다.

게르만족이 남하하면서 처음에는 동쪽으로 나아갔는데 중국에 밀린 훈족의 서진 때문에 남쪽으로 방향을 틀게 됩니다. 그래서 먼저는 동로마제국과 교전을 벌입니다. 하지만 동로마제국은 버티어내고 살아남습니다. 동로마제국을 건드리다가 뜻대로 되지 않자 서쪽으로 방향을 튼 게르만족은 서로마제국을 공격했고 결국 서로마제국 지역에 게르만 왕국들을 건립합니다. 동로마제국이 서로마제국보다 먼저 게르만족의 침입을 당했음에도 끝까지 막아낼 수 있었던 이유를 역사가들은 다음과 같이 추정합니다. 우선, 서로마제국에 비해 상대적으로 도시와 주민이 많았습니다. 도시가 많다는 것은 경제력이 있음을 의미합니다. 전쟁을 치르는 데도 경제력이 있어야 하지요. 주민 수도 전투력과 정비례 관계가 있습니다. 게다가 동로마제국은 튼튼한 성벽을 가지고 있었고 특히 수도인 콘스탄티노폴리스는 성채가 매우 튼튼했습니다. 드라마 「태조 왕건」에 보면 후삼국시대 견훤이 이끄는 후백제 군이 쇠락한 신라를 공격하는데 번번이 대야성(大耶城)을 못 넘지요. 난공불락이었습니다. 〈에이지 오브 엠파이어〉나 〈스타크래프트〉 같은 컴퓨터 게임에서 실력이 좋은 사람은 어느 정도 병력이 모이면 재빨리 적진으로 끌고 가서 상대가 수비 병력을 요처들에 배치하기 전에 신속하게 적진을 초토화시켜 버립니다. 거꾸로 말하면,

수비하는 편에서는 요충지에 해당하는 길목만 잘 지켜내도 전쟁에서 지지 않을 수 있다는 겁니다. 수도인 콘스탄티노폴리스를 깨야 동로마제국 전체를 차지할 수 있는 건데, 튼튼한 성채 때문에 그곳을 넘지 못하니까 게르만족이 결국 동로마제국은 포기하고 서로마제국 쪽으로 돌아선 것입니다.

476년 서로마제국이 멸망한 후에도 야만족들의 침략은 계속되었습니다. 이제는 황제가 없다보니 사람들은 모두 로마 주교를 바라보았습니다. 로마 주교는 여러 주교들 가운데 한 사람일 뿐이었지만 로마시가 가진 위상 때문에 다른 도시의 주교보다 두드러져 보이는 게 사실이었습니다. 게다가 로마는 초대교회 5대 총대주교구(로마, 콘스탄티노폴리스, 시리아 안티오크, 예루살렘, 알렉산드리아) 중 서로마제국에 있는 유일한 총대주교구였습니다. 여기에 황제까지 없다보니 모든 사람들이 로마 주교만을 바라보게 된 것입니다. 이것이 교황제도 형성으로 나아가는 과정은 다음 장에서 자세히 살펴보겠습니다.

동로마군의 서유럽 원정

로마 주교는 동로마황제에게 도와달라고 요청했습니다. 하지만 요청을 한다고 도움이 바로 올 수 있는 건 아니었습니다. 도와줄 수 있는 병력이 있어야지요. 그것도 원정을 와서 도와야 하는 것이기에 수비하는 쪽보다 병력이 훨씬 더 막강해야만 했습니다. 앞서 대야성 예도 들었지만 수비하는 쪽은 공격하는 쪽보다 상대적으로 힘이 덜 듭니다. 프로야구 포스트 시즌에 진출한 팀 중 3, 4위전을 치른 팀들은 지칠 대로 지치게 됩니다. 상대적으로 나은 2위 팀도 플레이오프를 치르면서 힘이 빠져나갑니다. 1위 팀은 기다리면서 전력을 가다듬고 있었던 데다가 처음 2연전을 홈에서 치르니 전력상 절대 유리하지요. 원정군과 그들을 막아내는 군대의 차이도 이와 비슷하다고 볼 수 있습니다. 지금의 발칸반도 동부에 있는 콘스탄티노폴리스에서 군대를 이끌고 이탈리아반도까지 간다고 합시다. 만약 그 보급로만 차단해 버려도 전쟁은 끝나는 겁니다. 고립된 원정군에게 지역민들이 먹을 것을 잘 줄까요? 일반 주민들은 칼을 제일 무서워합니다. 자기들을 도우려왔다고 해도 원정군은 잠시 있다 갈 군대고 자기들을 다스리고 있는 게르만족은 항상 자기들 가까이 있으니 원정군을 무작정 도울 수는 없는 것이지요. 멀리 있는 총보다 눈앞의 칼이 더 무섭잖아요? 영화에서 종종 그런 장면 나오지요? 멀리서 총 겨누고 있고 바로 자기 턱 밑에 칼 들이대고 있으면 누구 말을 들어요? 힘이 아무리 세도 멀리 떨어져 있으면 영향력이 없는 겁니다. 그러므로 원정에서 승리하려면 보급로가 끊어져서는 안 되고, 보급로가 차단되지 않으려면 병력을 분산해야 하지요. 그러려면 수비하는 쪽보다 병력이 훨씬 더 많아야 합니다.

535년 동로마제국 황제 **유스티니아누스 대제**는 선왕들이 계획해 온 서유럽 수복을 위해 원정군을 보냅니다. 중·고등학교 세계사 시간에 **유스티니아누스** 대법전이나 하기아 소피아 성당에 대해 배운 기억이 있지요? 그런 것들을 만들게 한 이가 바로 이 **유스티니아누스**입니다. 하기아 소피아 성당 같은 웅장한 건축물을 아무나 세울 수는 없습니다. 힘이 있는 사람만이 할 수 있는 일입니다. **유스티니아누스**는 실제로 동로마제국 역사상 가장 강력한 군주였습니다.

그런데 **유스티니아누스**는 원정군을 보내기 전에 로마 주교와 주교청으로부터 더 확고한 지지를 받기 위해 소아시아와 북아프리카 지역에 있던 단성론(單性論, Monophysitism) 신앙을 가진 이들을 정통 신앙으로 개종하도록 강요했습니다. 저항하는 이들은 강력하게 처벌했습니다. 단성론은 예수님에게 성(性)이 하나만 있다는 주장입니다. 이때 성은 남성·여성이라고 할 때의 성이 아니라 신성·인성이라고 할 때의 성을 말합니다. 예수님께서 성육신하시기 전에는 양성을 다 가지고 계셨지만 성육신 후에는 신성 하나만을 가지고 계신다는 주장이 단성론입니다. 단성론자들은 예수님의 인성이 신성에 흡수되었다고 주장합니다.

만약 그릇된 것이 있다면 그들에게 제대로 가르쳐주며 설득하는 것이 올바른 방법일 텐데, 문제는 **유스티니아누스**가 단성론 신앙을 가진 이들을 핍박했다는 것입니다. 정통 신앙을 갖도록 하기 위해 무력을 사용한 것입니다. 그리고 그런 일을 통해 로마 주교청의 호의를 얻고자 했습니다. 저항하는 이들을 얼마나 심하게 핍박했던지, 나중에 7세기 초 이 지역에 무슬림들이 쳐들어왔을 때 이 지역 주민들이 이슬람으로 쉽게 개종해버립니다. 초기 이슬람의 종교정책은—물론 나중에 무슬림 터키인들의 경우는 좀 달랐지만—온건 정책이었습니다. 즉, 이슬람 외의 다른 신앙도 허용했습니다. 하지만 무슬림들은 1등 국민, 무슬림이 아닌 경우는 2등 국민, 이런 식으로 정치적인 차별을 했습니다. 이런 정치적 차별을 감수하면서라도 이슬람이 아닌 다른 신앙을 가지는 경우 그것을 강제로 막지는 않았다는 말입니다. 소아시아와 북아프리카 지역 주민들의 마음은 의외로 쉽게 흔들렸습니다. **유스티니아누스**를 위시해서 동로마제국 여러 황제들은 자기들에게 정통 기독교 신앙을 갖도록 강요했고 그에 대해 저항할 때는 핍박까지 일삼았는데 반해 무슬림들은 오히려 강압정책을 쓰지 않았습니다. 그래서 종교적 온건정책을 편 무슬림들 쪽으로 쉽게 넘어가버렸습니다.

유스티니아누스는 두 차례에 걸쳐 이탈리아 원정군을 보냈고 당장의 결과는 성공적이었습니다. 그의 재위 때 동로마제국 군대는 두 번의 이탈리아 원정 외에 북아프리카와 페르시아 원정 등을 치르며 과거 로마제국의 영토를 다 수복하는 듯했습니다. 하지만 그가 죽은 후 국력은 급속하게 쇠퇴했고 그 후 점점 쇠락해진 동로마제국은 1453년 멸망 당시에는 발칸반도 지역을 겨우 유지할 정도로 궁색한 모습이었습니다.

더군다나 실제 전쟁에서 원정군의 한계는 승리한다고 하더라도 그 원정지에 계속해서 머물러있을 수 없다는 것입니다. **유스티니아누스 대제** 때 동로마제국 군대가 이탈리아 반도를 수복한 적도 있었지만 잠시뿐이었고, 결국 이탈리아를 포함한 옛 서로마제국 영토를 차지한 것은 게르만족이었습니다.

게르만족 선교

멸망 당시 서로마제국이 기독교 국가였던 반면에 게르만족은 이교도였습니다. 그러나 서로마 지역을 차지하고 그곳의 새로운 통치자가 된 게르만족은 피정복민인 로마인들의 문화에 동화되었고 로마인들에게 전도 받아 기독교도가 되었습니다. 서로마 원주민들이 침략을 당하면서도 침략자들인 게르만족에게 기독교 신앙을 전한 것입니다.

문제는 게르만족 선교에 아리우스파가 먼저 나섰다는 사실입니다. 아리우스파는 제1차 세계공의회인 니카이아 공의회 때 이단으로 정죄 받은 이들입니다. 아리우스파가 강조하고 싶었던 것은 성부 하나님의 절대적 초월성이었습니다. 그들은 절대자는 유일무쌍하며 불변한 존재라고 생각했습니다. 절대자가 둘일 수는 없다. 하나님께서 불변하신 초월적 절대자이신 것은 명백하지만 예수 그리스도께서 하나님과 동일하다고 하면 절대자가 둘이란 말이 된다. 그러므로 예수 그리스도와 하나님이 동일할 수는 없다. 이것이 성자가 성부와 동일하시지 않다고 주장하는 아리우스파의 논리입니다. 절대자가 둘일 수 없기에 성자가 성부와 동일할 수 없다는 겁니다. 그래서 그들은 성자가 성부에 종속된다는 종속설을 주장했습니다.

니카이아 공의회 때 정죄 받았다고 해서 아리우스파 이단이 사라진 것은 아니었습니다. 고트족의 사도라 불리는 **불필라**는 고트족 출신으로 아리우스파 논쟁이 한창일 때 로마제국에 살았고 아리우스의 지지자였던 **니코메디아의 유세비우스**에 의해 주교 서임을 받았기에 성자가 성부에게 종속적이라는 아리우스파 입장을 견지했습니다. 하지만 **불필라**는 그리스도가 하나님의 아들임을 강조했고 성경을 문자적으로 철저하게 믿었습니다. **불필라**는 동족인 고트족에게로 돌아가 선교사역을 했는데, 성경을 고트어로 번역하기도 했습니다.

결과적으로 게르만족, 특히 고트족은 아리우스파 신앙을 먼저 접하게 된 것입니다. 게르만족이 정통 기독교 신앙보다 아리우스파 신앙을 선호해서 그런 게 아니라, 아리우스파 신앙을 먼저 접했기 때문에 그 신앙을 받아들이게 된 것입니다.

이런 사실을 보면, 선교에 있어서 선점이 참 중요하다는 생각을 하게 됩니다. 미전도 종족 선교를 봐도 그렇습니다. 예를 들어, 종이에 그림을 그리는데 아무 것도 그려져 있지 않은 종이 위에 그림을 그리는 것하고 이미 어떤 그림이 그려져 있는 종이 위에 앞의 그림을 지우거나 그 위에 덧칠을 해서 그림을 그리는 것하고 어느 쪽이 수월할 지는 물어보나마나 뻔합니다. 어릴 때 크레파스로 그림을 그려본 사람이라면 누구나 알 수 있는 것이지요. 덧칠을 하다보면 잘못해서 덧칠이 아니라 떡칠이 되는 경우가 허다합니다. 선교 차원에서 볼 때, 원시 신앙을 가진 사람들의 경우는 거의 맨 종이에 가깝다고 하겠습니다. 반면, 불교나 이슬람 혹은 힌두교와 같은 고등종교를 가진 이들은 이미 어떤 그림이 그려져 있는 종이와도 같습니다. 고등종교에는 나름대로 체계화된 교리가 있고, 경전도 있기 때문에 그런 고등종교를 가진 이들에게 복음을 전하는 것은 원시 신앙을 가진 이들에게 복음 전하는 것보다 상대적으로 어려움이 훨씬 많습니다. 그러므로 이왕 선교를 하려면 다른 고등종교가 들어가기 전에 우리가 선점하는 것이 훨씬 효율적인 방법입니다. 그렇기에 선교사들 중에 특히 아직 많은 이들의 발길이 닿지 않은 오지에서 성경을 번역하는 등의 사역을 감당하고 있는 미전도 종족 선교사들은 너무 귀한 분들이지요?

그런데 문제는 엉뚱한 사람들이 선점을 하고 있다는 겁니다. 북한의 경우, 통일교 같은 이단들이 먼저 들어가 물량공세를 펴며 자리를 잡으려 하고 있습니다. 통일이 되면 북한에 복음 전도자로 가겠다는 헌신자들이 꽤 있는 걸로 아는데, 그들이 북한에 들어가서 만날 의외의 복병이 바로 선점한 이단들이 아닐까 우려됩니다.

아리우스파가 게르만족 중 여러 부족을 선점한 후 정통 기독교 신앙은 뒤늦게 그들에게 전파되었습니다. 게르만족 중에 부르군디라는 작은 부족국가가 있었습니다. 부르군디족도 아리우스파 신앙을 갖고 있었는데 유독 공주 **클로틸다**는 정통 기독교 신앙을 갖고 있었습니다. 그런데 그녀는 게르만 부족들 가운데 가장 막강했던 프랑크족의 왕 **클로비스**에게 시집을 갔습니다. 그때까지도 프랑크족은 정통 신앙은 물론이고 아리우스파 신앙조차 갖지 않은 상황이었습니다. **클로비스**는 아내의 하나님이 자신의 경쟁자인 알레만니족을 이기게만 해준다면 그녀의 하나님을 믿겠다고 약속했는데 전쟁에서 승리를 거두었습니다. 그는 휘하 3천 명의 병사들과 함께 496년 크리스마스에 랭스의 대주교에게 세례를 받았습니다.[6]

클로비스와 휘하 병사들의 집단 수세는 매우 뜻 깊은 사건이었습니다. 그 결과 프랑크왕국이 게르만족 국가들 중에서 정통 기독교 신앙을 제일 먼저 받아들인 나라가 되었습니다. 로마 주교청은 정통 신앙을 갖게 된 **클로비스**와 프랑크왕국에 힘을 실어주었습니다. 로마 주교청의 응원으로 프랑크왕국은 성장에 탄력을 받았습니다. 그래서 게르만족 국가들 중 가장 강력한 왕국으로 성장했습니다.

스페인의 서고트족은 처음에 아리우스파 신앙을 받아들였다가 나중에 정통 신앙으로 돌아선 경우였습니다. 서고트왕국은 6세기 말 국가를 강화하고 유지하기 위해 정통 기독교 신앙을 받아들이게 되는데 아리우스파 신앙을 가진 이들의 저항이 강해 그 과정에서 많은 피를 흘렸습니다. **레카레드 1세**가 587년 정통 신앙으로 돌이키는 혁명을 완수했고 589년 제3차 톨레도 공의회

6 Schaff, *History of the Christian Church*, 4:82.

에서 승인을 받았습니다.

흥미로운 사실은 세월이 좀 흐른 후 서유럽 쪽에서 살아남은 게르만족 국가들을 보면 모두가 결국에는 정통 기독교 신앙을 받아들인 나라들뿐이었다는 것입니다. 마치 정통 기독교 신앙을 받아들임 여부가 국가 존망을 결정지은 것처럼 말입니다. 하지만 이건 정통 기독교 신앙을 받아들이면 살아남고 그렇지 않은 경우에는 멸망했다는 식의 논리로 말하는 것은 아닙니다. 다만, 역사의 결과를 보니 그랬다는 말입니다.

그런데 게르만족 국가들이 신앙을 받아들이는 방식은 개인적인 결단과는 좀 거리가 있었습니다. 예를 들어, **클로비스**에 이끌려 집단적으로 세례를 받은 병사들의 경우는 오늘날 일반적인 신자의 경우와 큰 차이가 있습니다. 물론 오늘날에도 간혹 이와 유사한 경우는 있습니다. 군대에서 독실한 기독교 신자인 대대장이 새로 부임해 오자 이전에는 교회 근처에도 안 갔던 인사계가 갑자기 교회에 나가기 시작하고 심지어는 병사들까지 교회 가라고 독려하는 경우처럼 말입니다. 신앙이 없으면서 다만 상급자에게 잘 보이려고 그렇게 할 수 있는 것이지요. '위에서부터 아래로'라는 게르만족 초기 선교의 특징은 이와 같은 한계를 가지고 있었습니다. 위에서부터 아래로 하향전달식으로 이루어진 선교다 보니까 반발이나 부작용도 많았을 것이고 엉터리 신자도 많았을 것입니다. 하지만 우리가 인정할 수밖에 없는 것은 그런데도 그 가운데 하나님을 제대로 믿는 사람들이 더 많이 있었기에 그들을 통해 그리스도의 복음은 확산되고 있었다는 사실입니다.

초기 유럽 선교의 또 다른 특징은 기독교가 선교하기 위해 게르만족에게 간 것이 아니라 게르만족이 기독교로 왔다는 것입니다. 오늘날 '선교'라는 말을 들으면 아마 우리는 제일 먼저 '간다'라는 개념을 떠올릴 것입니다. 먼 곳에 가서 전한다는 개념 말입니다. 그런데 중세 초기 게르만족 선교의 특징은 그들이 와서 전도된 것입니다. 한편, 정치적으로 보면 피지배 계급인 기독교도에 의한 지배 계급인 이교도의 전도라는 특징도 있습니다.

물론 와서 전도되는 이런 특징은 게르만족 선교 초기에만 해당되는 것이었습니다. 게르만족 선교가 어느 정도 진행된 후에는 로마 교황청의 주도 아래 체계적인 선교가 행해졌습니다. 브리튼에는 일찍부터 교회가 있었으나 앵글로 색슨족은 **그레고리우스 대교황**이 보낸 선교사에 의해 기독교 신앙을 받아들이게 되었습니다. 오늘날 남부 및 중부 독일에 해당하는 지역의 기독교화도 로마 교황청에서 파송한 선교사들에 의해 이루어졌습니다. **윌프리드**나 **윌리브로드**가 그런 경우입니다. 또한 원래 이름이 **윈프리드**였던 **보니파키우스**는 게르만의 사도라는 별명으로 불릴 정도로 프랑크 교회 개혁에 크게 공헌했습니다.

엘베 이동 지방과 도나우 지방에는 게르만족이 이동한 후 슬라브족이 자리를 잡았습니다. 게르만족이 기독교화 된 후 슬라브족은 선교에 대한 열정을 갖게 된 게르만족에 의해 기독교 신앙을 접하게 되었습니다. 슬라브족의 개종은 600년경부터 1400년까지 오랜 기간에 걸쳐 이루어졌습니다. 처음에는 기독교화 된 게르만족 국가들과 동로마제국이 경쟁적으로 선교를 했지만 점점 시간이 지나면서 선교의 중심축이 동로마제국 쪽으로 기울었습니다. 서유럽의 게르만족 국가들보다 동로마제국이 지리적으로 더 가까이 있었기 때문에 그랬던 것이리라 추측할 수 있습니다.

복음의 서진과 기독교회 주체의 변화

중세 유럽 선교와 관련해서 반드시 기억할 것은 기독교회의 주체가 바뀌었다는 사실입니다. 교회의 주인이 바뀌었다는 말입니다.

기독교회가 처음 세워졌을 때 그 교회의 주체는 유대인들이었습니다. 유대인들은 문자 그대로 선민(選民), 즉 택함 받은 민족이었습니다. 그들은 구약의 그 오랜 기간 동안 복음을 맡고 있었던 이들입니다. 예수님과 열 두 제자는 물론, 초대교회의 구성원들은 모두 유대인들이었습니다. 하지만 유대인들이 자기들만 구원받을 선민이라고 착각하고 다른 민족에게 하나님의 복음을 전하기를 꺼려하자 하나님께서는 그들의 오만과 편견을 깨뜨리시고 바울과 바나바 같은 이들을 사용하셔서 복음이 당시 로마제국 여러 곳에 전파되게 하셨습니다. 결국 기독교회의 주체가 유대인들에서 로마인들로 바뀌어버렸던 것입니다. 복음의 중심이 예루살렘에서 로마로 옮겨간 것입니다. 하나님께서 유대인들을 버리시고 그들이 '이방인'이라고 부르며 오만 가운데 깔보았던 로마인들을 기독교회의 주체로 삼으셨던 것입니다.

복음은 로마제국 식자층의 언어였던 그리스어로 기록되었습니다. 또한 기독교가 '모든 길은 로마로 통한다'고 할 정도로 막강했던 로마제국의 국교가 되는 놀라운 일이 일어났습니다. 하지만 그렇게 강대했던 로마가 끝까지 교만하고 퇴폐하니까 하나님께서 복음을 더는 그들의 손에 맡기시지 않았습니다. 로마인들이 '야만인'이라 부르며 경멸했던 게르만족의 손에 복음의 횃불이 넘어갔습니다. 복음의 중심도 다시 조금 더 서쪽으로 옮겨갔습니다.

하나님께서 특정한 한 민족만을 사랑하신다는 생각은 착각입니다. 하나님께서는 유대인도 버리셨고, 로마인도 버리셨습니다. 유대인들이 자기들만이 선민이라고 교만하니까 그들을 버리시고 로마인들을 대신 사용하셨고, 로마인들이 자기들이 잘 나서 세계를 다 휘두르는 양 착각하고 교만하니까 그들을 버리고 그들 대신에 '거지 떼'를 사용하신 것입니다.

실제로 오늘날 유럽의 주체는 바로 그 거지 떼의 후손들입니다. 로마인들이 야만족이라고 깔보고 무시했던 게르만족이 지금 옛 서로마제국 지역을 차지하고 있는 것입니다. 피지배자가 된 로마인은 뒷전으로 밀려나고 야만인들이었던 게르만족이 정치와 문화는 물론 복음에 있어서도 주체가 된 것입니다.

기독교회는 서유럽에서 오랜 기간 동안 체계적인 성장을 했습니다. 중세

천 년 동안 복음의 중심은 서유럽 쪽에 있었습니다. 하지만 복음으로 인해 더 겸손해지고 더 낮아지기보다는 오히려 그리스도께서 계셔야 할 자리에 교황이 앉아 교만하게 행하고 자기들끼리 싸우며 타락하니까 하나님께서 복음의 횃불을 그들에게서 거두어 대서양 넘어 신대륙으로 옮기셨습니다. 종교개혁이라는 결정타가 터질 즈음에 스페인과 포르투갈에서는 중·남미 쪽으로 갔고 잉글랜드의 청교도와 네덜란드의 개혁교회 신자들은 북미 쪽으로 갔습니다. 유럽인들이 미개지라 여겼던 신대륙이 복음의 중심이 되었습니다.

신대륙에서 기독교회는 빠른 속도로 성장했습니다. 특히 '부흥의 세기'라는 18세기를 지나면서 미국은 구대륙을 대신하는 복음의 중심으로 떠올랐습니다. 하지만 중·남미와 마찬가지로 북미도 원래 그곳에 살던 원주민들을 짓누르고 차지한 땅인데도 미국인들은 그런 사실을 미안해하기는커녕 자신들이 잘 나서 번성한 것이라고 착각을 했습니다. 그래서 거저 가진 그 넓은 땅도 모자라 제국주의 열강에 섞여 자기 나라의 덩치를 더 키우고자 욕심을 부렸습니다. 그러자 하나님께서 그들의 손에 들려주셨던 복음의 횃불을 거두어 태평양 너머로 옮기셨습니다.

그래서 19세기 말에 한반도에 복음이 들어왔습니다. 140여 년이 지난 지금 우리 한국 교회는 각국 인구 대비 기독교인 비율로 보면 아시아 국가 중 가장 큰 성장을 이루었습니다. 하나님께서 우리 한국 교회에 큰 성장의 복을 허락하신 것입니다. 한때는 남한 인구의 5분의 1이 개신교인이라고 자부하기도 했습니다. 하지만 20세기 말에 성장이 지지부진하더니 21세기가 조금 지난 지금 기독교인 비율이 급속히 줄고 있습니다.

그런데 예루살렘에서 출발한 복음의 진행 방향을 보면 그것이 서진하고 있음을 알 수 있습니다. 예루살렘에서 로마로, 로마에서 서유럽으로, 서유럽에서 대서양 건너 미국으로, 미국에서 태평양 건너 우리나라로. 예루살렘을 떠난 복음의 중심이 계속해서 서진한 것입니다. 그래서 일반적으로 이것을

'복음의 서진(西進)'이라고 부릅니다.

복음에 합당한 정결한 그릇으로 거듭나야 할 한국 교회

중·고 시절에 교회에서 열렸던 집회를 떠올려 보면 목사님들께서 종종 복음의 서진에 대해 자랑스레 말씀하셨던 걸 기억합니다. 그 당시 목사님들은 자부심을 가지고 이렇게 말씀하셨습니다. '지금 우리 민족의 손에 이 복음의 횃불이 들려졌습니다. 이제는 우리가 이 복음을 들고 세계 곳곳으로 나가야 됩니다.'

그런데 요즘에는 강단에서 그런 말을 들어본 적이 별로 없습니다. '복음의 서진'이라는 말이 적어도 강단에서는 쑥 들어가고 만 것 같습니다. 왜 그럴까요?

오늘날 한국 교회는 더는 성장하지 않고 있습니다. 신자 수도 줄고 신학생 수도 줄고 있습니다. 교회들은 전도가 아닌 '양 빼기'에 혈안이 되어 있습니다. 인구의 5분의 1이 개신교인이라고 자부하던 때에도 우리 사회의 도덕과 윤리는 크게 달라진 게 없었습니다. 그래서 그런지 몰라도 '복음의 서진'이라는 말이 쑥 들어갔습니다.

미국의 퓨 리서치 센터(Pew Research Center)의 통계에 따르면, 2011년 중국의 기독교인 수는 6천 700만 명쯤 된다고 합니다. 그 중 900만 가량이 로마 가톨릭 교인이라고 하니, 개신교인은 5천 800만 명쯤으로 추산할 수 있을 것입니다. 5천 800만 명이면 현재 우리 남한 전체 인구보다 훨씬 많은 수입니다. 같은 통계에 따르면, 남한의 기독교인은 개신교인과 로마 가톨릭 교인을 다 합쳐도 1천 400만 명입니다. 중국의 경우 1949년 공산화 당시 기독교인의 수가 70~80만에 불과했습니다. 1966년에 시작되어 10여년에 걸쳐 전개된 문화대혁명 기간 동안 엄청난 핍박을 당하고 그것이 끝난 후에야 기독교 신앙의 자유가 부분적으로 혹은 제한적으로 주어진 것을 감안한다면, 중국의 기독교회가 얼마나 빨리 성장하고 있는지 알 수 있을 것입니다. 그런데 공교롭게도 중국은 우리나라보다 서쪽에 있습니다. 그렇다면 복음의 횃불은 우리나라를 지나 중국으로 이미 넘어간 것일까요?

저는 하나님께서 특별히 우리 민족을 사랑하신다고 생각하지 않습니다. 하나님께서는 자칭 선민인 유대인도 버리셨습니다. 자신들이 전 세계의 중심이라고 자랑하던 로마인도 버리셨습니다. '거지 떼'의 때를 벗고는 원래부터 신사들인 양 거들먹거리던 서유럽인들도 버리셨습니다. 남의 땅을 차지하고는 땅덩어리 넓은 걸 자랑하며 지금도 세계를 자신들이 휘두르고 있다고 착각하는 미국인들도 버리셨습니다. 그렇다면 이 좁은 한반도에서 지금도 이리저리 갈라져서 아옹다옹 싸우는 볼썽사나운 우리 민족을 하나님께서 반드시 쓰셔야만 하는 이유가 무엇입니까? 하나님께서 우리 민족을 특별히 사랑하셔야만 할 이유가 없습니다. 필요하다면 '거지 떼'도 사용하실 수 있는 분이 하나님이십니다. 하나님이신데 무엇을 못하시겠습니까? 우리가 하나님께 특별한 민족이 아니라는 말입니다. 하나님께서 우리를 복음의 도구로 써주시지 않으신다 한들 우리는 하나님께 어떤 항변도 할 수 없습니다.

만약 복음의 횃불이 중국으로 이미 넘어가 버렸다면 어떡하지요? 우리가 중국을 샘내는 것입니까? 아닙니다! 다만, 만약 그렇다면 우리 한국 민족이 너무 불쌍하다는 생각이 들어 슬픈 것입니다. 만약 복음이 우리나라를 이미 지나갔다면 교회 역사 가운데 도대체 우리 한국 교회는 뭐란 말입니까? 우리끼리 '하나님의 은총과 축복'을 말하지만 세계 선교에는 제대로 쓰임 받지 못한 복음의 변방밖에 되지 않는다는 말입니까? 복음의 서진에 들러리밖에 되지 못한다는 말입니까?

우리에게 무슨 문제가 있기에 오늘날 한국 교회는 성장에 퇴행을 보이고 윤리적으로는 지탄 받고 있을까요? 우리가 무슨 잘못을 범하고 있습니까?

그 답은 역사에서 찾을 수 있습니다. 하나님께서는 쓰시던 민족이 교만할 때 그들을 가차 없이 버리셨습니다. 유대인이나, 로마인이나, 서유럽인이나, 미국인이나 누구를 막론하고 그들이 교만하면 가차 없이 버리셨습니다. 하나님께서 베푸신 은총을 잊어버리고 마치 자신이 잘 나서 그런 것인 양 착각하고 교만하면 가차 없이 버리셨습니다. 하나님께서는 오만하고 방자한 이들에게 복음의 횃불을 맡기지 않으십니다.

보잘 것 없는 우리가 뭐 그리 특별해서 하나님께서 굳이 우리 민족에게 복음의 횃불을 맡기실까요? 하나님께서 이 세상의 수많은 민족들 중에 굳이 우리를 쓰셔야만 할 필요가 무엇입니까? 안 그래도 보잘 것 없는 우리가, 지금 우리 교회가 누리는 성장과 번영이 우리 자신의 공이라고 착각하고 교만하다면 하나님께서 우리를 보실 때 어떤 생각이 들까요? 개신교인의 수가 전 인구의 5분의 1이나 되던 때도 한국사회는 윤리·도덕적으로 더욱 타락의 길로 갔습니다. 음란이 문화의 핵심으로 자리 잡고 있고 부정과 부패는 사라지기는커녕 오히려 더 만연하고 있습니다. 예수 그리스도 때문에 가슴 벅찬 눈물을 흘리는 청소년들은 찾기 어렵지만 이종격투기 시합에 광분하고 '아이돌 스타'에 광분하는 청소년들은 널려 있습니다.

그러면 이제 우리는 어떻게 해야 합니까? 먼저, 선교를 위해 기도할 때 너무 근시안적으로 기도해서는 안 됩니다. 물론 지금처럼 선교를 위해 헌금도 많이 하고 기도도 많이 해야 합니다. 하지만 동시에 우리 한국 교회가 복음을 담기에 합당한 정결한 그릇으로 거듭날 수 있도록 기도해야만 합니다. 한국 교회와 우리 신자 한 사람 한 사람이 복음을 담을 정결한 그릇으로 거듭나야 합니다. 우리가 복음을 담을 정결한 그릇으로 거듭나지 않는다면, 우리가 선교를 위해 아무리 열심을 내어도 복음의 횃불은 다른 곳으로 넘어갈 수밖에 없습니다. 중국을 쓰시기가 얼마나 좋겠습니까? 인구도 많은데다, 화교는 세계 곳곳에 퍼져 있으니까요. 하나님께서 우리 대신 중국을 쓰셔서는 안 될 이유가 있습니까? 중국을 쓰시려는 하나님 앞을 가로막자는 뜻이 아닙니다. 땅 끝까지 복음이 전파되기까지 이 세상 끝 날까지 우리 민족이 하나님께 쓰임 받을 수 있기를 바라는 것뿐입니다. 중국의 교회에는 넘쳐나는 인력이 있지만 신학적 리더십은 부족합니다. 우리 한국 교회가 중국 교회에 그러한 신학적 리더십을 제공한다면 중국과 한국의 신자들이 함께 세계복음화의 사명을 감당할 수 있을 것입니다.

이와 함께 우리 한국 교회는 '찾아온 땅 끝'을 소중하게 여겨야만 합니다. 바울과 바나바는 '땅 끝까지 구원의 도구로 쓰일 이방의 빛'(사도행전 13:47)으로 부르심 받았지만, 우리에게는 '찾아온 땅 끝'이 있습니다. 산업화된 한국 사회에 일자리를 찾아온 제3 세계의 노동자들이 바로 그들입니다. 우리나라에서 주로 '3D' 업종에 근무하는 등 많은 고생을 하고 있지만 제3 세계에서 온 노동자 한 사람 한 사람이 예수님을 믿고 자기 나라에 돌아가게 되면 그들 한 사람 한 사람이 바로 선교사가 되는 것이나 마찬가지입니다. 우리는 선교지 언어를 익히기 위해 오랫동안 준비한 이들을 선교지로 보내는 데는 많은 힘을 쏟으면서도 우리나라에 자기 발로 찾아온 이들에게는 너무 무관심하고 더 나아가 가혹하기까지 합니다. 심지어 교회의 집사나 장로인 사장님들도 제3 세계 노동자들의 노동력을 착취해서 돈을 벌어들이는 데는 많은 힘을 쏟지만 그들의 형편과 사정을 살피고 복지 면에서 배려하는 것은 약한 경우가 많습니다. 그러니까 그들이 배우는 우리말은 욕과 상소리가 대부분이고 교회와 일터에서 전혀 다른 사장님의 모습에 상처받는 경우도 있습니다. 벌어들인 돈으로 선교헌금을 많이 하는 것도 좋지만 바로 우리 곁에 있는, 혹은 우리 삶터에서 종종 만나게 되는 '찾아온 땅 끝'에 관심과 사랑을 좀 더 쏟는 것이 더 귀한 일일 수도 있다는 생각을 하게 됩니다.

그러므로 이제는 선교를 위해 기도할 때, 단순히 선교사님 많이 파송하고 또 선교 헌금 많이 하도록 기도하지만 말고 우리 자신이 복음을 담기에 합당한 그릇 즉 선교에 합당한 정결한 그릇으로 거듭나도록 기도합시다. 우리 신자 한 사람 한 사람이 복음을 담기에 적합한 정결한 그릇으로 거듭날 때 하나님께서는, 비록 우리가 보잘 것 없지만, 이 세상 끝 날까지, 즉 복음이 더욱 더 서진해 다시 예루살렘에 들어가는 그날까지 우리 한국 교회를 기쁘게 사용하실 것이라 믿습니다.

3. 교황권의 확립과 신장

중세교회의 가장 큰 특징은 교황제도라고 할 수 있습니다. 교황이 교회를 좌지우지하는 이런 제도는 초대교회 때는 없던 것이었습니다. 이 장에서는 로마 시의 주교에 불과했던 지위가 서방교회를 다스리는 교황의 지위로 바뀌어 가는 과정을 살펴보도록 하겠습니다.

교회조직 강화

로마제국의 박해를 피해 카타콤에 숨어 예배를 드릴 때만 해도 신자의 수는 그렇게 많지 않았습니다. 신자라고 드러나면 박해를 받는 상황이었으니까요. 하지만 313년에 **콘스탄티누스**대제가 신앙의 자유를 허용하고, 380년에 **테오도시우스 대제**가 기독교를 로마제국의 국가 종교로 삼게 되자 교인 수가 엄청나게 늘어났습니다.

교인 수가 급증하자 이전에는 필요 없었던 새로운 조직이 생겨났습니다. 이전에는 한 사람의 사제가 그 지역에 사는 사람들을 다 돌보면 되었지만, 교인 수가 늘자 사제 한 사람이 그 지역 신자들을 다 돌볼 수가 없게 되었습니다. 그래서 도시의 경우에는 몇몇으로 나누인 구역들 각각을 사제들이 돌보고 그 도시 중심에 사제들을 돌보는 주교가 있고, 더 큰 도시에는 대주교가 있어서 주교들을 관할하는 방식으로 오늘날 로마 가톨릭식 교구 체제가 생기게 되었습니다.

교회조직이 강화되면서 교회 직원들도 고위직원과 하위직원으로 나뉘었습니다. 고위직원에는 주교와 사제, 집사가 있었고, 하위직원에는 서리집사, 복사, 축귀자, 수위, 독경자 등이 있었습니다.[7] 여기서 집사(deacon)나 서리집사(subdeacon)는 오늘날 개신교회의 안수집사나 서리집사의 집사 개념이 아니라 성직자 직분들 중 하나입니다. 로마 가톨릭 교회는 집사를 부제(副祭)라 부르고 서리집사는 차부제(次副祭)라 불렀습니다. 복사(服事, acolyte)는 미사 때 사제를 돕는 조수를 말합니다. 축귀자(逐鬼者, exorcist)는 구마자(驅魔者)라고도 하는데, 구마자의 '구'자나 축귀자의 '축'자나 잠수함을 몰아내는 배인 구축함(驅逐艦)의 '구축'처럼 '몰아낸다'는 의미입니다. 즉 마귀 혹은 귀신을 몰아내는 사람이라는 의미지요. 오래 전 미국 영화 중에 〈엑소시스트〉라는 영화가 있었는데, 엑소시스트가 축귀자입니다. 수위는 오늘날 교회의 사찰로 이해하면 되겠지요? 독경자(讀經者, lector)는 말 그대로 성경을 읽는 일을 맡아 했던 직분이었습니다. 그 당시에는 오늘날처럼 글을 읽을 수 있는 사람들이 많지 않았을 뿐만 아니라, 성경도 귀했습니다. 종교개혁 직전에 활판인쇄술이 발명되면서 종교개혁기에는 성경을 비롯한 여러 가지 책이 대량으로 찍혀 나왔습니다. 하지만 초대교회나 중세교회 때만 해도 성경이 귀했기 때문에, 교회 앞에 성경 한 권을 펼쳐놓고 목소리가 낭랑한 사람이 온 회중에게 다 들리도록 읽는 겁니다. 바로 다음에 사제가 그 읽은 말씀을 기초로 설교를 했습니다. 이렇게 성경

7 김영재, 「기독교 교회사」, 개정 증보판 (서울: 이레서원, 2004), 244; Schaff, *History of the Christian Church*, 2:131-132..

을 회중 앞에 읽는 사람을 독경자라고 불렀습니다. 이 과정을 거친 이들이 보통은 사제가 되었습니다. 그러니까 독경자는 오늘날로 치면 신학생에 해당한다고 보면 됩니다. 하지만 이런 하위직원들은 규모가 작은 지역 교회들에는 거의 없었습니다.

성직자 독신제도 강화

교회조직이 점점 강화되면서 교회직원들에게 초기에는 없던 것들이 요구되기 시작했습니다. 고위직원들로 시작해서 하위직원들에게까지 점점 확대되며 요구된 것은 독신 생활이었습니다. 로마 주교는 먼저 고위 성직자들에게 세속적인 직업을 버릴 것은 물론이고 금욕적인 생활을 하도록 요구하기 시작했습니다.

오늘날 로마 가톨릭 교회에서 사제들은 결혼이 금지되어 있습니다. 2002년 4월말 한 일간지에 당시 교황 **요한 바오로 2세**가 '독신과 금욕주의는 꼭 지켜져야 한다'고 말한 내용이 실렸습니다. 소제목은 '미국 추기경들에 경고'입니다. 그해 1월 미국 로마 가톨릭 교회에서 성추행 사건이 드러났습니다. 보스턴 대교구의 사제가 30년 동안 130여 명의 소년들을 성추행한 사건을 위시해서, 여러 교구에서 성추문이 있었는데 교회 측에서 한편으로는 은폐한 의혹이 드러나고 다른 한편으로는 피해 보상을 한 일이 드러난 것입니다. 이런 상황이다 보니까 미국의 로마 가톨릭 교회에서 독신제도를 없애자는 요구가 있었나 봅니다. 또한 나이지리아 주교들과 만난 자리에서 교황이 아프리카의 로마 가톨릭 성직자 중 일부가 금욕주의를 깨고 여성들과 성관계를 가진 것과 관련하여 수치스러운 행위는 신중하게 피해야 한다고 경고한 내용도 실려 있습니다.

로마 가톨릭 교회가 성직자의 독신제도를 공식화한 것은 306년 엘비라 공의회 때였습니다. 하지만 어떤 제도가 공식화 되었다고 해서 그것이 고스란히 지켜지는 것은 아니지요. 먼저는 고위성직자들에게 요구되다가 나중에는 점점 하위성직자들에게도 요구되었는데, 이것이 처음부터 제대로 잘 지켜지지 않았습니다. 그러다보니까 로마 주교청은 독신제도와 관련된 몇몇 조례를 내어놓기도 했습니다.

6세기 중엽 교황 **펠라기우스 1세**는 성직자 임직 때 재산목록을 제시하도록 요구했습니다. 그런데 재산목록 제시라는 말을 들으니까 떠오르는 게 있지요? 요즘 우리 한국 사회에서, 공직에 오를 때 자신이 가진 재산을 공개하도록 하고 있거든요. 대기업을 소유하고 있는 정치가가 회견 중에 자신이 대통령이 되면 재산 증식을 하지 않겠다, 뭐 그런 선언을 하는 걸 TV에서 종종 볼 수 있습니다. 그런 얘기를 하는 이유가 뭐냐 하면, 공직에 있으면서 그 공직을 이용해서 치부를 할 수 있기 때문에 그런 거겠지요? 아마 마찬가지로, 성직자들 중에 자신의 직분을 통해 치부할까 봐, 교회가 그런 일을 막기 위해서 임직 때 재산목록을 제시하도록 한 것이지요. 달리 말하면, 그만 둘 때, 즉 성직에서 물러날 때는 그 제시했던 목록보다 지나치게 가진 것에 대해서는 교회가 다시 회수하겠다는 뜻입니다.

재산과 관련한 이런 규정 외에, **그레고리우스 대교황**은 부부생활을 하지 않고 사는 실례를 적은 교서를 내리기도 했습니다. 왜 이런 문제가 나왔느냐 하면, 초기에는 이미 결혼을 한 사람이 사제로 장립하는 경우들이 많이 있었기 때문입니다. 결혼해서 가정을 가지고 있는 사람이 사제나 주교가 되는 것은 허용하지만, 일단 사제가 된 후에는 부부 간에도 성관계를 갖지 말라는 겁니다. 기혼자가 성직자가 될 수는 있지만, 성직자가 된 후에는 성관계는 갖지 말고 독신자처럼 살아가라는 규정인 것이지요.

당시 로마 가톨릭 교회가 이렇게 성직자의 독신을 강요한 이유는 크게 두 가지라고 볼 수 있습니다. 첫째는 성결의 이유에서입니다. 우리가 그리스도의 신부로서 순결하게 그리스도를 맞이해야 하기 때문이라고 합니다. 로마 가톨릭의 이러한 성결 개념은 문제가 있습니다. 그들은 성결 개념이 성관계를 갖지 않는 것과 동일하다고 보기 때문입니다. 중세 로마 가톨릭 교회는 기본적으로 성(性)에 대한 부정적 인식을 가지고 있었습니다. 그래서 성애 그 자체는 악하지만 대상이 배우자일 경우에는 무방하다는 정도로 부정적이었습니다. 참고로, 17세기 청교도들은 '결혼을 또 다른 순결'로 인식했습니다. 즉 혼인 내의 성관계를 긍정적으로 본 것입니다. 본론으로 돌아가서, 어쨌든 중세 로마 가톨릭 교회는 독신 강요의 주된 이유로 성결을 들었습니다.

중세 로마 가톨릭 교회가 독신제도를 고집한 둘째 이유는 교회 재산 누수 방지, 즉 교회 재산이 빠져나가는 것을 막기 위함이었습니다. 앞서 말한 대로, 성직자 임직 때 재산목록을 제시하도록 한 것은 바로 이런 이유에서였습니다. 어느 누구든 자식이 있으면 죽을 때 자기가 가진 것을 무어라도 물려주려 합니다. 그런데 사제나 주교가 자기 가진 것을 자식에게 물려줄 경우에 어떻게 됩니까? 무슨 재산이 물려지게 될까요? 교회 재산이 빠져 나갈 수 있지요.

교회 재산이 빠져나간다는 건 무슨 의미인가요? 원래 교회 재산은 교회 건물을 유지하고 교회직원들의 생활비로도 사용되지만, 그 외에는 주로 사회봉사와 구제, 혹은 선교에 쓰이지요. 성직자에게 자식이 있는 경우 자식에게 물려주기 위해 자신이 재직할 때 사용하도록 받은 토지 중 일부라도 빼돌릴 수 있지요. 그러면 구제 봉사와 선교라는 교회 본연의 임무를 수행하는데 활용할 재산이 그만큼 줄게 되니까 그런 일을 막겠다는 것이지요. 초기에는 임직 때 재산목록을 제시하게 하는 식의 궁여지책을 쓰다가, 그것도 안 되니까 나중에는 결국 결혼해서 자식이 있는 사람이 사제나 주교가 됨으로 문제가 생긴다고 여겨 성직자는 아예 결혼을 하지 못하도록, 즉 독신인 사람만 성직자가 되도록 차츰 독신제도를 강화해 간 것입니다.

이렇듯 로마 가톨릭 교회는 먼저는 성결의 이유로, 그 다음으로는 교회 재산 누수를 막기 위해 성직자에게 독신을 강요했습니다. 그래서 1139년 제2차 라테란 공의회에서 성직자의 결혼은 불법이고 부당하다고 선언했습니다.

교황권의 우위 주장

이렇듯 서서히 강화된 로마 가톨릭의 교회조직은 마침내 교황교회의 모습이 되었습니다. 교황제도와 밀접한 것이 교황권 우위 주장입니다. 교황권 우위 주장은 다음 세 갈래로 나눌 수 있습니다. 첫째, 로마 주교가 서방교회 내 다른 주교보다 우위에 있다. 둘째, 로마 주교가 다른 총대주교들보다 우위에 있다. 셋째, 로마 주교가 세속의 왕이나 황제보다 우위에 있다. 교황권 우위 주장 세 갈래를 잘 이해하면 이어지는 내용을 더 쉽게 이해할 것입니다. 이 개념이 동·서방 교회의 분열 문제, 그리고 교황권과 왕권의 대립 문제와 직결되기 때문입니다.

395년 **테오도시우스 대제**가 죽자 로마제국은 동로마와 서로마로 갈라졌습니다. 동·서로 나뉜 후 동로마제국은 거의 1000년을 살아남습니다. 또한 초대교회의 5대 총대주교구들 중 네 개가 동로마 쪽에 있었습니다. 황궁이 있던 콘스탄티노폴리스를 비롯해 시리아 안티오크, 예루살렘, 그리고 알렉산드리아에 총대주교가 있었습니다. 이에 비해 서로마제국에는 로마만이 총대주교구였습니다. 게다가 동로마의 콘스탄티노폴리스에는 황제가 있었지만, 서로마쪽은 476년에 애송이 황제 **로물루스 아우구스툴루스**가 용병대장을 지냈던 스키리족 **오도바카르**에게 황제의 관을 빼앗기고 난 후로 더는 황제가 없었습니다.

로마는 **콘스탄티누스 대제**가 콘스탄티노폴리스 즉 비잔티움으로 천도하기 전 로마제국 전체의 수도였으므로 서로마 쪽에서는 가장 중심적인 도시였습니다. 게다가 서로마 쪽에서는 유일한 총대주교구이기도 했습니다. 그러므로 로마 주교가 서로마 쪽의 어떤 다른 도시의 주교들보다 우월해 보이는 것은 당연한 일이었을 것입니다. 하지만 로마 주교의 위세가 서로마 지역에서 다른 어느 주교보다 월등해진 데는 동·서로 갈라진 후 채 100년도 지나지 않아 서로마 황제가 더는 존재하지 않았다는 점을 가장 주된 원인으로 꼽을 수 있습니다. 서로마에 황제가 없으니까 황제를 대신할 만한 중심인물이 필요했습니다. 이민족의 침입 같은 문제가 있을 때 서로마를 대표해 협상에 나서는 등의 일을 맡을 사람이 마땅히 없었던 겁니다. 그러니까 사람들이 자꾸 로마 주교더러 나서달라고 한 겁니다.

사실 제 앞 세대만 하더라도 많은 형제들이 함께 자라다 보면 이와 비슷한 경험을 종종 했습니다. 형제들이 자랄 때는 고만고만하지만 자라고 나서 집안 대소사를 많이 치르다보면 맏이의 위치가 어느새 두드러지게 올라와 있는 것을 보게 됩니다. 어릴 때는 맞먹으려고 하던 동생들이 궂은 일 치르면서 맏형이 제일 많이 고생하는 것을 보고는 스스로 먼저 숙이고 들어와 형님 대접을 제대로 하는 겁니다. 이와 유사하게, 서로마 쪽에 황제가 없었던 것이 결과적으로 로마 주교의 권위를 강화하는 데 일조했습니다. 침략자들이 쳐들어왔을 때 침략자들을 맞서 상대한 사람이 바로 로마 주교였습니다. 예를 들어, 5세기 중엽 교황 **레오 1세**는 침략자들, 즉 게르만족이 쳐들어왔을 때 직접 나서서 '침략은 해도 좋으나 약탈은 하지마라'는 식의 협상을 벌였습니다. 그런 유사한 일이 반복되다 보니까 로마 주교에게 자꾸만 더 힘이 실렸습니다. 그러니까 로마 주교가 서로마 쪽에서 즉 서방교회 내에서 다른 주교보다 우위에 있다는 생각은 정황상 납득할 수 있는 주장이었습니다.

문제는 교황권 우위 주장의 첫 갈래에서 둘째 갈래로 넘어가는 데서 시작됩니다. 로마 주교가 다른 총대주교들보다 우위에 있다고 하니까 당연히 다른 총대주교들이 반발했습니다. '당신하고 우리하고 다 똑같은 총대주교인데 어떻게 당신이 우리보다 우위에 있단 말이요?' 이렇게 말하는 건데, 충분히 가능한 얘기지요. 특히 콘스탄티노폴리스 총대주교같은 경우는 매우 강하게 반발했습니다.

그레고리우스 대교황은 590년부터 604년까지 교황 자리에 있었던 사람입니다. 그가 얼마나 중요한 인물인가 하면, 여러 교회사가들이 **그레고리우스**의 교황 즉위 시점을 중세교회의 시작으로 봅니다. 중세교회의 가장 큰 특징은 교황제도인데, 교황권 확립에 가장 큰 역할을 한 이가 바로 **그레고리우스 대교황**이기 때문입니다.

그레고리우스 대교황은 많은 업적을 남겼습니다. 저작도 많이 남겼는데 종교개혁자 **마르틴 루터**가 종종 **그레고리우스**의 글을 인용하고 있는 것을 봅니다. 비판하기 위해서가 아니라 긍정적으로 보고 인용하고 있습니다. **그레고리우스** 성가(Gregorian chant)도 **그레고리우스 대교황**의 이름을 딴 것으로 그의 재위 기간에 편찬된 것입니다.

그런데 **그레고리우스 대교황**은 로마 교회는 사도적 교회의 권위를 갖고 있다는 과도한 주장을 했습니다. **그레고리우스**는 로마 주교를 단순히 서방의 총대주교가 아니라 온 교회를 다스리고 책임지는 직위라 여겼습니다. **그레고리우스**의 이런 주장을 다른 총대주교들은 무시하고 외면했으나, 로마 교황청은 로마 주교 즉 교황의 우위성을 입증하려고 여러 모로 애썼습니다.

로마 교황청은 교황권의 우위를 주장하기 위해 먼저 성경을 그 근거로 제시했습니다. 마태복음 16장 16~19절 내용을 자기들 마음대로 해석했습니다. 예수께서 제자들에게 '너희는 나를 누구라 하느냐?'고 물었을 때 베드로가 '주는 그리스도시오, 살아계신 하나님의 아들이십니다'라고 고백하자, 예수께서 '너는 베드로라. 내가 이 반석 위에 내 교회를 세우리니 음부의 권세가 이기지 못하리라. 내가 천국 열쇠를 네게 주리니 네가 땅에서 무엇이든지 매면 하늘에서도 매일 것이요 네가 땅에서 무엇이든지 풀면 하늘에서도 풀리리라'고 말씀하신 내용이지요. 로마 가톨릭에서는 여기서 예수님의 말씀 가운데 나오는 반석을 베드로 개인으로 해석합니다. 이 때 예수께서 교회의 지상권(至上權)을 베드로에게 주셨고 그 지상권이 초대 로마 주교인 베드로를 계승한 후임 로마 주교들에 의해, 즉 **리누스, 아나클레투스, 클레멘스**…로 이어져 지금의 교황에게까지 내려왔다는 것이 로마 가톨릭의 주장입니다.

하지만 마태복음 16장 18절은 베드로 개인에게 주신 말씀이 아니라 '예수를 그리스도시며 살아계신 하나님의 아들'로 올바로 고백하는 사도들 모두에게 주신 말씀입니다. 따라서 여기서 반석은 베드로 개인이 아니라 교회의 터인 '사도들과 선지자들'(에베소서 2:20)입니다. 그러므로 베드로가 제자들 중 첫째이기 때문에 교회의 지상권을 그에게 맡기셨다는 것은 로마 가톨릭의 억지 주장일 뿐입니다.

7세기에서 11세기 어간에는 로마 교황청이 베드로의 무덤이 로마에 있다는 사실을 매우 강조했습니다. 교회는 무덤 안에 시체로 누워 있는 베드로를 어느 날 갑자기 천국의 문지기로 소개했고, 베드로는 교황이라는 자신의 대리자를 통해 여전히 로마에 존재하며 일하고 있는 것이라 여겨졌습니다.[8]

이보다 더 황당한 것은 '**콘스탄티누스**의 증여' 문서입니다. **콘스탄티누스**는 313년에 기독교 신앙의 자유를 허용하고 325년 니카이아 공의회를 소집한 황제입니다. 이 **콘스탄티누스 대제**가 315년에 당시 교황 **실베스테르 1세**에게 문서를 주었다는 겁니다. 이 문서에 **콘스탄티누스 대제**가 교황에게 이탈리아 전역은 물론, 콘스탄티노폴리스를 비롯한 다른 총대주교구들에 대한 지배권을 준다는 내용이 담겨있었습니다.[9] 교황청은 이 '**콘스탄티누스**의 증여'를 교황의 교회 내 지상권은 물론 세속 국가들에 대한 교황의 통치권의 법적 근거로 사용했습니다. 가령 교회가 동과 서로 분리되었던 1054년 교황 **레오 9세**가 콘스탄티노폴리스 총대주교 **미카엘 케룰라리오스**에게 쓴 편지에 '**콘스탄티누**

8 김영재, 「기독교 교회사」, 260; 그리고 R. W. Southern, 「중세교회사」, 이길상 역 (서울: 크리스챤다이제스트, 1999), 28.
9 김영재, 「기독교 교회사」, 261-262.

스의 증여'의 내용을 사용했고, 1073년 교황 **그레고리우스 7세**는 새로 펴내는 교회법에 이 문서의 중요 부분을 삽입하도록 해서 교황권 옹호의 중요한 무기로 삼았습니다. 그런데 문제는 이 문서가 가짜라는 사실입니다. 최대한 이르게 잡아도 8세기 중엽 이후에 쓰인 것이라 추정되는 이 문서가 위조된 것이라는 사실은 15세기에 **쿠스의 니콜라우스**와 **로렌조 발라**에 의해 밝혀졌습니다. 교황청이 이 거짓 문서에 근거해 세속의 왕이나 황제보다 교황이 우위에 있다고 주장하는 것은 자체 모순이기에 더 어이가 없습니다. 세속 왕이나 황제보다 우월하다는 근거 중 하나가 세속 황제로부터 받은 문서라니 자가당착에 빠진 것이지요. 게다가 그 문서 자체가 가짜니 더는 말할 가치가 없겠지요?

교황권 우위 주장의 첫 갈래에서 둘째 갈래로 넘어갈 때 이미 교황청의 억지가 들어가 있는 것을 보았습니다. 그런데 교황청은 더 나아가 세속권에도 손을 뻗칩니다. 그것은 교황이 세속의 왕이나 황제보다 우위에 있다는 교황권 우위 주장의 마지막 갈래와 관계된 것입니다. 교황이 세속의 제왕보다 우위에 있다는 주장은 중세교회의 특징 가운데 하나라 할 수 있는데, 교황청은 이 주장을 실증하려고 애썼습니다. 이런 노력을 가장 많이 한 교황이 **그레고리우스 7세**입니다. 바로 앞서 말한 대로, **그레고리우스 7세**는 1073년 새로 펴낸 교회법에 '**콘스탄티누스**의 증여'의 중요 부분을 삽입케 했던 바로 그 교황입니다. 비록 **그레고리우스 7세** 자신은 문서의 위조에 대해 추호의 의심도 하지 않았기 때문에 그랬다는 변명도 있지만, 위조문서에 근거해 교회법을 만들고 그것을 교황 자신을 옹호하는 중요한 무기로 쓴 것을 보면 쓴웃음이 나지요? **그레고리우스 7세**의 교서 내용 중에 "교황은 아무에게도 심판을 받지 않는다. 로마교회는 잘못을 범한 일이 없으며, 앞으로 세상 끝 날까지 결코 오류를 범하지 않을 것이다…"라는 주장이 들어 있고, 오늘날 로마 가톨릭 교회에서도 교황 재위 때 교황이 취한 공적 행위에는 절대 오류가 없다는 주장을 하는데, 이런 문서 위조 사실은 어떻게 설명할지 자못 궁금합니다.

그레고리우스 7세 이후, 교황을 베드로의 대리자(vicar)라고 부르는 것은 점점 사라지고 대신에 그리스도의 대리자라고 부르게 되었습니다. 오늘날 로마 가톨릭에서 '그리스도의 대리자'라고 하면 교황을 지칭하는 말로 씁니다. 하지만 **그레고리우스 7세** 이전의 교황들은 스스로를 '베드로의 대리자'라 했습니다. 왜 베드로의 대리자인가 하면, 로마 가톨릭의 주장대로라면, 그리스도에게 교회의 지상권을 받은 것이 베드로이기 때문입니다. 그래서 베드로를 내세우고 교황이 베드로의 대리자라고 강조했습니다. 일찍이 세속의 왕들이나 교회의 사제들이 스스로를 그리스도의 대리자라고 칭했기에 교황은 그들과 스스로를 구별하기 위해 베드로의 대리자라는 칭호를 즐겨 썼습니다. 하지만 시간이 지나며 좀 더 높은 권위가 필요하다고 생각했던 것 같습니다. 더구나 누가 봐도 베드로보다는 그리스도께서 위지 않습니까? 그래서 나중에는 그리스도의 대리자라는 칭호를 교황만이 쓸 수 있도록 했습니다. 12세기말에 교황이 된 **인노켄티우스 3세**는 "우리는 사도들 가운데서 으뜸이 되는 사도의 후계자이지만 그의 대리자가 아니다. 우리는 사도나 그 어떤 사람의 대리자가 아니라, 예수 그리스도 그분의 대리자다"라고 주장했습니다.

교회가 박해받던 시절을 생각하면 격세지감을 느끼게 됩니다. 313년 이전만 해도 제왕권에 대한 우위 주장은커녕 황제의 박해를 피해 다니기 바빴던 교회 지도자가, 380년에 기독교가 로마제국의 국교가 되며 위세가 커지더니 마침내는 제왕이 교황의 발아래 꿇으라는 주장을 하기까지 온 겁니다. 이런 과도한 주장의 결과로 불거져 나온 것이 바로 카노사의 굴욕 사건인데, 이것은 나중에 교황권과 제왕권의 대립을 다룬 부분에서 자세히 살펴보겠습니다.

사실 교황은 왕이나 황제에게 의존적일 수밖에 없습니다. 하지만 교황청은 교황이 황제보다도 우위에 있다고 주장했습니다. 그 예로 드는 것이 800년 성탄절에 교황 **레오 3세**가 **카를 대제**의 대관식을 집전한 일입니다. 교황청의 논리는 이렇습니다. 올림픽 때 IOC 위원들이 경기 입상자들에게 메달을 걸

어줍니다. 이때 금메달을 받는 선수가 높습니까, 아니면 메달을 걸어주는 IOC 위원이 높습니까? 당연히 수여하는 사람이 높지요. 그러니까 황제의 대관식을 집례한 교황이 황제보다 우위에 있다고 주장하는 것입니다.

그렇다면 실제는 어땠을까요? **카를 대제**가 교황에게 복종했나요? 그렇지 않습니다. 도리어 **카를 대제**는 황제가 국가와 교회 모두를 관장하는 신정정치를 표방했습니다. 물론 **카를 대제**의 의도는 교회의 유익을 위한 것이었다고 하나, 이것은 황제 쪽과 교황 쪽의 시각차가 얼마나 큰가를 보여주는 한 예라 하겠습니다. 800년 성탄절 **카를 대제**의 대관식은 신성로마제국의 시작을 의미합니다. 원래 로마제국은 395년 갈라진 이후 한 번도 제대로 합쳐진 적이 없습니다. 신성로마제국은 옛 로마제국과는 무관하게, 서로마 쪽에서 동로마제국 즉 비잔틴 제국과 대등한 서로마제국을 다시 세우기 바라 성립된 것으로 명목상으로는 19세기 초까지 지속됩니다. **카를 대제**는 교회를 다스리는 가장 높은 위치에 교황을 올려주었지만 결국은 자기 아래 둔 것입니다. **카를 대제**가 **레오 3세**로 하여금 자신의 대관식을 주도하게 했던 것도 교황이 황제에게 전적으로 의존하고 있다는 사실을 과시한 것일 뿐이었습니다. **레오 3세**가 이전에 교황으로 선출되었을 때, 즉시 베드로 무덤의 열쇠와 로마교회의 기를 충성 서약의 표지로 **카를 대제**에게 보냈던 사실은 후대 교황청의 주장이 근거 없음을 보여줍니다.

이렇듯 교황권 우위 주장, 특히 뒤의 두 갈래는 무리와 억지로 가득한 주장임을 알 수 있습니다. 그런데 이 억지 주장이 중세교회를 지탱하고 있던 기본 구조라는 사실은 매우 가슴 아픈 것입니다.

로마 가톨릭 교회는 교회조직이 강화되면서 철저한 계급 구조를 갖게 되었습니다. 원래 목회자들 가운데 위계(位階)는 없습니다. 그런데 중세 로마 가톨릭 교회는 철저한 교계주의를 지향했습니다. 그것은 마치 피라미드와 같았습니다. 피라미드의 위쪽 절반은 성직자고, 아래쪽 절반은 평신도입니다. 이미 일반적으로 사용하기 때문에 할 수 없이 쓰기는 하지만 이 '평신도'(平信徒,

layman)라는 말도 '성직자가 아닌 평범한 신자'라는 의미이므로 그리 바람직한 용어는 아닙니다. 로마 가톨릭 교회의 평신도들은 성찬도 반만, 즉 떡만 받습니다. 잔은 사제들만 받습니다. 평신도와 사제는 철저하게 구분되는 이중구조입니다. 그런데 피라미드의 위쪽 절반은 아래에서부터 사제, 주교, 대주교, 추기경 식으로 올라가 꼭대기에는 교황이 자리 잡고 있는 모양입니다. 철저한 계급구조입니다. 이런 피라미드식 구조는 세상의 군대나 기업의 모습일 수는 있어도 교회의 바람직한 모습은 아닙니다.

독신제도라는 타산지석

이 장 앞부분에서 로마 가톨릭의 독신제도를 설명했습니다. 중세 로마 가톨릭 교회가 독신제도를 강화한 두 가지 이유가 성결과 교회 재산 누수 방지라고 했습니다. 이것이 오늘날 한국 개신교회에 주는 교훈을 살펴봅시다.

2000년 7월 9일자 「기독신문」에 아들이나 사위에 의한 담임목사직 계승에 대한 설문조사 결과 기사가 나왔습니다. 그때는 담임목사직 계승에 대해 많은 논란이 있던 때였습니다. 아들이나 사위에 의한 담임목사직 계승에 대해 목사와 일반 신자 각각 500명에게 물어봤답니다. 목사들은 500명 중 45% 이상이 찬성이었고 일반 신자들은 500명 중 60% 이상이 반대했습니다.

이 사안에 대해 성경에서는 무엇이라 하고 있나요? 찬성하는 분들 중 어떤 이들은 구약의 레위지파 경우를 끌어들이더군요. 레위지파는 대대손손 레위지파이며, 제사장 가문도 대대손손 제사장인데, 왜 담임목사직은 계승할 수 없다는 거냐는 논리입니다. 하지만 그런 주장은 적절하지 않습니다. 지금은 구약시대가 아니고, 목사직 자체가 혈통을 따라 계승하는 직분은 더더구나 아니기 때문입니다. 저도 목사지만, 제 아들이 목사의 아들이기 때문에 자동으로 목사가 되는 게 아니잖아요? 구약 성경에는 목사 직분 자체가 나오지 않습니다. 그렇다고 신약 성경이 지침을 주는 것도 아닙니다. 목사 직분에 해당하는 개념들은 나오지만, 담임목사라는 개념은 신약이 기록될 당시에는 존재하지 않았기 때문입니다. 따라서 담임목사직 계승과 관련해서 구약이나 신약에서 지침을 발견하기란 거의 불가능합니다. 하지만 교회사는 좀 다릅니다.

'계승'이라는 말의 부정적인 표현이 '세습'이라고 할 수 있습니다. 그런데 우리가 담임목사직 세습이라고 말하는 경우는 특별한 경우임을 알 수 있습니다. 모든 지역 교회에 동일하게 적용하는 말은 아니라는 겁니다. 예를 들어, 산간 오지의 벽촌 교회에 은퇴 연세를 훨씬 넘기신 목사님께서 몇 안 되는 교인들을 돌보며 목회를 하시다가 돌아가셨는데, 서울 어느 큰 교회에서 부교역자로 잘 섬기고 있던 아들이 장례를 치르며 소명을 느껴 서울의 부교역자직을 사임하고 와서 돌아가신 아버지의 뒤를 이어 그 교회의 담임목사가 된 경우가 있다고 합시다. 그런 경우 아버지의 담임목사직을 세습했다고 비판합니까? 세습했다고 비판하는 것이 아니라 오히려 미담사례로 기독교계 신문에 소개될 것입니다.

그렇다면 어떤 경우가 '세습'이라는 비판을 받습니까? 주로 대도시의 대형 혹은 중형 교회의 경우라 할 것입니다. 참, 여기서 짚고 넘어갈 것이 있습니다. 제 대학 시절 친구들 가운데 목사 하겠다는 이들이 많아서 같이 모임을 만들어 일주일에 한 번씩 만나 토론과 교제를 나누었습니다. 2000년 가을 제가 첫 강의를 하고 있을 때, 그 친구들 중 하나가 서울의 한 교회에서 담임목사직을 맡게 되었습니다. 그런데 이 교회가 원래 그 친구 아버지께서 담임하고 계시던 교회였습니다. 주일 오후에 위임식을 한다기에 축하해 주러 갔습니다. 그런데 위임식이 끝나고 피로연 자리에서 들으니 위임식 투표 때 교인들의 지지율이 100%가 나왔다는 겁니다. 마침 그 친구가 앞에 앉아있기에 제가 웃으며 이렇게 말했습니다. "야, 너희 교회는 공산당보다 더한 것 같다. 어떻게 찬성표가 100%가 나올 수 있냐?" 사실 그렇게 농담을 하면서도 저는 속으로 제가 그 교회 교인이었어도 찬성표를 던졌을 것이라고 생각했습니다. 저는 키나

체격 모두 작습니다만, 그 친구는 키가 크고 체격도 좋은데다 미남입니다. 체격이 좋으면서도 비둔해 보이지 않는 편인데, 대학시절 농구를 잘해서 별명이 '날아다니는 돈까스'였습니다. 게다가 기도나 찬양을 매우 열정적으로 하고, 마음씨도 아주 착해요. 그러니까 그런 지지를 받을 만한 친구란 것을 압니다. 이렇게 말하니, 남은 안 되고 자기 친구니까 괜찮다는 거냐고 오해하실 분들도 있겠군요. 제가 말하고 싶은 것은, 도시 교회의 담임목사직을 아들이나 사위가 계승하는 것이 무조건 절대적으로 잘못인 것은 아니라는 겁니다.

하지만 제가 우려하는 것은 오늘날 우리 한국 개신교회의 경향입니다. 앞서 말한 대로, 오지 벽촌의 담임목사직을 아들이나 사위가 이어받았다고 해서 세습이란 비판을 하지는 않습니다. 주로 문제가 되는 것은 도시에 있는 큰 교회의 경우입니다. 대형교회나 중대형교회의 담임목사가 누리는 특권이 구체적으로 무엇인지 저는 잘 모릅니다. 여러분도 아마 비슷할 겁니다. 하지만 그 지위가 주는 특권이 분명히 있기에 이것을 아들이나 사위에게 넘겨주려고 하는 겁니다. 바로 이것이 문제입니다.

구약이나 신약은 물론이고 교회사에서도 담임목사직 계승 문제에 대해 직접적인 지침을 발견할 수는 없습니다. 하지만 중세 로마 가톨릭 교회의 독신제도 강화는 이 문제와 관련해서 우리에게 타산지석(他山之石)이 됩니다. 여러 번 말한 대로 로마 가톨릭에서 독신제도를 강화한 데는 교회 재산 누수 방지의 목적이 있습니다. 교회 재산이 새나가면 교회 힘이 빠지고, 교회 힘이 빠지면 교회가 본연의 사명을 제대로 감당할 수 없습니다. 전도하고 선교하고 구제하는 교회 본연의 사명을 제대로 감당하지 못하게 된다는 것입니다. 로마 가톨릭 교회는 교회 재산 누수 방지를 위해 독신제도를 강화했는데, 로마 가톨릭 교회가 잘못되었다고 치고 나온 개혁자들의 후예인 오늘날 한국 개신교회는 어떤 모습입니까? 대형 혹은 중대형 교회 담임목사가 누리는 특권을 자기 아들이나 사위에게 물려주기 위해 온갖 방법을 동원하고 있습니다. 이런 우리 모습을 보니 너무 민망스럽습니다.

로마 가톨릭의 독신제도를 본받자는 말이 아닙니다. 저는 독신주의자가 아닙니다. 결혼해서 한 가정의 가장이고, 여러분도 결혼하길 바랍니다. 독신제도 자체를 권장하는 것이 아닙니다. 오히려 저는 독신제도를 로마 가톨릭 교회에서처럼 떠받들어서는 안 된다고 생각합니다. 독신의 은사를 받은 소수를 예외로 한다면, 독신을 이상적 제도로 여기고 목회자 모두에게 강요하는 로마 가톨릭의 독신제도는 인간의 성정을 거스르는 부적절한 것입니다. 오늘날 로마 가톨릭 교회에서 독신제도와 관련해서 일어나는 모든 문제들이 이런 판단을 뒷받침해줍니다.

하지만 로마 가톨릭 교회가 인간의 성정을 거스르는 그런 제도를 고집하면서까지 교회 재산 누수를 막아 그 힘을 교회 본연의 사명에 쏟겠다는 자세에 비할 때 오늘날 한국 개신교회 일각에서 보게 되는 담임목사직 세습의 모습은 너무 큰 부끄러움이라는 말입니다. 이것은 로마 가톨릭 교회가 잘못되었다고 교회를 올바로 개혁하겠다는 기치를 내건 개혁자들의 후예가 취할 모습이 결코 아닙니다.

문제가 되고 있는 교회들 대부분은 지금 담임을 맡고 있는 목회자가 개척했거나 성장에 크게 기여한 교회들입니다. 그래서 어떤 이들은 말합니다. 그렇게 수고해서 교회를 성장시켰는데 그 교회 담임목사직을 자기 아들이나 사위에게 물려주는 것이 무슨 큰 문제냐고 말입니다. 하지만 그런 말을 듣다 보면, 비록 목회자가 하나님의 도구로 쓰임 받은 것은 사실이지만 교회를 성장시킨 것은 목사 개인이 아니라 바로 하나님이심을 잊고 있다는 생각이 듭니다. 우리가 하나님의 교회를 위해 아무리 많은 수고를 했다하더라도 우리의 수고는 마땅히 행할 우리의 의무이며 그런 수고 후에도 우리는 '무익한 종'일 뿐입니다(누가복음 17:7~10). 교회는 목사 개인의 것이 아니라 온 교회의 주인이신 하나님의 것입니다.

오늘날 한국 교회의 교계주의

우리는 앞에서 중세 로마 가톨릭 교회의 교계주의가 어떤 억지 주장을 바탕으로 한 것인지 살펴보았습니다. 16세기 종교개혁자들은 이런 교계주의의 잘못을 뿌리 뽑기 위해 개혁의 기치를 선명히 했습니다. 교계주의의 피라미드 정점에는 교황이 자리 잡고 있습니다. 교황제의 근간이 교계주의이며, 교계주의의 귀결이 교황제인 것입니다.

교황제도의 근간을 이루는 교계주의가 잘못된 것임이 이렇게 명백한데, 안타까운 것은 오늘날 한국 개신교회에 이런 교계주의의 모습이 보인다는 사실입니다. 집사, 장로는 물론이고 목사도 계급 구조 속의 직위가 아닙니다. 기능에 따른 직분일 뿐입니다. 그런데도 오늘날 많은 교회들에서 담임목사가 마치 로마 가톨릭의 교황 행세를 합니다. 로마 가톨릭 교회에서 교황이 전권을 휘두르는 것처럼, 개신교 교회에서는 담임목사가 전권을 휘두르는 경우가 많습니다. 로마 가톨릭의 교황무오 주장이 잘못된 것이라 비판하면서도 정작 목사 자신의 판단과 결정은 항상 절대적으로 받아들여지기를 바라는 겁니다.[10] 이런 '작은 교황'들이 너무 많습니다. 로마 가톨릭은 교황이 한 사람인 반면에 우리 개신교회에는 이런 작은 교황들이 너무 많다보니 오히려 로마 가톨릭보다 더 많은 문제가 불거져 나옵니다. 이런 교회들은 적어도 교회정치면에서 볼 때, 무늬만 개신교회이지 실제는 교황교회들입니다.

교회 예배 때 장로나 집사가 기도하면서 목사를 '주님의 종님'이라 지칭하는 경우를 종종 봅니다. '주님의 종'은 가하나 '주님의 종님'은 있을 수가 없는 말입니다. 이런 경우는 기도를 하나님 앞에서가 아니라 담임목사 앞에서 하고

10 Richard Baxter, Gildas Salvianus: The Reformed Pastor, IV.ii, in *The Practical Works of Richard Baxter*, 4 vols. (Morgan, PA: Soli Deo Gloria Publications, 2000), 4:404 참조. 우리는 "마치 자신들이 교회 신앙의 지배자들인 것처럼 자신들의 판단에 모든 이들이 따라야만 한다고 생각합니다! 또한 우리는 교황 무오설과 논쟁들의 판결을 비판하면서도 우리 가운데 너무 많은 사람들이 스스로 교황들이 되어서는 자신들의 결정이 마치 무오한 것처럼 모든 이들로 하여금 그것을 따르게 하려 합니다."

있는 것이라 할 수 있습니다. 목사 스스로는 물론이거니와 부흥회 강사 목사들이 설교하면서 담임목사에게 순종하고 잘 섬겨야 한다고 세뇌하듯 가르치다보니 담임목사가 교회와 양떼를 돌보고 섬기는 종이 아니라 교회와 회중 위에 군림하는 사람이 된 것입니다.

교회 역사를 강의하며 이런 지적을 하면 많은 신학생들이 공감합니다. 실제로 자신들이 경험했거나 경험하고 있는 것이라 그럴 겁니다. 전에 어떤 교회 주보를 보니까 교역자들 명단이 실려 있는데, 담임목사와 전도사의 명단을 적은 글자 크기가 크게 차이가 나더군요. 대형교회의 경우 담임목사 말고 다른 교역자들의 명단은 모두 동일한 크기지만 명단에 적는 순서가 차이를 내지요. 예를 들어, 수석부목사, 부목사, 파송선교사, 강도사, 전도사, 교육전도사, 이런 순이더군요. 그런데 자기 이름이 아직 전도사 란에 있거나 아니면 아예 사역을 하지 못해 거기에 끼지도 않으니까, '이것은 정말 옳은 지적이다'라고 동의하다가도, 자기 이름이 주보의 교역자 란에 들어가고 강도사, 부목사를 거쳐 어느 교회의 담임목사직에 올랐을 때 말이 바뀌는 이들을 봅니다. '내가 목회를 해보니까 그건 아닌 것 같아. 담임목사한테 모든 성도가 절대 복종하는 것이 당연히 옳은 것이지.' 이런 식으로 생각과 말이 바뀌어버리는 겁니다. 이것은 올바른 역사의식이 없는 것입니다.

교회사를 왜 배웁니까? 인명, 지명 외우고 연도 외우는 것이 역사를 배우는 목적이 아닙니다. 교회 역사를 배우며 우리 가슴과 우리의 역사의식이 올바로 서지 않는다면 그런 역사는 배울 필요가 없습니다. 교회사는 올바른 역사의식을 갖기 위해 배웁니다. 혹시 좋은 학점을 못 받아도 괜찮아요. 어떤 역사의식을 가지고 살아가는가, 그것이 중요한 것이지 학점 잘 받는 게 중요한 것이 아닙니다. 학점 잘 받고 뒤에 가서 배운 것과 달리 엉뚱한 짓을 해서 제 뒤통수를 치려면 아예 지금 신학교 그만 다니는 것이 교회를 위한 길입니다.

본론으로 돌아가겠습니다. 교회의 머리는 누구입니까? 예수 그리스도이십니다. 한국 개신교회는 예수 그리스도께서 계셔야 할 자리에 교황이 있는 로마 가톨릭 교회가 그릇되었다고 비판하며 치고나왔던 종교개혁자들의 후예입니다. 그런데 개신교회의 많은 담임목사들이 교황을 끌어내린 자리에 자기가 올라가 있습니다. 이건 그릇된 것입니다. 그런데 이런 걸 깨달았다고 당장 이번 주일에 교회 가서 담임목사님 붙들고 이런 저런 것은 고쳐야 한다고 소란 떨지 마십시오. 그렇게 하지 말고 자기 칼을 갈아야 합니다. 자기가 쓸 칼을 잘 갈았다가 쓸 때가 되었을 때 제대로 써야 합니다. 칼을 갈고 준비해야 할 시기에 함부로 휘둘러 몽당이 만들어버려 정말 써야할 때 제대로 못 쓰는 어리석음을 범하지 말고, 여러분이 목사나 장로, 권사, 집사같이 교회의 중추적 일군이 되었을 때 그때 올바르게 고쳐 나가십시오. 우리가 말씀 가운데서 무엇이 하나님께서 정말 원하시는 교회의 모습인가를 곱씹어 살필 때 한국 교회의 바람직한 모습이 그려질 것입니다. 그 모습을 향해 나아가는 한국 개신교회를 기대합니다.

4. 동 · 서방교회 분열

여러분 가족이나 친구 중에 성당에 다니는 사람이 있다면, 평소에는 아무런 문제 없이 잘 지내다가도 신앙 관련 얘기만 나오면 관계가 껄끄러워지는 경험을 해봤을 겁니다. 저도 고등학교 때 친하게 지내던 친구 둘이 성당을 다녔는데 이 친구들이 가끔 제게 교회의 문제점들을 들먹이며 시비를 걸어오고는 했습니다.

그런 식으로 공격해 오는 것 중에 우리 마음을 가장 아프게 하는 게 뭘까요? 아마 교회 분열 문제 지적일 겁니다. '개신교회는 왜 그리 조각조각 부서져 있나?' 이렇게 공격해 올 때 마땅한 대답이 없습니다. 어떤 이는 '분열의 결과 오히려 교세가 확장된 경우가 많으니 분열이 꼭 나쁜 것만은 아니다'라는 억지를 부리기도 합니다. 하지만 그것은 실로 하나님을 욕되게 하는 궤변입니다. 사람들의 잘못을 하나님의 뜻인 양 만들어버리는 것이기 때문입니다.

사실 교회 분열 문제를 보면 우리 개신교회는 그리 당당할 수 없습니다. 종교개혁자들이 하나님의 말씀도 존재하지 않고 그리스도도 온전히 계시지 않는 중세 말 로마 가톨릭 교회를 떠나, 하나님 말씀 위에 서 있으며 그리스도를 온전히 모시고 있는 올바른 교회를 회복했음은 하나님의 은혜였습니다. 하지만 종교개혁 직후부터 오늘날에 이르기까지 간단없는 개신교회의 분열은 너무 극심해서 종교개혁의 대의마저 퇴색케 할 정도입니다. 그래서 교회 분열과 관련된 로마 가톨릭의 공격 앞에서 우리는 함구할 수밖에 없습니다.

그렇지만 교회 분열 관련한 로마 가톨릭의 공격 중 명백한 오류는 짚고 넘어가야겠습니다. 그들의 잘못된 주장은 이것입니다. '중세가 시작될 때는 교회가 하나였는데, 교회를 개혁한다는 이들로 인해 교회가 산산이 부서졌다.' 로마 가톨릭의 이런 주장이 옳은 것일까요? 로마 가톨릭의 주장처럼 중세교회는 15세기말까지 온전히 하나로 있었나요? 아닙니다. 중세의 절반이 지난 시점인 1054년에 동과 서로 나뉜 중세교회의 분열은 로마 가톨릭의 이런 주장이 그릇된 것임을 곧바로 드러냅니다.

동·서방교회 분열의 작은 원인들

632년 **무함마드**의 사망을 기점으로 아라비아 반도를 넘어 확산된 정복 전쟁 결과 안티오크와 예루살렘, 그리고 알렉산드리아의 총대주교구들은 7세기 중엽 즈음 이미 무슬림들의 수중에 들어가 있었습니다. 이제 초대교회 5대 총대주교구 중 남은 것은 콘스탄티노폴리스와 로마 두 곳뿐이었습니다. 395년 동로마와 서로마로 갈라진 후 콘스탄티노폴리스와 로마가 마치 동로마와 서로마 각각의 교회를 대표하는 듯했는데, 다른 총대주교구들이 이슬람권에 떨어지므로 이런 모양이 더 두드러지게 되었습니다.

제국이 동과 서로 갈라진 후에도 동방교회와 서방교회 사이가 나쁜 것은 아니었습니다. 문제가 있으면 서로 돕는 좋은 사이였습니다. 헐뜯고 싸우는 그런 사이는 더더구나 아니었습니다. 서로 적대적이지 않았다는 말입니다.

하지만 서서히 동방교회와 서방교회 간에 분열의 조짐이 나타났습니다.

첫 원인은 로마제국의 몰락입니다. 나라가 강하면 갈라지지 않습니다. 삼국을 통일했던 신라가 계속 강했다면 후삼국이 나오지 않았을 겁니다. 통일신라의 힘이 약해지니까 나라가 갈라진 겁니다. 로마제국이 힘이 빠져 동로마와 서로마로 갈라지니까, 제국의 이런 분열이 동방교회와 서방교회를 점점 갈라놓는 한 이유가 된 것입니다.

중세교회를 동과 서로 갈라지게 만든 또 다른 원인은 양 측 간의 이질성이었습니다. 먼저는 말이 달랐습니다. 서로마 쪽에서는 라틴어를 쓰는 반면 동로마 쪽에서는 그리스어를 썼습니다. 말이 다른데다 문화도 달랐습니다. 예를 들어, 흔히 그리스·로마 신화라고 둘을 붙여 부르는데, 엄밀히 말해 그리스 신화와 로마 신화는 다른 것입니다. 유사한 부분이 많지만 그것은 로마 신화가 그리스 신화를 모방한 때문이지요. 어쨌든 신화에 등장하는 신들의 이름들부터 다릅니다. 그리스 신화의 제우스나 아프로디테는 로마 신화에서는 유피테르와 비너스에 해당합니다. 교회법이나 예전에도 차이가 있었는데, 특히 서방교회는 동방교회에 비해 교계주의가 철저히 자리 잡았습니다.

상대방 지역에 대한 관할권 주장도 문제였습니다. 로마 교황은 발칸반도의 관할권이 자기에게 있다고 주장했고, 콘스탄티노폴리스 총대주교는 이탈리아반도 남부의 관할권이 자기에게 있다고 주장했습니다. 상대의 땅이 자기 땅이라고 서로 주장했으니 사이가 좋을 수가 없었습니다.

또 다른 문제는 호칭과 관련된 것입니다. 콘스탄티노폴리스 총대주교의 호칭인 '총대주교'(總大主教, patriarch)는, 문자 그대로, 주교(bishop)들을 관할하는 대주교(archbishop)들을 총관하는 직위를 의미합니다. 그런데 로마 교황 쪽에서 이 호칭을 문제 삼았습니다. 총대주교가 너무 교만한 호칭이라는 이유였습니다. 이런 비판을 할 당시 로마 교황들은 스스로를 '하나님의 종들의 종'(servus servorum Dei)이라 불렀습니다. 예를 들어, **그레고리우스 7세**는 교서를 내릴 때

"하나님의 종 중의 종인 주교 **그레고리우스**는…"[11] 식으로 스스로를 낮추어 불렀습니다. 나는 스스로를 이렇게 낮추는데 당신은 교만하게 스스로를 총대주교라 부르느냐? 이런 비판인 겁니다. 하지만 우리가 보면 쓴웃음이 나지요? 실제로는 자기가 교회 계급제도의 꼭대기에 앉아 있으면서 말로만 겸손하니 그것은 참된 겸손이 아니지요. 어쨌든 이런 호칭 문제가 동·서방 교회 분열에 영향을 끼쳤습니다.

필리오퀘 논쟁

동·서방 교회 분열의 중요한 원인들 중 하나는 성령론의 차이였습니다. 동·서방 교회 간에 있었던 이와 관련된 논쟁을, 문제가 된 라틴어를 써서, '필리오퀘'(Filioque) 논쟁이라고도 합니다. 381년 콘스탄티노폴리스 공의회에서 채택한 신조를 '니카이아-콘스탄티노폴리스 신경'[12]이라고 부릅니다. 사도신경이나 니카이아 신경과 마찬가지로 니카이아-콘스탄티노폴리스 신경은 성부·성자·성령에 대한 고백이라는 3중적 구조로 되어 있습니다. 그런데 서방교회 쪽에서 아마 589년 제3차 톨레도 공의회 때 이 신경의 라틴어 번역 중 성령에 대한 고백에 그리스어 원문에는 없는 단어 하나를 넣어서 고백하기 시작했습니다. 그 단어가 바로 필리오퀘입니다.[13]

---

11 Gregorius VII, Letter to the Bishop of Metz (1081), in *Documents of the Christian Church*, ed. Henry Bettenson, 2nd ed. (New York: Oxford University Press, 1967), 104; 그리고 심창섭·채천석 편, 「원 자료 중심의 중세교회사」(서울: 솔로몬, 1998), 95 참조.

12 이 신경은 니카이아 신경(325)의 내용을 부연한 것으로, 17세기까지는 바로 이것이 325년 니카이아 공의회에서 채택한 신경으로 알고 있었다. 독일 신학자 요한 베네딕트 카르프조프가 본래의 니카이아 신경을 알아내고는 이 신경을 '니카이아-콘스탄티노폴리스 신경'이라고 불렀다. 김영재, 「교회와 신앙고백」(수원: 합동신학대학원출판부, 2002), 32; 그리고 J. N. D. Kelly, *Early Christian Creeds*, 3rd ed. (New York: Longman, 1991), 296. 카르프조프에 대해서는 The *New Schaff-Herzog Encyclopedia of Religious Knowledge*, ed. Samuel Macauley Jackson (Grand Rapids, MI: Baker Book House, 1951-1954), s.v. "Carpzov," by Georg Mueller.

13 Philip Schaff, ed., *The Creeds of Christendom: With a History and Critical Notes*, 6th ed., 3 vols. (Grand Rapids, MI: Baker Books, 1993), 1:26; 그리고 David Christie-Murray, *A History of Heresy* (Oxford: Oxford University Press, 1990), 97-98.

원래의 신조는 라틴어로 이렇게 되어 있습니다. "에트 인 스피리툼 상크툼 도미눔 에트 비비피칸템 퀴 엑스 파트레 프로케디트."[14] 우리말로는 이렇습니다. 나는 "또한 주님이시며 생명을 주시는, 아버지로부터 나오시는 성령을" 믿습니다. 그런데 "엑스 파트레" 바로 뒤에 "필리오퀘"를 넣기 시작한 것입니다. 이 경우 내용이 이렇게 바뀝니다. "아버지와 아들로부터." 그런데 "~와 아들"이라는 이 말의 첨가 때문에 동·서방 교회 사이에 격렬한 논쟁이 벌어졌습니다. 동방 쪽에서는 신조 원문에 없던 말을 넣어서는 안 된다고 주장했고, 서방 쪽에서는 삼위일체 신앙에 기초할 때 성령께서 성부와 성자로부터 나오시는 것이 맞으므로 그 말이 추가되어야 한다고 주장했습니다. 두 쪽 사이에 신학적 입장 차이가 없었던 것은 아닙니다. 서방 쪽은 '성령께서 아버지와 아들로부터 나오신다'고 주장한 반면, 동방 쪽은 '성령께서 아버지로부터 아들을 통하여 나오신다'고 주장했습니다. 문제는 이렇게 미묘한 차이가 서로를 갈라세울 정도로 그렇게 어느 한 쪽은 옳고 다른 쪽은 그르다고 할 절대적인 것이었나 하는 점입니다.

성상숭배 논쟁

동·서방 교회 분열의 또 다른 중요한 원인은 성상숭배 논쟁과 관련된 것이었습니다. 그런데 여기서 문제가 된 것은 성상숭배에 대한 입장 차이가 아니었습니다. 동방에서 행해진 성상숭배 논쟁에 서방 쪽 특히 교황청이 배제된 것이 문제였습니다.

기독교가 로마제국의 국교가 됨으로 여러 가지 문제가 생겼습니다. 신앙의 자유가 주어진 것은 좋은데, 제국의 국교가 되고 나니까 신앙을 제대로 갖

14 "Et in Spiritum Sanctum, Dominum et vivificantem, qui ex Patre [Filioque] procedit." Philip Schaff, ed., *Creeds of Christendom*, 2:59. [Filioque]는 뒤에 첨가된 것이다.

고 있지도 않은 어중이떠중이가 다 교회에 이름을 올렸습니다. 그러다 보니까 신자답지 않은 여러 요소가 교회에 침투하기 시작했습니다. 민속신앙적인 요소들이 교회에 들어오기 시작한 것입니다. 그런 것들 중 하나가 성상숭배입니다.

성상숭배 논쟁은 8세기에 격렬해졌습니다. 6~7세기에 성상숭배가 급속히 파급되었는데, 특히 발칸반도에서 급속하게 퍼져나갔습니다. 성상에 대한 논쟁은 726년 동로마제국 황제 **레오 3세**가 성상숭배 금지 칙령을 내림으로 시작되었습니다. 성상은 십계명에 금지된 우상이라는 이유에서였습니다. 프리기아 지방의 주교들은 황제와 마찬가지로 성상숭배를 반대했으나, 총대주교 **게르마누스 1세**를 비롯한 대부분의 주교들은 황제의 칙령을 받아들이려 하지 않았고, 그리스에서는 백성이 황제의 칙령에 반발해 폭동을 일으켰을 뿐 아니라 조각상을 제거하려던 병사들을 죽이기까지 했습니다.[15]

레오 3세의 아들 **콘스탄티누스** 5세가 소집해서 754년 히에리아 궁에서 열린 공의회도 성상숭배를 금지했습니다. 그 이유는 이렇습니다. '예수님의 참된 형상은 그분의 인성뿐만 아니라 신성도 제대로 표현할 수 있어야만 한다. 그런데 인성은 표현할 수 있지만 볼 수 없는 신성을 표현할 수는 없다. 그러므로 예수님의 상을 만드는 것은, 오직 인성만 묘사할 수 있기에, 인성과 신성을 갈라놓는 것이 되며 이것은 네스토리우스주의의 잘못을 범하는 것이다. 달리 볼 때, 성상을 만드는 것은 신성과 인성을 혼동하고 그것들을 하나라 보는 것이기에, 신성과 인성을 하나로 만들어버리는 단성론의 잘못을 범하는 것이다.' 따라서 성상 제작이나 숭배는 잘못이라고 천명했습니다. 대신에, 예수님을 나타낼 수 있는 유일한 형상은 성만찬의 떡과 포도주뿐이라고 했습니다.

하지만 성상 사용을 주장하는 쪽도 나름대로 이유가 있었습니다. 당시 성상 사용을 옹호한 대표적인 신학자가 **다마스쿠스의 요한**입니다. 그는 "눈에

15 김영재, 「기독교 교회사」, 253-254.

보이지 않으시고 형체가 없으시며 에두를 수 없고 그릴 수 없는 하나님"을 묘사하는 것은 미친 짓이며 불경한 짓이라 인정합니다. 하지만 그는 하나님께서 우리 구원을 위해 참으로 사람이 되셨음을 강조합니다. 그분이 이 땅에 사시며 기적을 행하시고 수난 당하시고 십자가에서 돌아가시고 부활·승천하신 일은 많은 사람들이 목격했고 우리를 위해 기록되었습니다. 그런데 대다수 사람들이 까막눈이었고 혹 글을 읽을 수 있다 해도 성경 읽을 틈을 쉬이 내지 못했기에, 교부들은 예수 그리스도께서 하신 일을 성상들로 묘사해서 생생하게 기억나게 만들어 사람들을 가르치는 것이 적절하다고 여겼다는 겁니다.[16]

오늘날 우리나라의 경우 초등학교 저학년 정도만 되어도 글 모르는 사람이 거의 없습니다. 하지만 옛날에는 그렇지 않았습니다. 한문을 따로 배워야만 글을 읽고 쓸 수 있었습니다. 성상숭배 논쟁이 한창이던 동로마제국도 옛적 우리 상황과 유사했습니다. 사람들은 대부분 글을 몰랐습니다. 글을 아는 이들은 사제나 수도사 정도였습니다. 일반 가정에는 성경을 거의 가지고 있지 못했지만 만약 갖고 있었더라도 성경 읽을 시간이 없었을 겁니다. 옛날 사람들이 책 읽을 시간이 없다고 하면 궁금한 분들도 있을 겁니다. 사실 요즘 우리도 독서할 시간이 없지요? 이유는 TV 보거나 컴퓨터나 휴대전화 붙들고 있느라 시간이 없는 겁니다. 하지만 옛날 사람들은 말 그대로 먹고 살기 바빠서 독서할 시간이 없었습니다. 평면적으로만 비교한다면 오늘날 우리는 옛날 왕들이 누리는 것 이상의 호강을 누리며 삽니다. 조선시대 임금이 더운 여름에 얼음 생각이 간절하면 신하들을 시켜서 겨울에 얼려 서빙고에 간직해 둔 얼음을 가져오도록 했겠지요? 하지만 궁궐로 가져오는 동안 서서히 녹아 임금 입에 들어간 것은 겨우 조그만 얼음 조각이었을 겁니다. 요즈음 우리는 냉장고가 있는 집이면 사시사철 어느 때든지 냉동실의 얼음을 꺼내 먹을 수 있습니다.

16 John of Damascus, An Exact Exposition of the Orthodox Faith, IV.16, in *The Fathers of the Church: A New Translation*, Vol. 37, *Saint John of Damascus: Writings*, tr. Frederic H. Chase, Jr. (Washington, DC: Catholic University of America Press, 1981), 371-372.

적어도 그 점에서는 우리가 옛날 임금님보다 더 나은 거지요? 만약 일반 백성이라면 어땠을까요? 우리가 전기밥솥으로 단 몇 분 만에 밥을 짓는 반면, 불과 반세기 전만 해도 미리 준비해 둔 나무에 불을 어렵게 붙이고 밥이 타지 않게 불을 조절하기 위해 매운 연기를 참고 지켜보며 몇 시간을 고생해서 밥을 지었습니다. 빨래도 따뜻한 물커녕 수도가 아예 없었기에 한 겨울에도 개울가 빨래터에 나가 손 시린 걸 참고 할 수밖에 없었습니다. 오늘날은 세탁기가 알아서 다 하잖아요? 얘기가 너무 곁길로 빠져버렸군요. 어쨌든 글도 모르고 먹고 살기 바빴던 옛 사람들로서는 성경 읽기가 아예 불가능했습니다. 이런 이들에게 예수님께서 십자가를 지고 가시는 모습이나 채찍질 당하시는 모습의 조각상은 신앙적으로 큰 도움이 된다는 것이 성상 사용을 옹호하는 이유였습니다.

콘스탄티누스 5세의 아들 **레오 4세**는 31세라는 젊은 나이에 죽었습니다. 그때 **레오 4세**의 아들 **콘스탄티누스** 6세는 겨우 아홉 살이었기에 황태후 **에이레네**가 섭정을 했습니다. **에이레네**의 막후 정치를 통해 787년 니카이아에서 공의회가 열렸습니다. 니카이아 공의회는 754년 콘스탄티노폴리스 공의회의 성상숭배 금지를 고스란히 뒤집어엎은 것이었습니다. 그런데 이들의 논리가 흥미롭습니다. 먼저, 성상들에 바치는 존경은 성상들 자체가 아니라 그것들이 묘사하는 대상을 높이는 것이라는 주장입니다.[17] 이런 논리는 불교의 불상 이해와 유사합니다. 절의 승려들이 불상 앞에 절하며 염불도 외지만 그 불상 자체를 부처라 여기지는 않습니다. 〈달마야 놀자〉라는 영화의 한 장면으로 기억하는데, 소동 중에 불상의 귀가 부러져 떨어집니다. 그런데 정작 주지승이 대수롭게 여기지 않습니다. 불상이 부처가 아니기 때문입니다. 불상은 깨달음을 자극하는 수단일 뿐입니다. '부처'란 말이 '깨달은 자'라는 의미니까, 불교에서는 누구든 깨달으면 부처가 된다고 가르칩니다. 불상 자체가 아니라 불상을

17 김영재, 「기독교 교회사」, 255.

통해 부처에게 예를 표한다는 이런 주장은 787년 공의회에서 성상 사용을 옹호하는 이들의 논리와 매우 유사합니다.

하지만 이들의 주장은 말 그대로 이론일 뿐입니다. 승려들의 논리와는 달리 불교 신자들이 불상 자체를 부처라 여겨 그 앞에 절하듯이, 성상 사용 옹호자들의 미묘한 구분이 일반 신자들에게는 거의 무의미했습니다. 일반 신자들은 조각상이 표현하는 대상과 조각상 자체를 구분하지 못했습니다.

이런 비판에 대해 중세 스콜라신학자들은 다음과 같이 대응 논리를 폈습니다. 그들은 우상숭배를 비난하면서도, 자기들이 성상에 표하는 경의는 예배가 아니라는 교묘한 이유를 둘러대어 성상숭배를 옹호했습니다. 종교개혁자들이 우상숭배(idololatria)라고 여기는 성상숭배를 저들은 성상공경(idolodulia)이라 불렀습니다. 중세 스콜라신학자들은 성상숭배를 옹호하기 위해 '예배'를 세 등급으로 구분했습니다. 먼저, 흠숭(欽崇, 라트레이아)은 하나님께만 바치는 최고의 예배(worship 혹은 adoration)인데 비해 공경(恭敬, 둘레이아)은 성인들과 그 성상들 그리고 그 유골 등에 돌리는 숭배(veneration)라고 했습니다. 또한 상경(上敬, 휘페르둘레이아)은 여러 다른 성인들보다 동정녀 마리아를 더 높이기 위해 고안된 특별숭배(high veneration 혹은 special veneration)였습니다.[18] 그러니까 성상들에 흠숭을 드리는 것은 잘못이지만 공경을 드리는 것은 아무런 문제가 없다는 주장이었습니다. 하지만 성상 앞에 절하는 사람들이 그런 미묘한 구분을 염두에 두었을 리는 만무합니다. 결국 사람들은 하나님께 드리는 것과 똑같은 경의를 성상들에 돌리는 잘못을 범했습니다.

다시 본론으로 돌아가서, 787년 니카이아 공의회의 성상숭배 허용 결정에도 불구하고, 성상숭배 논쟁이 끝난 것은 아니었습니다. 동로마황제 레오 5세

18 John Calvin, The Necessity of Reforming the Church (Dallas, TX: Protestant Heritage Press, 1995), 21; John Calvin, *Ioannis Calvini Opera quae supersunt omnia*, eds. G. Baum, E. Cunitz and E. Reuss, 59 vols. (Brunswick, 1863~1900), 6:463; 그리고 Schaff, *History of the Christian Church*, 4:442. 필립 샤프의 설명대로 라트레이아, 둘레이아, 휘페르둘레이아는 그리스어 λατρεία, δουλεία 그리고 ὑπερδουλεία의 음역이며 라틴어로는 latria, dulia 그리고 hyperdulia다.

때인 815년 하기아 소피아 공의회에서 성상숭배를 반대하는 편이 승리함으로 성상숭배가 다시 금지되었습니다. 하지만 842년 테오필루스 황제가 요절하고 겨우 세 살짜리 아들 **미카엘 3세**가 황위에 오르자 황태후 **테오도라**가 섭정을 했는데 그녀는 열렬한 성상숭배주의자였습니다. **테오도라**의 강력한 후원에 힘입어 843년 콘스탄티노폴리스 공의회는 성상숭배 자유화 결정을 내리게 되는데, 이것은 성상숭배 옹호자들의 실질적인 승리를 의미했으며 이로써 동로마제국의 성상숭배 논쟁은 일단락되었습니다.[19] 동방교회는 이를 기념하기 위해 사순절 첫째 주일을 기념일로 지킵니다.

동·서방 교회 사이에 성상 사용에 대한 입장차가 큰 것은 아니었습니다. **레오 3세**가 성상 제작과 숭배를 금지했을 때 콘스탄티노폴리스 총대주교 **게르마누스 1세**뿐만 아니라 교황 **그레고리우스** 2세도 황제의 명령을 거부했습니다. 그런데 교황이 동로마 황제의 성상숭배 금지 조치를 거부한 것은 성상 사용을 긍정하는 입장 때문이기도 했지만, 교황청을 보호해준다는 명목으로 모든 일에 참견하고 규제하는 황제의 간섭을 벗어나려는 의도 또한 있었습니다. **레오 3세**의 성상파괴령이 교황청에 동로마 황제와 결별할 명분을 제공한 셈이었습니다. 그 후 프랑크왕국의 카롤링 왕조의 왕들이 교황청의 새로운 후원자가 되었습니다.

787년 니카이아 공의회에 교황 **하드리아누스 1세**는 특사들을 파견했고 공의회의 결정을 승인하기도 했습니다. 하지만 니카이아 공의회에 교황의 특사들 말고 서방교회 다른 대표는 없었습니다. 서방의 가장 강력한 군주였으며 서방교회의 수호자를 자처하던 **카를 대제**는 이런 사실에 분노했습니다. **카를 대제**는 자신의 궁정 신학자들로 하여금 성화 사용 문제에 대해 저술하도록 지시했고, 794년 **카를 대제**에 의해 프랑크푸르트에서 소집된 공의회는 니카이아 공의회의 결정을 비난했습니다. 그런데 이런 판단은 그리스어의 '흠숭'

19 김영재, 「기독교 교회사」, 255-256.

과 '공경'이 라틴어로 번역될 때 동일한 단어로 번역된 데 따른 것이었습니다. 실제로 프랑크왕국의 신학자들은 787년 니카이아 공의회는 물론 754년 콘스탄티노폴리스 공의회의 결정도 거부했습니다. 그들은 화상 그 자체는 신앙과 아무런 필연적 관계가 없으며, 유물이나 십자가보다 열등한 것으로 보았습니다. 하지만 성인들의 화상이 교회 장식과 유품으로 보존되어야 하며 성인들에게 적절한 경의(opportuna veneratio)를 표해야 하지만 예배는 하나님께만 드려야 한다고 주장했습니다. **카를 대제**는 이 결정을 교황청에 보내 교황으로 하여금 동로마제국의 **에이레네** 황태후와 **콘스탄티누스** 6세를 정죄하게 하려했지만 교황이 이 요구를 거부했습니다. 얼마 지나지 않아 서방교회의 성상 사용 논쟁은 잠잠해졌습니다.

이렇듯 동방 쪽에서는 우여곡절 끝에 성상숭배를 자유화하게 되었는데, 그 논의 과정에서 서방 쪽이 배제된 것이 동·서방 교회 분열에 큰 영향을 미쳤습니다. 성상숭배와 관련해서 동방 쪽에서 행해진 논의에 서방 쪽이 배제된 것으로 인해 동방 쪽에 대해 서방 쪽 지도자들 가운데 고조된 반감이 문제였습니다.

정치적 대립과 알력의 심화

하지만 동·서방 교회 분열의 가장 결정적 원인은 양측의 정치적 대립과 알력의 심화였습니다. 특별히 교황 **니콜라우스 1세** 때 동·서방 교회 사이의 불화가 깊어졌습니다. **니콜라우스 1세**는 858년에 교황이 되었는데, 동로마에서는 바로 전 해인 857년 성년이 된 **미카엘 3세**가 **테오도라**를 몰아내고 실권을 쥐었습니다. 충실한 성상숭배 지지자여서 **테오도라**에 의해 총대주교로 지명 받았던 **이그나티오스**가 858년 물러나게 되었고 평신도였던 **포티오스**가 한 주간 만에 삭발식, 독경자, 부보제, 보제, 사제의 단계를 거쳐 주교가 되고 총대주교로 선출되었습니다. **포티오스**가 선임자의 정책 중 몇몇을 파기해버리자 **이그나티오스**의 지지자들이 교황 **니콜라우스 1세**에게 자신들을 지지해 주기를 호소했습니다. 교황의 지지를 호소한 것은 **포티오스** 쪽도 마찬가지였습니다. **니콜라우스 1세**는 처음에는 그 일에 관여하지 않으려 했는데, 애초에 **이그나티오스**의 선출이 교회법에 어긋난 것이었기 때문이었습니다. 하지만 **이그나티오스**가 자의적으로 총대주교직에서 물러난 것과 **포티오스**가 적법한 절차를 거쳐 선출된 사실을 알지 못하고 **포티오스**의 적대자들에 의해 속임 당한 교황은 863년 **포티오스**를 정죄하고 파문했고, 이에 대해 **포티오스**도 파문으로 응수했습니다.

그런데 867년 **미카엘 3세**를 암살한 **바실레이오스**가 황제가 되자 그는 서방의 영토 회복이라는 야심을 품고 먼저 서방교회 쪽과 관계 개선을 도모했습니다. 그래서 **포티오스**를 몰아내고 **이그나티오스**를 복위시켰습니다. 다시 총대주교가 된 **이그나티오스**는 교황권을 인정하기를 거부했습니다. 그리고 **포티오스**에 의해 기독교로 개종했다가 자신들의 총대주교를 임명해 달라는 요구가 거절당하자 교황의 세력 아래로 들어갔던 불가리아를 다시 동방교회 쪽으로 되돌리는데 성공했습니다. 876년 **포티오스**의 도움이 필요했던 **바실레이오스 1세**가 **포티오스**를 불러들여 대학교육을 관장하고 자기 아들들의 교육을 담당하게 담당하게 했습니다. 결국 **바실레이오스**의 조정으로 **이그나티오스**와 **포티오스**는 화해하게 되었습니다.

정치적 상황 변화에 따른 이런 이합집산은 그때나 오늘날이나 큰 차이가 없어 보입니다. 필요에 따라서는 어제의 적이 오늘의 동지가 되는 것이 정치판이니까요. 그런데 이런 과정에 로마 교황의 위상이 동방교회에서도 올라간 셈이 되었습니다. 둘이 싸우고 있는데 다른 한 사람이 그 둘의 잘잘못을 따지고 있다면 그 세 사람 중 누가 올라갑니까? 당연히 잘잘못을 따지고 있는 사람이지요. 총대주교 자리를 놓고 **이그나티오스**와 **포티오스**가 서로 싸우는 중에 각각 로마 교황에게 지지를 호소하다 보니 교황이 그들보다 더 높아 보이는 겁니다. 그래도 아직은 동·서방 교회 사이의 알력이 서로를 갈라놓을 지경은 아니었습니다.

하지만 11세기 중엽에 동·서방 교회 사이의 알력은 심각한 상황을 맞았습니다. 1049년에 교황이 된 **레오 9세**는 클루니 수도회의 정신을 따라 교회를 개혁하며 교황권의 신장을 꾀했습니다. 이에 앞서 1043년부터 콘스탄티노폴리스 총대주교로 재임하고 있던 **미카엘 케룰라리오스**는 서방교회를 이단으로 간주하고 있었습니다. **미카엘 케룰라리오스**에게 설득된 불가리아의 대주교 **오크리드의 레오**는 1053년 **트라니의 요한**에게 보내는 회문(回文)에서 서방교회 쪽에서 성찬 때 무교병을 사용하고 사순절 기간 중 토요일에 금식을 하는 것, 목매어 죽인 것과 피를 먹는 것,[20] 그리고 금식 기간에 할렐루야 찬송을 하지 않는 것을 비난했습니다. 교황 **레오 9세**의 위임을 받은 **훔베르트** 추기경은 이런 공격에 맞서 동방교회의 혼인한 사제들을 가리켜 니골라당과 같다고 응수했습니다.[21]

동 · 서방교회 분열

동·서방 교회 사이의 감정이 이렇게 악화 일로로 치닫자 동로마제국 황제 **콘스탄티누스** 9세는 양측을 화해시키기 위해 애썼습니다. 공동의 적인 노르만족에 맞서기 위해서는 교황의 협력이 필요했기 때문입니다. 1054년 **레오 9세**는 **훔베르트** 추기경을 포함한 사절단을 황궁에 파견했습니다. 하지만 관계를 개선할 마음이 없던 총대주교는 총대주교대로 교황의 사절단을 거만함으로 대했고, 사절단 역시도 거드럭거리다 보니 화해는커녕 최악의 상황이 되고

20 사도행전 15:20 참조.
21 김영재, 「기독교 교회사」, 276.

말았습니다. 협상이 결렬된 후 사절단은 **훔베르트**가 작성한 **미카엘 케룰라리오스**와 그의 추종자들에 대한 파문장을 7월 16일 하기아 소피아 성당의 제단 위에 갖다 두었습니다. 그 파문장은 동방교회 지도자들을 성직매매자들, 아리우스파, 도나투스파, 니골라당,[22] 세베루스파,[23] 성령당,[24] 마니교도들, 나사렛당[25] 등 끌어댈 수 있는 모든 이단들을 거명해 그들과 동류로 취급하는 것도 모자라, "더 나아가 사탄과 그의 천사들과 더불어 영원히 저주를 받을지어다! 아멘, 아멘, 아멘!"이라는 저주를 담고 있었습니다. 그리고 이틀 후 사절단은 콘스탄티노폴리스를 떠났습니다.

그 후 동방교회는 서방교회를 정죄하는 의미에서 스스로를 정통교회라고 불렀습니다. '정통'이라는 말은 영어로 '오써독스'(orthodox)인데, 여기서 '오써'(ortho)는 '바른'이라는 의미고 '독스'(dox)는 '가르침'이라는 의미입니다. 그래서 '정통'은 바른 가르침을 의미합니다. 그러므로 자신들의 교회를 정통교회라고 이름 붙인 것은 다른 교회는 정통이 아니라는 정죄의 의미가 있는 것입니다. 다른 교회는 당연히 서방교회를 말하는 것입니다. 서방교회에서 이런 저런 이단들의 이름을 붙여서 동방교회를 공격하니까, 동방교회는 스스로를 정통교회라고 이름 붙여 상대를 정죄한 것입니다. 1054년 이후 동·서방 교회는 정치적 협상이나 종교적인 대화, 또는 무력에 호소하기까지 다시 하나가 되기를 시도했으나 그런 바람은 이루어지지 않았습니다.[26]

---

22 Nicolaitans. 소아시아에 있는 몇몇 교회들 중에 신봉자들이 있던 분파로, 에베소 교회는 이 당에 대적하므로 칭찬을 받았고(요한계시록 2:6) 버가모 교회는 이 당이 회중 가운데 있도록 내버려 둔 때문에 책망을 들었다(요한계시록 2:14~15). *New Schaff-Herzog Encyclopedia of Religious Knowledge*, s.v. "Nicolaitans," by F. Sieffert.

23 Severians. 안티오크 총대주교(512~518)였던 단성론자 세베루스의 주장을 좇는 이들을 일컫는 이름이다. *The Oxford Dictionary of the Christian Church*, eds. F. L. Cross and E. A. Livingstone, 2nd ed. (New York: Oxford University Press, 1993), s.v. "Severus."

24 Pneumatomachi(πνευματομάχοι). 성령님의 완전한 신성을 부인했던 4세기 이단으로서, 381년 콘스탄티노폴리스 공의회에서 정죄되었다. *Oxford Dictionary of the Christian Church*, s.v. "pneumatomachi."

25 Nazarenes. 4세기 저자들이 시리아의 유대계 기독교인들 무리에 붙인 이름인데, 유대교의 율법을 계속 지켰던 것 외에 다른 모든 점에서는 정통적 그리스도인들이었다. *Oxford Dictionary of the Christian Church*, s.v. "Nazarene."

26 김영재, 「기독교 교회사」, 277.

한국 교회 분열의 문제

이제는 '중세가 시작될 때는 교회가 하나였는데, 교회를 개혁한다는 이들로 인해 교회가 산산이 부서졌다'는 로마 가톨릭 쪽의 주장이 왜 허황한지 이해가 될 겁니다. 동·서방 교회가 나누어진 1054년은 11세기 중엽입니다. 종교개혁은 16세기 초에 시작되었습니다. 약 450년쯤의 시간차가 있습니다. 그러니까 중세 1,000년의 절반 시점에 교회는 이미 동과 서로 분열되었습니다. 중세에 온전히 하나였던 교회가 개혁자들로 인해 비로소 분열의 경험을 한 것이 아니란 말입니다.

로마 가톨릭이 우리 개신교를 비난할 때 제일 목소리를 높이는 부분이 분열의 문제입니다. '개신교회는 왜 그리 조각조각 부서져있나요?' 이렇게 공격해 올 때 할 말이 없습니다. 그러면 이때 우리는 어떻게 해야 할까요?

저는 좀 두드려 맞아야 한다고 생각합니다. 우리가 때린다는 게 아니라 우리가 맞아야 한다는 말입니다. 왜 맞아야 합니까? 지금 우리의 분열된 모습이 조금이 아니라 많이 맞아야 할 정도로 부끄러운 상황이기 때문입니다.

한국 장로교회는 1907년 독노회가 설립됨으로 공식적인 출범을 해서 1912년에 산하 노회들을 둔 한국장로회 총회가 구성이 되었습니다. 그것은 선교사들 각자의 본국에서는 산산이 갈라져있는 장로교회의 모습이 우리나라에서는 재연되지 않기를 바라는 선교사들의 선한 의지가 반영된 교회의 모습이었습니다. 반세기가 지난 후, 일제의 강압 아래서도 하나였던 교회가 해방 후 분열을 겪었습니다. 신사참배를 반대해 온갖 고초를 겪었던 이들이 중심이 된 고려파가 총회 측에서 분리된 것이 첫 번째 분열이었습니다. 얼마 지나지 않아 자유주의 신학 문제로 기독교장로회 측이 분리했습니다. 그리고 세계교회협의회(WCC) 가입 문제 등으로 합동 측과 통합 측이 갈렸습니다. 규모로 볼 때 가장 큰 분열이었습니다. 그 이후 통합 측과는 달리 합동 측 내에서는 크고 작은 많은 분열들이 이어졌습니다. '장로교 총회'라는 이름을 내건 교단들 수가 수 십 개에 달한다고 하니 적어도 분열이라는 면에서 한국장로교회는 변명할 말이 없습니다. 그렇다면 우리는 이런 비판을 받을 때 진심으로 회개해야 합니다. 비록 우리 당대가 아니라 선대의 잘못이라 하더라도 그런 과오를 아파하고 부끄러워해야 합니다. 왜냐하면 우리 한국장로교회의 분열 역사를 보면 명백한 신학적 입장 차이가 개재된 경우 말고는 거의가 주도권 다툼과 관련된 분열이기 때문에 그렇습니다. 너무 아프고 또 너무 부끄럽기 때문에 할 말이 없습니다. 할 말이 없을 때는 말없이 그냥 수치를 당하는 수밖에 없습니다.

하지만 만약 그렇게 아파하고 부끄러워하는데도 로마 가톨릭 교회가 끝까지 우리의 아픈 상처를 헤집으려 한다면 이 한마디는 해도 될 것 같습니다. 요즘은 TV나 인터넷, 휴대전화 때문에 어린이들이 보는 월간지 같은 게 별로 눈에 띄지 않는데, 제가 어렸을 때는 「새소년」, 「소년중앙」, 「어깨동무」 같은 월간지들이 인기가 많았습니다. 그런데 본 잡지보다 때로는 '별책부록'이라고 해서 서너 권 씩 따라 나오는 만화들이 더 재미있었습니다. 제가 초등학교 5학년 때 「소년중앙」 별책부록 중에 "도전자 허리케인"이라는 권투 만화가 있었습니다. 지금 보니 원작자가 일본인 치바 데츠야(千葉徹也)인데, 그 때는 그런 것도 모른 채 너무 재미있게 봤습니다. 친구 집에 가서 보거나 친구가 빌려준 걸 보는 경우가 대부분이었는데 월간지가 나올 때 쯤 되면 그걸 산 친구가 누군가 궁금해 할 정도로 다음 호를 기다리곤 했습니다. 못 보신 분들이 대부분일 테니까, 이해를 돕기 위해 예를 든다면 이 주인공은 이현세씨 만화의 '설까치'와 같은 인물입니다. 가정환경이 어려웠거나 거의 고아처럼 자라난 '헝그리 복서' 말입니다. 여기에 맞수가 있는데 '마동탁'과 같은 인물입니다.

이왕에 예를 들었으니 이제부터는 "도전자 허리케인"에 이현세씨 만화의 주인공들을 버무려 넣어 설명하겠습니다. 마동탁은 부유한 세력가 집안 출신으로 권투 시합에서도 연전연승입니다. 그래서 챔피언이 됩니다. 그런데 헝그리 복서 까치가 '필살기'를 개발했는데, 일종의 크로스 카운터(cross-counter)였습니다. 크로스 카운터란 상대방의 공격을 막으면서 교차적으로 치는 반격을 의미하는데, 이것을 익히기 위해 까치는 혹독한 연습을 했습니다. 결국 이 필살기를 써서 마동탁도 꺾고 챔피언이 됩니다. 하지만 그냥 무너질 마동탁이 아니지요. 그래서 절치부심의 시간을 보낸 후 까치의 크로스 카운터를 V자로 꺾고는 다른 손으로 까치를 때려 챔피언 벨트를 되찾습니다. 이번에는 까치가 와신상담의 노력 후 챔피언 벨트를 되찾기 위해 마동탁에게 또 다시 도전합니다. 자신의 크로스 카운터를 V자로 꺾고 나서 자신을 향해 날린 마동탁의 다른 주먹을 어긋맞게 치며 또 다시 크로스 카운터! 제 기억에 그때 작가는 그걸 '더블 크로스 카운터'라는 조어(造語)로 표현했습니다. 아, 그 때의 통쾌함을 지금도 기억할 수 있을 정도입니다.

이야기가 옆길로 너무 많이 샜습니다. 그런데 여기서 핵심은 까치가 엄청 두드려 맞으면서 버텨내다가 제일 마지막에 결정타를 한 방 날리는 겁니다. 맷집이 좋아서 버티는 것이 아니라 깡다구로 버티는 거지요. 그렇게 맞고 있으니 상대방이 '이 한방으로 끝내자'라는 생각으로 결정타를 날릴 때 그 역습으로 때리는 크로스 카운터, 그것이 도전자 허리케인 필살기의 묘미였습니다.

교회 분열 문제로 공격받을 때 우리 개신교인들은 좀 맞아야 합니다. 그리고 진심으로 아파하고 회개해야 합니다. 그래서 적어도 우리 시대에는 더는 갈라지는 잘못을 범해서는 안 됩니다.

그런데 우리가 그렇게 아파하고 회개하는데도 로마 가톨릭 교회에 속한 이들이 계속해서 우리 상처를 헤집으려 한다면 분명히 말합시다. '사실 교회 분열과 관련해서 우리 개신교회는 그리 당당할 수 없다. 개혁자들이 하나님의 말씀도 존재하지 않고 그리스도도 온전히 계시지 않는 중세 말 로마 가톨릭 교회를 떠나 하나님 말씀 위에 서 있으며 그리스도를 온전히 모시고 있는 올바른 교회를 회복했음은 하나님의 은혜였다. 하지만 종교개혁 직후부터 오늘날에 이르기까지 우리 개신교회의 끊임없는 분열이 극심하다 보니 종교개혁의 대의마저 퇴색케 할 정도다. 그런 점에서 우리는 너무 아프고 하나님 앞에서 너무 죄송하다. 하지만 로마 가톨릭이 우리의 분열 문제를 비난할 때 마치 자신들은 교회 분열 면에서 아무런 잘못이 없는 것처럼 자긍하는 것은 어불성설이다. 자신들은 분열의 잘못이 전혀 없다고 거짓말하지 마라! 1054년을 보라! 1054년 동·서방 교회 분열의 원인들을 보면 실로 가소롭기 짝이 없다. 궁극적으로는 교회 주도권 다툼이라는 정치적 대립으로 말미암아 갈라진 1054년의 분열에 대해서는 함구한 채, 중세 초에 하나였던 교회를 개혁자들이 산산이 부숴놓았다고 비판하는 잘못을 더는 범하지 마라.'

그래서 저는 다른 연도는 몰라도 1054년은 외어두라고 부탁합니다. 성당 다니는 친구가 교회 분열을 문제 삼아 계속 여러분을 아프게 하면, 헝그리 복서처럼 묵묵히 두드려 맞다가 끝내 그칠 것 같지 않으면 나중에 결정타 한 방 날리세요. 우리 교회 내의 분열의 잘못은 인정하지만 너희 교회도 분열의 잘못에서 완전히 자유로운 것은 아니니 다시는 그걸 빌미로 진리가 있니 없니 하는 식의 비난은 하지 말라고 말입니다. 아 그런데 그렇게 받아 칠 때, '천 몇 년인가 말이야' 하면서 우물쭈물하면 웃기잖아요? '1054년에 말이야. 동·서방 교회가 가소로운 이유 때문에 분열한 잘못은 왜 인정하지 않니?'라고 분명히 말하십시오.

그리고 앞서 말한 대로, 우리 자신이 이제는 분열의 잘못을 범하지 않도록 가슴 깊이 다짐해야 합니다. 다시 하나가 될 수 있다면 너무 감사한 일이지요. 하지만 하나가 되게 한다는 이유로 억지를 부려서는 안 됩니다. 이렇게 갈라져 있는 것 자체가 올바르지 않다는 것을 알고 아파하면서 하나님의 시기와 방법을 묻고 기다리는 것이 필요하리라 생각합니다.

5. 교황권과 제왕권의 대립

세속권력과 교황권이 대립하면 어느 쪽이 이길까요? 답은 세속권력입니다. 세속권력 즉 왕이나 황제는 자기 백성을 기반으로 한 힘을 갖고 있습니다. 하지만 교황은 자기 백성이 없습니다. 법적 구속력을 가지고 통치권을 행사할 백성이 없다는 말입니다. 그렇기 때문에 궁극에 가서는 자기 백성이 있는 왕이나 황제가 이길 수밖에 없습니다. 적어도 이 세상에서는 말입니다. 우리는 이제 결과가 명백히 예상되는 이런 대립이 중세 때 진행된 과정을 살펴보겠습니다.

앞서 말한 대로, 교황권 우위 주장은 다음 세 갈래로 나눌 수 있습니다. 첫째, 로마 주교가 서방교회 내 다른 주교보다 우위에 있다. 둘째, 로마 주교가 다른 총대주교들보다 우위에 있다. 셋째, 로마 주교가 세속의 왕이나 황제보다 우위에 있다. 이 중 첫 갈래는 서방교회 내에서 큰 문제없이 받아들여졌습니다. 하지만 둘째 갈래는 문제를 야기했습니다. 그것은 동·서방 교회 분열의 원인 중 하나였습니다. 그리고 마지막 갈래는 교황권과 제왕권의 대립 문제와 직결되는 것이었습니다.

평신도 성직 서임권 논쟁

교황권과 제왕권의 대립은 다른 말로 '평신도 성직 서임권 논쟁'이라고 합니다. 여기서 평신도는 성직자가 아닌 일반인 모두를 가리키는 것이 아니라, 제왕(帝王) 즉 황제나 왕들을 가리킵니다. 제왕이 국가에서는 절대 권력자이지만 교회에서는 평신도일 뿐입니다. 여기서 말하는 성직도 성직 전부를 가리키는 것이 아니라 고위 성직을 가리킵니다. 그러니까 평신도 성직 서임권 논쟁은 세속 군주들이 고위 성직자를 임명할 권한이 있는가에 관한 논쟁이라 할 수 있습니다. 달리 말해, 이것은 정치권력자의 교회 간섭에 관한 논쟁입니다.

평신도 성직 서임권은 11세기와 12세기 서구에서 핵심 논쟁점이었습니다. 이것이 당시 교회를 부패하게 만드는 근본적 원인이었기 때문입니다. 결과부터 말하면, 평신도 성직 서임권 개혁은 성공하지 못했습니다. 그 과정에서 교회가 정치적으로 좀 더 많은 자유를 향유하게 되었고 성직자들의 도덕적·지적 수준이 향상된 것은 사실입니다. 하지만 그 결과 교회가 세속권력에 점점 더 관심을 갖게 된 것은 안타까운 일입니다.[27]

추기경단에 의한 교황 선출 제도

1059년 교황 **니콜라우스 2세** 때 추기경단에 의한 교황 선출 제도가 만들어졌습니다. 참고로, 그 전에 선출 방식은 동고트왕국의 **테오도리쿠스** 왕 때 만들어진 것이었는데, 로마 시 내의 성직자들과 주민들이 선거를 통해 로마 주교를 선출한 후 세속 군주의 비준을 받는 방식이었습니다. 그것이 추기경단이 후계자를 선출하고 다른 성직자들과 일반 백성이 나중에 비준하는 방식으로

27 김영재, 「기독교 교회사」, 278.

바뀐 겁니다.[28] 오늘날 교황이 사망하면 다음 교황은 어떻게 선출됩니까? 추기경들이 모여서 선출합니다. 추기경은 중세 초부터 있었던 직책으로 처음에는 로마 교구 소속 성직자들에게만 제한적으로 쓰였던 명칭인데 점차 여러 교구의 주교좌 성당에 속한 성직자들 일부를 가리키는 말로 쓰였습니다. 그런데 1059년부터는 추기경들만이 후임 교황의 선출권을 가지게 됨으로써 다른 성직자들보다 월등한 권위를 행사하게 되었습니다. 오늘날 추기경단이 차기 교황을 선출할 때는 시스티나 성당에 모여 비밀회의를 합니다. 다음 교황이 결정될 때까지 외부와 차단된 상태에서 비밀회의를 하는 겁니다. 그러니까 거기서 어떤 논의가 오갔는지는 회의가 끝난 후에도 그들 외에는 아무도 모릅니다. 그렇게 기밀을 유지하며 교황을 뽑습니다. 교황이 선출된 후에는 어떤 잡음도 새어나오지 않게 회의 과정에 대해 입을 다무는 것입니다. 교황이 선출되지 않으면 성당 굴뚝에 검은 연기가 피어오르고 마침내 교황이 선출되면 흰 연기가 피어오릅니다. 추기경단의 비밀회의는 200년이 더 지나 교황 **그레고리우스 10세** 때 생기지만[29] 추기경단에 의한 교황 선출 제도가 생긴 것은 **니콜라우스 2세** 교황 때였습니다.

추기경단에 의한 교황 선출 제도 제정의 배후에는 **일데브란도**라는 사람이 있었습니다. 그는 클루니 수도회 소속 수도사였는데, 5명의 교황들의 조언자로서 활약했던 영향력 있는 인물이었습니다.[30] 새로운 교황 선출 제도에 의해 뽑힌 첫 교황이 **알렉산데르 2세**였습니다. 그가 1073년에 사망하자 **일데브란도**가 장례식을 집전했는데 군중이 "**일데브란도**를 교황으로"라는 구호를 외

---

28 심창섭 · 채천석 편, 「원 자료 중심의 중세교회사」, 83-85.

29 Rudolf Fischer-Wollpert, 「교황사전」, 안명옥 역 (서울: 가톨릭대학교출판부, 2001), "그레고리오 10세" 항; 그리고 Henri Pirenne, *A History of Europe from the Invasions to the XVI Century*, tr. Bernard Miall (London: George Allen & Unwin Ltd, 1961), 356.

30 일데브란도가 조언했던 교황들은 레오 9세(1049~1054 재위), 빅토르 2세(1055~1057 재위), 스테파누스 9세(1057~1058 재위), 니콜라우스 2세(1058~1061 재위), 알렉산데르 2세(1061~1073 재위)다. *New Schaff-Herzog Encyclopedia of Religious Knowledge*, s.v. "Gregory VII," by Carl Mirbt; 그리고 Fischer-Wollpert, 「교황사전」, "레오 9세," "빅토리오 2세," "스테파노 9세," "니콜라오 2세," 그리고 "알렉산데르 2세" 항.

쳤고, **일데브란도**를 강제로 교황 자리에 앉혔습니다. 한 달 후인 5월 22일 사제로 안수 받았고, 6월 30일 로마 주교 즉 교황이 되었습니다. 얄궂게도, 추기경단에 의한 교황 선출 제도를 만든 장본인이 비록 타의에 의해서이기는 하나 어쨌든 자기가 만든 법을 어긴 셈이 된 겁니다.[31] 이것이 나중에 교황권과 제왕권이 첨예하게 대립될 때 그를 공격하는 빌미가 됩니다. 불법으로 교황이 되었다는 것이지요.

일데브란도는 자신의 스승인 **그레고리우스 6세**를 기려 **그레고리우스 7세**라는 이름을 취했습니다. 그의 스승 **그레고리우스 6세**는 자신의 세례 대자였던 교황 **베네딕투스 9세**에게 은전 100파운드를 지불하고 교황위에 오른 인물입니다. **그레고리우스 6세**는 당시 교황직이 처한 윤리적 퇴폐를 종식시키기 위해 개혁에 열중하다가 즉위와 관련된 성직 매매 행위 때문에 단죄되어 교황직에서 물러났습니다.

성직매매와 음란 금지

비록 자기가 만든 선출 법을 깨고 교황위에 오르기는 했지만 교황이 된 후 **그레고리우스 7세**는 교회 개혁을 매우 강력하게 추진했습니다. 교황이 된 이듬해인 1074년 3월 **그레고리우스**는 다음과 같은 교서를 내렸습니다.

> · 성직을 매입한 성직자는 바로 그 사실만으로도 성직을 감당하기에 부족한 인물이다.
> · 교구를 맡기 위해 금품을 증여한 자는 그의 교구를 상실한다. 아무도 교회에 관련된 직분을 팔거나 사지 못한다.
> · 간음죄를 범한 사제는 즉각 성직자로서 기능을 정지해야 한다.

31 김영재, 「기독교 교회사」, 280.

· 성직매매와 음란에 관한 교황의 교서를 위반하는 성직자들의 목회를 교인들 스스로가 거부해야 한다.[32]

이 교서의 골자는 성직매매와 음란 금지입니다. 성직매매는 영어로 '사이머니'(simony)라고 합니다. 사도행전 8장 9~24절에 나오는 대로 성령 받게 하는 능력을 사도 베드로와 요한에게 돈을 주고 사려 했던 마술사 시몬의 이름을 따서 시몬이 행하려 한 나쁜 짓이라는 의미로 그렇게 부릅니다. 그런데 그 당시 교회에 성직매매와 음란이 워낙 널리 퍼져있다 보니 교회 성직자들 다수가 반발했습니다. 돈을 주고 성직을 산 사람들은 물론이고, 실제로 자기 정부(情婦)를 가정부라 하고 자기 아이들은 조카들이라고 하는 모두 아는 뻔한 거짓말을 하며 살고 있는 사제들이 수두룩했습니다.[33] 결혼생활을 음성적으로 영위할 수밖에 없다 보니 단순히 독신제도를 준수하지 않는 것을 넘어 실제로 음란의 죄에 빠지는 경우도 많았습니다. 그러다보니 교황 **그레고리우스**를 지지하는 이들은 그가 원래 속해 있던 클루니 수도회 수도사들뿐일 정도였습니다. 밥그릇이 걸린 문제다 보니 그 반발이 엄청났던 것이고, 교회는 그 정도로 심각한 부패 상황이었습니다. 성직자 집단의 반발이 너무 거셌고 일부 지역의 성직자들은 교황의 교서를 아예 무시해버렸기 때문에 교황 쪽에서 한 발 물러설 수밖에 없었습니다.

하지만 **그레고리우스**가 그렇게 쉽게 물러설 사람은 아니었습니다. 성직매매와 음란이 교회 전반에 만연한 이유를 곰곰이 생각했습니다. 그러자 성직매매와 음란은, 나무로 치면 가지와 잎, 열매에 해당하는 것이고 문제의 뿌리는 정작 다른 데 있다는 걸 깨달았습니다. **그레고리우스**가 발견한 성직매매와 음란의 뿌리는 바로 평신도 성직 서임권이었습니다.

---

32 William R. Cannon, *History of Christianity in the Middle Ages: From the Fall of Rome to the Fall of Constantinople* (Nashville, TN: Abingdon Press, 1960), 161-162; 그리고 김영재, 「기독교 교회사」, 281.
33 김영재, 「기독교 교회사」, 279.

평신도 성직 서임권 개혁 시도와 왕들의 반발

평신도 성직 서임권이 왜 성직매매와 음란의 뿌리가 되는지 이해하기란 그리 어렵지 않습니다. 세속 군주가 고위 성직에 자기 사람을 세우는 이유가 뭘까요? 교회 헌금의 일부를 자기에게 바치기를 바라서입니다. 그런데 무자격한 사람들이 제왕의 눈에 들어 고위 성직을 차지하기 위해 돈을 가져다 바치기도 했겠지요? 그러면 그 돈은 어디서 생깁니까? 누구에게서든 받아내야 하겠지요? 그러니까 여러 하위 성직을 돈을 받고 팝니다. 평신도 성직 서임권에서 시작된 부패가 꼬리에 꼬리를 물고 성직매매로 나타나는 겁니다. 신앙적으로는 아무런 준비 없이, 돈을 주고 성직을 산 사람이 음행의 문제에서 자유로울 수 있을 리 만무합니다. 그러니까 성직매매와 음란의 뿌리가 평신도 성직 서임권이라는 말입니다.

헌금이 많이 나오는 대도시의 주교나 대주교직을 돈으로 사는 일은 중세 말에도 비일비재했습니다. 돈을 가져다 바치는 대상이 제왕이 아니라 교황청이라는 차이만 있었지 부패의 내용은 고스란히 유지된 것이지요. **루터**의 종교개혁의 시발점이 된 것은 면죄부 판매였는데, 당시 작센 지역에서 판매되던 면죄부 수익의 반은 베드로 성당의 건축 기금을 마련하는 데 쓰였고, 나머지 반은 마그데부르크의 대주교이면서 할버슈타트 주교구도 관할하던 **호헨촐런의 알브레히트**가 마인츠의 대주교직까지 겸직하기 위해 교황청에 지불한 엄청난 액수의 돈을 탕감하는 데 쓰였습니다. 중세 말에는 고위 성직을 얻기 위해 쓴 빚을 갚는 데 면죄부 판매 같은 걸 사용했지만, 11세기에는 성직매매를 통해 돈을 모아 빚 갚음을 했던 것이지요. 돈으로 고위 성직을 산 사람이 그렇게 쓴 돈을 벌충하기 위해 하위 성직을 파는 식의 악행이 이어지면서, 매매를 통해 성직자가 된 이들이 수두룩했던 겁니다.

평신도 성직 서임권이 성직매매와 음란의 뿌리임을 간파했다는 것은 **그레**

고리우스가 개혁의 방향을 제대로 잡았음을 의미합니다. 성직매매와 음란이 교회 내부의 개혁 과제였다면, 평신도 성직 서임권은 교회 외부 세력과 관련된 개혁 과제였습니다.

1075년 2월 24~28일 로마 공의회에서 **그레고리우스 7세**는 다음과 같은 교서를 내렸습니다.

> 앞으로 평신도에게서 주교직이나 수도원장직을 받는 성직자들을 교회는 주교나 수도원장으로 간주하지 않을 것이다. 우리는 그가 축복받은 베드로 사도와 교제하는 것을 금한다. 이와 동일한 금령이 하급 성직자들에게도 동일하게 적용된다. 만약 황제나 공작, 후작, 백작, 또는 다른 어떤 평신도가 성직을 임명하는 경우 그는 이를 받아들이는 성직자와 똑같이 저주를 받을 것이다.[34]

평신도 성직 서임권에 철퇴를 가한 것입니다.

이전에 성직매매와 음란의 문제를 개혁하려 했을 때는 성직자들이 반발했지만, 평신도 성직 서임권 문제를 개혁하려 하자 다른 이들의 반발이 터져 나왔습니다. 그것은 다름 아닌 왕들과 제후들이었습니다. 잉글랜드와 프랑스 그리고 독일의 왕들이 다 반발했습니다. 헌금이 많이 걷히는 요충지마다 자기가 원하는 사람을 세워두고 상당한 수입을 챙길 수 있는 권세를 포기할 수 없었던 것입니다. 명목으로는 각 나라 국민 모두가 교인들이었으니 교회의 헌금 수입은 엄청났습니다. 십일조 외에도 다른 여러 명목의 헌금과 기증받은 재산이 엄청난 양이다보니 왕들이나 제후들이 그때까지 자신들이 누려온 교회에 대한 영향력을 포기한다는 것은 자기 권력의 기반과 관련된 매우 심각한 문제였습니다.

---

34 Cannon, *History of Christianity in Middle Ages*, 163; 그리고 김영재, 「기독교 교회사」, 282.

그레고리우스 7세와 하인리히 4세의 대립

여러 왕들 중에서 평신도 성직 서임권에 관한 교황의 교서에 특히 강하게 반발한 사람은 독일의 **하인리히 4세**였습니다. 1056년 독일의 왕이 되었을 때 **하인리히**의 나이는 여섯 살에 불과했습니다. 왕이 어렸기 때문에 대비 **아그네스**가 섭정을 했습니다. 당시가 중세봉건 사회다 보니 왕권과 제후들의 권력은 서로 상반된 관계에 있었습니다. 섭정 기간 동안 왕권이 약화된 반면, 제후들의 권력은 상당히 강화되었습니다. 그래서 1065년 15세가 된 **하인리히**가 직접 통치하려 했을 때는 왕권과 제후들의 권력에 거의 차이가 없을 정도로 왕권이 떨어져있어서 왕권이 위협받는 상황이었습니다. 결국 그런 제후들을 누르고 왕권을 강화하는 길은 군사력을 강화하는 것이었는데, 군비 강화를 위해서는 확실한 재원이 필요했습니다. 당시 사회에서 가장 풍부한 재원이었던 교회 재정을 주관하는 주교들을 자기 사람들로 채워 넣는 것은 **하인리히**가 택할 수 있는 가장 확실하면서도 쉬운 길이었습니다. 실속 있는 주교구들에 자기 사람들을 세워 재정을 확보하고 군비를 확장해서 제후들과 어느 정도 차이를 벌려놓게 되면서 **하인리히**로서는 평신도 성직 서임권이 유용함을 달게 느끼는 상황이었습니다.[35] 그러므로 **하인리히**는 교황 **그레고리우스**의 교서를 받아들일 마음이 조금도 없었습니다.

그레고리우스 7세가 교서를 내린 것은 마침 **하인리히 4세**가 이탈리아의 페르모와 스폴레토 교구의 주교들을 제 맘대로 채워놓은 직후였습니다. **하인리히**는 교황의 교서에 대해 우호적인 답장을 보내놓고는 실제로는 교황의 교서를 무시하고 테발도와 밀라노 등의 중요한 교구의 주교들을 자기 뜻대로 지명했습니다. 더군다나 그때 밀라노는 주교 자리가 공석도 아닌 상황이었습니

35 김영재, 「기독교 교회사」, 282-283.

다.[36] 그건 다름 아니라 교황과 한번 싸워보겠다는 태도였습니다.

1075년 성탄절에 **그레고리우스**가 로마의 한 귀족에 의해 납치되었는데, 그는 **하인리히**의 확고한 지지자였습니다. 로마 시민들에 의해 풀려난 후 **그레고리우스**는 그런 공격의 배후에 **하인리히**가 있다고 비난했습니다. 1076년 1월 **그레고리우스**는 독일에 사절을 보내 **하인리히**가 2월에 로마로 와서 교황과 공의회 앞에서 자신의 과실을 사과하도록 명했습니다. 그렇게 하지 않는다면 파문하겠다고 을렀습니다.

그레고리우스의 이런 공격을 **하인리히**는 정면으로 맞받아쳤습니다. 1월 말에 **하인리히**는 보름스에서 독일 주교들 회의를 소집하고 **그레고리우스**의 퇴위를 선언했습니다. 이 때 **하인리히**가 중점적으로 문제 삼은 것은 **그레고리우스**가 불법한 방법으로 교황이 되었다는 사실이었습니다. "거짓된 수도사 **일데브란도**여…하나님의 은혜로 왕이 된 짐(朕) **하인리히**가 짐의 주교들과 더불어 명하노니 교황의 자리에서 내려와 만세 동안 저주를 받으라!"[37]

마침 라테란 공의회 중에 이 반응을 접한 **그레고리우스**는 **하인리히**를 파문하고 그에 대한 신하들의 충성 의무를 해제할 뿐만 아니라 독일 지역에서 모든 예배와 성찬을 금한다는 교서를 내렸습니다. **그레고리우스**의 이런 결정은 가히 혁명적인 조치였으므로 **하인리히** 측에서는 전혀 예측하지 못했고 그에 대비한 방책도 마련되어 있지 않았습니다. 예배 금지와 수찬 정지가 장기화되자 신앙생활에 진지했던 독일 백성은 졸지에 교회의 공적이 되어버린 자신들의 처지로 인해 분노해서 왕에게 야유를 보내며 돌을 던졌고 왕의 성을 약탈하고 토지를 황폐하게 만들었습니다. 설상가상으로 작센 지방에서는 그 전 해에 진압되었던 반란이 다시 일어났습니다.

섭정 기간에 상대적으로 강화되었던 자신들의 권력이 **하인리히**의 직접 통

36 김영재, 「기독교 교회사」, 283.
37 Schaff, *History of the Christian Church*, 5:49.

치 이후 점점 약화됨으로 불안과 불만이 쌓이고 있던 제후들로서는 이런 사태가 은근히 반가웠을 것입니다. 그해 10월 마인츠 근교의 트레부르에 모인 귀족들은 **하인리히**의 왕으로서 공직 수행을 중지시키고 슈파이어 궁에 개인 자격으로 머물게 했으며 교회 출입을 막았습니다. 또한 다음에 아우크스부르크에서 모일 회의 때 왕이 교황에게 직접 심판을 받도록 하고 만약 그때 교황의 용서를 받지 못할 경우에는 왕을 폐위시키는 것으로 결정했습니다.[38] 백성과 귀족들이 제왕권이 아니라 교황권의 손을 들어준 셈이었습니다. 로마 가톨릭 교회의 권세는 극에 달한 듯 보였습니다.

카노사의 굴욕

하인리히의 상황은 절망적이었습니다. 그 상황에서 빠져나오기 위한 방책을 마련하기 위해 고심하던 **하인리히**가 빼어 든 것은 다름 아닌 영적 무기였습니다. 그는 가족과 일부 신하만 거느린 채 알프스 산맥을 넘었습니다. 교황이 토스카나 지방의 카노사에 있는 **마틸다** 여백작의 성에 손님으로 머물고 있다는 것을 알고는 그 성 앞에 도착하자마자 성문 앞에서 신발을 벗고 남루한 옷을 입은 채 엎드려 눈물로 호소하며 자신에게 용서를 베풀어주기를 구했습니다. 1077년 1월 25일부터 삼일 간을 그렇게 빌었습니다. 이탈리아도 북반구에 있어서 1월이면 우리나라처럼 겨울입니다. 때마침 눈도 내리는 추운 날씨였습니다. 하루가 지나고 이틀이 지나자 교황 주변에 있던 사람들이 처음의 냉소적인 태도와는 달리 **하인리히**를 동정하기 시작했고, 심지어는 그를 위해 눈물로 기도했습니다. 그때 교황과 함께 한 손님 중에는 클루니 수도원장 **위고**도 있었는데, **위고**는 **하인리히**의 대부였습니다. 주변 사람들의 강한 요청 앞에 **그레고리우스**로서도 더 버틸 수가 없었습니다. **그레고리우스**는 하릴없

38 김영재, 「기독교 교회사」, 283.

이 **하인리히**에 대한 파문을 철회했습니다. 독일 왕 **하인리히 4세**가 교황 **그레고리우스 7세**에게 무릎 꿇고 빌어 용서받은 이것이 바로 '카노사의 굴욕' 사건입니다.

카노사의 굴욕은 중세 교황권과 제왕권의 대립을 보여주는 상징적인 사건입니다. 적어도 이 장면만을 본다면 교황권이 제왕권보다 우위에 있는 것은 분명한 듯합니다. 그런데 이때 **하인리히**가 진심으로 참회하고 진심으로 교황에게 복종한 것일까요? 그것이 진정한 참회나 복종이 아니라 자신이 처한 절망적인 상황에서 빠져나오기 위해 짐짓 꾸며낸 일이었음은 얼마 지나지 않아 드러났습니다. 그러니까 **하인리히**는 겉으로는 참회의 눈물을 흘리면서 속으로는 이를 간 것입니다. 그런 속내를 **그레고리우스**는 몰랐을까요? **그레고리우스**는 **하인리히**의 가식을 당연히 알고 있었지만, 그런데도 용서할 수밖에 없었습니다. 죄인을 용서하는 것은 목회자로서 당연한 일이기 때문입니다.

목회자는 참 힘든 직책입니다. 오늘날 교회 교인들 중에도 카노사의 굴욕 때 **하인리히**처럼 가식을 사용하는 이들이 종종 있습니다. 온 교회를 발칵 뒤집어 놓을 정도로 교회 내에 문제를 일으켜서 목회자의 가슴을 찢어놓고 동료 신자들에게 큰 상처를 입히는 이들이 있지요. 그런데 그 일로 교회로부터 권징을 받으면 보통 이런 사람들은 가식적인 참회를 사용합니다. 회개하기 위해 기도원 들어간다고 동네방네 전화를 돌립니다. 몇 날 지나 초라한 행색으로 돌아와서는 기도 가운데 참회하고 하나님의 용서를 받았다고 떠들고 다닙니다. 그런 식으로 주변 사람들을 부추겨 목회자로 하여금 권징을 철회하도록 압박하는 겁니다. 그런데 묘한 것이 만약 목회자가 이런 상황에서 그를 용서하지 않으면 여론은 오히려 목회자로부터 돌아서고 맙니다. 교회에 풍파를 일으킨 장본인은 쉽게 용서하면서도 잘못을 바로잡기 위해 권징을 행하는 목회자는 모질다고 쉬이 매도하는 그릇된 경우가 많습니다. 교회의 역할이 정죄보다는 용서이다 보니 그런 것이라고 하기에는 왠지 씁쓸한 생각이 듭니다. 어쨌든 목회 현장에서 목회자는 골칫덩이 교인의 참회가 가식인 줄 알면서도 그를 용서하고 다시 받아줄 수밖에 없습니다.

카노사의 굴욕, 그 후

이렇게 영적 무기를 사용해 **그레고리우스**의 용서를 받아낸 **하인리히**는 오래지 않아 자신의 본마음을 드러냅니다. 카노사의 굴욕 사건 직후인 1077년 3월, **하인리히**에 대한 파문 철회에 불만을 품은 독일의 제후들이 스와비아 공국의 군주인 **라인펠덴의 루돌프**를 대립 왕으로 선출했습니다. 그 결과 내전이 발발했습니다. **루돌프**의 지지자가 점점 늘어가자, **하인리히**는 **그레고리우스**에게 **루돌프**의 파문을 청원했습니다. 그렇게 안 될 경우 자신이 대립교황을 옹립할 것이라고 위협했습니다. 3년이 지난 1080년 3월 **루돌프**를 지지하기로 작정한 **그레고리우스**가 **하인리히**를 다시 파문했습니다. 하지만 이번에는 독일 민심이 교황의 처사를 부당하게 여기고 그에게 동조하지 않았습니다. 그해 6월 **하인리히**는 브릭센에서 회의를 소집해서 **그레고리우스**를 폐위시키고 라벤나 대주교 **기베르투스**를 **클레멘스 3세**라는 이름으로 교황에 앉혔습니다. 그해 10월 **루돌프**가 전투 중에 입은 상처로 죽자 **하인리히**에 맞설 상대는 더는 없었습니다.

하인리히가 로마를 공격했지만 **그레고리우스**는 동맹을 맺은 노르망디 공작 **로베르 기스카르**가 이끄는 병사들의 도움으로 **하인리히**의 손아귀에서 벗어날 수 있었습니다. 하지만 동맹군이 도시 전체를 황폐하게 만들어 백성의 적개심을 샀고, 이 적개심이 **그레고리우스**에게도 향하게 되어 **그레고리우스**는 로마를 떠나야만 했습니다. 처음에는 몬테 카시노에 다음에는 살레르노에 거주했는데, 사실상 갇혀 지내는 귀양살이였습니다. 그 사이인 1084년 **하인리히**는 신성로마제국의 황제가 되었고 대립교황 **클레멘스 3세**는 자기편에 가

담한 15명의 추기경들의 지지를 기반으로 이번에는 제대로 교황으로 선출되었습니다. 귀양살이 5년째인 1085년 5월 **그레고리우스**는 살레르노에서 죽었습니다. 그때 그는 다음과 같은 말을 남겼다고 합니다. "나는 공의를 사랑하고 불의를 미워했기에, 귀양지에서 죽는다."[39] 상당히 멋있는 말이지만, **그레고리우스**의 이 말은 반만 맞는 소리입니다.

넘지 말아야 할 선을 넘어버린 그레고리우스의 개혁

그레고리우스가 선한 뜻으로 교회 개혁을 단행한 것은 사실이었습니다. 그가 행한 평신도 성직 서임권 개혁은 실패했지만 그것을 계기로 교회가 좀 더 많은 자유를 누리게 되었고 도덕적인 면에서와 지적인 면에서 성직자들의 수준이 향상된 것 또한 사실이었습니다. 하지만 개혁 과정을 통해 **그레고리우스** 자신이 무리를 범한 것과 이것을 기점으로 세속 군주들이 교황권까지도 자기 수하에 두려는 욕심을 갖게 된 것은 큰 문제였습니다.

그레고리우스 개혁의 핵심은 평신도 성직 서임권 금지였는데, 그러한 개혁은 세속권으로부터 교회를 지키려는 의도에서 시작된 것이었습니다. 그런데 그 과정에 **그레고리우스**는 세속권으로부터 교회의 자율성을 지켜내는 정도를 넘어 훨씬 더 멀리 갔습니다. 교회권과 세속권 둘 다를 교황 아래 두는 쪽으로, 즉 세속 군주를 교황에게 복종시키는 쪽으로 가려했습니다. **그레고리우스**의 이런 시도는 실패했습니다. 오히려 카노사의 굴욕 후에도 세속 군주의 권세는 거의 흔들리지 않았습니다. 하지만 교회가 평신도 성직 서임권 개혁을 위한 투쟁 이후 세속 권력에 점점 더 많은 관심을 갖게 된 것은 매우 안타까운 일입니다.

카노사의 굴욕은 겉으로는 제왕권에 대한 교황권의 우위를 확실히 보여주

39 Schaff, *History of the Christian Church*, 5:65.

는 사건이었습니다. 하지만 실질적으로는 바로 그때를 정점으로 해서 교황권은 점점 제왕권의 침해를 받게 되었습니다. **그레고리우스**의 과도한 시도는, 그의 의도와는 달리, 세속 군주들로 하여금 당시 사회 속에서 교회의 영향력을 재인식하게 만드는 계기가 되었고, 결국은 그들로 하여금 세속권은 물론 교회권마저도 자신 아래 두려는 욕심을 갖게 만들었습니다. 평신도 성직 서임권과 관련한 세속 군주들의 교회 간섭이 국지적인 것이었던 데 반해, 카노사의 굴욕 후 세속 군주들의 관심은 교황권 자체를 좌우하려는 것이란 사실이 이런 판단을 뒷받침합니다.

결과적으로 볼 때, **그레고리우스**의 개혁 의지는 선한 것이었지만 그가 교회권과 세속권 둘 모두를 교황 아래 두려는 무리를 범하므로 교회는 교회대로 세속 권력에 많은 관심을 갖게 되었고, 세속 군주들은 역으로 교황권을 자기 수하에 두려는 욕심을 갖게 되었습니다. 정교분리 개념에 역행하는 교황권과 제왕권의 이런 다툼은 이후 중세 말까지 교황권과 제왕권이 서로 넘지 말아야 할 선을 넘어 끊임없이 엎치락뒤치락했던 상황을 예견케 하는 것이었습니다.

정교분리

정교분리(政教分離)는 이중적 개념입니다. 정치와 종교의 분리, 혹은 국가와 교회의 분리를 요구하는 주장은 본래 교회의 독립과 신앙의 자유를 보장받기 위한 교회측의 외침이었습니다. 하지만 교권이 신장되어 거꾸로 교회가 정치에 관여하려 하자 이제는 국가 쪽에서 정교분리를 주장하게 되었습니다. 그러므로 교회 쪽에서 주장하는 정교분리와 국가 쪽에서 주장하는 정교분리의 의미는 전혀 다른 것입니다.

교회 쪽에서 주장하는 정교분리의 의미는 국가가 신앙생활에 간섭하지 말고 신앙의 자유를 누리게 해달라는 것입니다. 초대교회 때 로마제국의 박해를 피해 숨어서 예배드리던 기독교도들이 로마 황제에게 신앙의 자유를 달라고 요청한 경우를 생각하면 쉽게 이해가 될 겁니다. 오늘날에는 이런 주장이 오용되기도 합니다. 예를 들어, 한국 교회를 갉아먹고 있는 이단 종파들이 많이 있는데 때로는 이들로 인한 사람들의 피해가 상당함에도 불구하고 형법 관련 범죄가 드러난 경우를 제외하고는 정부가 관여하지를 않습니다. 섣불리 관여했다가 이단 종파들 쪽에서 신앙의 자유를 들고 나오면 골머리를 앓게 되기 때문입니다. 하지만 이런 부정적인 예가 있음에도 불구하고 신앙의 자유는 반드시 지켜져야 할 현대사회의 규범입니다.

국가 혹은 정치 쪽에서 주장하는 정교분리의 의미는 전혀 다릅니다. 교회는 종교적인 일 즉 예배나 종교행사에 전념하고 정치적인 일에는 관여하지 말라는 것이 그 의미입니다. 극단적인 경우를 한 번 들어보겠습니다. 저는 신학대학원을 졸업하고 방위 근무를 했습니다. 신대원을 졸업했으니 자원한다면 군종병은 쉬이 될 수 있었지만 일부러 지원하지 않았습니다. 방위병의 특권이 주일에는 군대를 가지 않아도 되는 것이니 그 자유를 누리고 싶었기 때문입니다. 그 당시 이름이 많이 알려져 있던 교회들을 주일마다 돌아가며 방문해 보고 싶었던 것도 또 다른 이유였습니다. 어릴 때부터 고향에서 다닌 교회와 대학 때부터 다니다 신대원 다닐 때 교육전도사로 섬긴 교회, 단 둘 외에는 가 본 교회가 별로 없었던 터라 그 때가 아니면 그런 경험을 할 수 있는 기회가 잘 없으리라 여기고 여러 교회에 가보았습니다. 그런데 그 중 한 교회 예배 중에 특별한 일이 있었습니다. 서울 강남 지역에 있던 교회였는데 담임을 맡고 있는 분이 저명한 목사였습니다. 당시 저는 방문하는 교회들의 낮예배 때 일찍 가서 회중석 뒤에서 3분의 1 지점쯤에서 강단을 정면에 두고 앉아, 설교는 물론 예배 전체 분위기를 경험해보려 했습니다. 그날 설교 제목은 '예수 그리스도의 피'였던 걸로 기억합니다. 그런데 예수 그리스도의 피의 의미에 대해 비교적 평범한 내용을 다루던 설교자가 갑자기 "그렇기 때문에 무고한 사람들의 피를 흘린 광주는 잘못된 것입니다"라는 말을 했습니다. 처음에 저는 제 귀를 의심했습니다. 〈화려한 휴가〉같은 영화를 자유롭게 볼 수 있는 오늘날과 달리, 당시는 6공 때로, 5공 때 만큼은 아니었지만 신군부의 폭압정치가 여전할 때였습니다. 그 교회는 성향이 보수적인 교회였는데, 그 전에 이른바 진보적이라고 소문난 몇몇 교회의 예배에 참석해서도 들어본 적이 없는 그런 말이었기 때문입니다. 긴가민가할 겨를도 없이 저는 그 다음에 벌어진 상황 때문에 더 놀랐습니다. 앞서 말한 설교자의 그 말이 떨어지기가 무섭게, 제가 앉아있던 자리에서 그리 멀지 않은 곳에서 "설교나 하시오!"라는 쇳소리가 터져 나왔기 때문입니다. 하지만 놀랄 새도 없이, 대학 시절 거의 매일 같이 캠퍼스 잔디밭을 자기네 안방인 양 차지하고 있던 백골단을 보며 지낸 터라 '저것은 기관원이다'라는 생각이 바로 들었습니다. 여기서 "설교나 하시오!" 이것이 바로 정치 쪽에서 주장하는 정교분리의 극단적인 예입니다.

그런데 부끄럽게도 한국의 보수적인 교회들은 오랜 기간 정치 쪽에서 주장하는 의미의 정교분리 논리로 스스로의 비겁함을 변명해 왔습니다. 구약시대가 아니기 때문에 목회자는 제사장도 선지자도 아닙니다. 하지만 설교자로서 목회자는 선지자와 같은 사명을 감당해야 합니다. 정부가 명백한 악을 행할 때는 자신의 위험을 감수하고라도 악행을 지적하고 올바른 길을 가르쳐야 합니다. 한국의 보수적인 교회들은 일제하에서는 죽음을 무릅쓰고 신사참배 강요에 맞서는 기백 있는 신앙을 가지고 있었습니다. 하지만 해방 후 이승만이 기독교인이라는 이유 하나만으로 그 정권의 잘못에 대해 함구한 이후, 박정희의 군사정권 때는 물론 5·6공의 신군부 하에서도 정권의 명백한 악행들에 눈감고 함구하는 잘못을 범했습니다. 교회에 속한 젊은이들이 국가와 민족의 아픔을 토로할 때 보수교회의 다수 목사들이 내세운 것이 정교분리였는데, 그것은 정치 쪽에서 주장하는 정교분리의 논리를 고스란히 자기의 것으로 만든 것이었습니다. 선지자적 사명을 감당하지 못하고 있는 스스로를 위한 비겁한 변명에 불과했습니다. 이런 잘못은 지금이라도 회개해야 합니다. 잘못을 회개하면 고칠 수가 있지만 잘못을 인정하지 않고 그냥 덮어버리면 고칠 길이 없기 때문입니다.

군부와 신군부 통치하에서는 정치권의 명백한 악행 앞에서도 정교분리의 논리를 내세워 함구하던 보수적 교회들이 요즘에는 정치참여라는 기치를 내걸고 정치에 관여하는 일들이 있습니다. 신자가 개인 자격으로 정당에 참여하거나 선거운동을 하거나 후보자로 나서는 것은 전혀 문제가 되지 않습니다. 하지만 교회가 특정 후보를 지지하거나 정치 행위를 하는 일은 적절하지 않습니다. 총선 기간 같은 때 예배 시에 예배와 전혀 상관없는 후보자 개인을 회중 앞에 인사시키는 등의 일은 예배를 정치가들의 도구 수준으로 떨어뜨리는 한심한 일입니다.

다시 중세로 돌아가서, 교황 **그레고리우스 7세**는 정교분리에 역행하는 잘못을 범했습니다. 로마 가톨릭 교회의 교권이 신장하자 정교분리의 선을 넘어서 정치까지도 지배하려다가 결국은 세속권에 억압을 당하게 된 것입니다. 카노사의 굴욕 이후 교회는 세속권력의 침투를 당해 건잡을 수 없는 부패의 늪에 빠지게 되었습니다.[40]

목회자가 추구해야 할 참된 권위

이왕에 꺼냈으니 방위병 때 얘기 하나만 더 하겠습니다. 저는 군방위로 18개월 근무했습니다. 대학 때 받은 군사훈련 덕분에 몇 주 빠진 18개월이었습니다. 제가 근무한 곳은 예비군들 교육을 관장하는 예비군 관리대대였습니다. 신대원을 졸업하고 입소했으니 나이가 상대적으로 많아서 동료 병사들의 평균 나이보다 예닐곱 살 가량 연장이었습니다. 대대장을 비롯한 몇몇 장교들과

40 김영재, 「기독교 교회사」, 267.

선임 하사관 다음으로 제 나이가 제일 위였고, 학군단 출신 장교들의 경우 한 살 아래인 경우가 대부분이었습니다. 하지만 군대에서 나이가 무슨 소용이 있나요? 상관들이 병사들을 부를 때 이름 뒤에 '이병'이나 '상병' 식으로 계급을 붙여서 부르는 경우는 전혀 없었고 바로 이름만 불렀습니다.

그런데 장교들 가운데는 다른 사람들과 함께 있을 때는 내색을 보이지 않다가도 저와 둘이서 있게 되면 나이 대접을 하며 속내를 내비치는 경우가 종종 있었습니다. 나이도 있는데다 전도사로 봉사한 것을 알아서 인생 상담은 물론 때로는 신앙 상담을 해오는 경우도 있었습니다.

하루는 당시 인사장교가 저 혼자 지키고 있던 중대본부 사무실에 들어왔습니다. 경례와 같은 일상적인 인사가 오고간 후 평소 같으면 잠시 있다 바로 나갔을 텐데 그 날은 뒷짐을 진 채 사무실 안을 걸어 다니며 미적거리는 것이었습니다. 한 참 뜸을 들이고는 "요즘 잘 되는 장사가 뭐지?"하고 묻는 겁니다. 저는 관등성명을 대고는 바로 이어서 "잘 모르겠습니다"라고 대답했습니다. 또 한 참 있다가 "요즘 비디오 방 잘 안 되나? 비디오 방?"하고 물었습니다. 당시 우후죽순으로 생겨나던 비디오대여점에 대해 묻는 겁니다. 저는 다시 "잘 모르겠습니다"라고 답할 수밖에 없었습니다. 물어봐도 별 신통한 대답이 없을 것 같았는지 더는 묻지 않고 사무실을 나가더군요. 바로 그 때는 경황이 없어서 그 이유를 잘 몰랐지만 뒤에 생각하니 인사장교가 왜 그런 자문자답 식의 질문을 제게 던졌는지 이해가 되더군요. 이 인사장교 분의 계급이 준위(准尉)였는데, 준위라는 계급이 부대에서 갖는 의미는 좀 특별하지요. 계급은 위관급 중에서 가장 낮아 소위 아래지만, 보통은 하사관부터 때로는 병(兵)부터 시작해서 오를 수 있는 최고 계급이다 보니 부대 내의 살림살이에 있어서는 연륜은 물론 경험 면에서 최고 실력자라고 할 수 있습니다. 그래서 계급으로 따지면 더 높은 위관들도 준위나 선임 하사관을 함부로 대하지 않고 예를 갖추어 대하는 경우가 대부분입니다. 그러니까 준위 계급을 가진 이들은 '부대 박사'라고 해도 되겠지요? 그런 인사장교 준위가 제게 그런 질문을 던진 것은 다름 아니라 퇴역 할 날이 가까웠던 때문이었습니다. 퇴역이 가까우니까 불안했던 겁니다. 군부대 안에서만 본다면 거의 박사 수준인 사람이지만 막상 20년 혹은 30년씩 근무했던 군부대를 벗어나 새로운 일을 하려니 불안했던 겁니다. 군부대 안에서는 '도사'인 사람도 부대 밖 세상에 대해서는 방위병한테 묻고 있는 겁니다. 부대라는 울타리 안에서는 도사일지 몰라도 그 울타리 밖 다른 일들에 관해서는 완전 초보이기 때문입니다.

군인의 경우를 예로 들어서 그렇지 다른 전문직들도 예외가 아닙니다. 저도 신학생들을 가르치거나 설교할 때와는 달리 세상 물정을 잘 몰라 주위 분들의 도움을 받아야할 때가 많습니다. 예를 들어, 전셋집에 이사 들어가자마자 확정일자를 받아두어야 한다는 것을 안 것도 교수가 되고 몇 년 지나서였습니다. 오랫동안 교사직에 있었거나 회사에 근무했던 이들이 퇴직금을 타서 장사나 사업을 벌였다가 실패해서 수십 년 고생해서 받은 돈을 하루아침에 다 날려버리는 것도 대부분 자기 전문 분야가 아닌 일에 뛰어든 때문입니다. 그래서 요즘에는 퇴직금의 반은 연금으로 돌리고 나머지 반만 목돈으로 받아 사업을 하는 안전추구형의 사람들이 많이 있지요.

목사 역시도 특수직이라 할 수 있습니다. 목회와 관련해서는 기도와 성경 읽기는 물론 설교와 심방, 상담, 그 무엇이든 전문가가 되어야 합니다. 하지만 목회 외의 다른 모든 일들에서도 목사가 전문가일 수는 없습니다.

교황 **그레고리우스 7세**의 문제점은 그가 목회자의 영역을 넘어간 것입니다. 그 결과 교회의 영적 권세가 세속권과 얽히고설키어 결국 교회가 본연의 사명을 제대로 감당하는 대신에 세속권과 다투는 그릇된 방향으로 흘러가게 되었습니다.

그레고리우스 7세의 과도함에 따른 폐해가 이렇듯 극심한데도 오늘날 목회자들 가운데 유사한 잘못을 범하는 경우를 종종 봅니다. 하나님의 부르심을 좇아 신학교에 들어갔을 때 "존귀 영광 모든 권세 주님 홀로 받으소서! 멸시 천대 십자가는 제가 지고 가오리니…" 그렇게 헌신했던 이들이었습니다. 부귀영화는 물론 모든 명예도 주님 위해 기꺼이 포기했던 이들이었습니다. 그런데 이들이 신학교를 졸업하고 어느 정도 시간이 지난 후 중견 목회자가 된 후에는 언제부터인가 자세가 바뀌어버립니다. 그리고는 예수님을 위해 기꺼이 포기했던 세상 권세와 명예를 목회 가운데, 교회 속에서 다시 찾습니다. 분명히 이전에 주님 앞에 내어놓고 포기했던 것을 다시 추구하는 겁니다. 교황 **그레고리우스 7세**도 교회정치라는 면에서 볼 때 탁월한 지도자였습니다. 개혁에 임한 그의 의도도 선한 것이었습니다. 하지만 **그레고리우스**가 잘못한 것은 자기의 영역을 넘어간 것입니다. 또한 자기의 영역을 넘어간 순간, 그가 의도했든 의도하지 않았든, 세속권을 두고 세속 군주와 다투게 되었습니다. 이와 유사하게 오늘날 목회자들 중에도 목회나 교회정치에서 역량을 발휘해 인정을 받고는 그 영역 너머 세속권까지 관계하는 경우가 있습니다. 교회 지도자로서 쌓인 명망을 세속정치로 옮겨 이용하려는 이런 행태는 잘못된 것입니다.

이보다 더 많은 경우, 교회의 테두리 안에서 이전에 주님을 위해 포기했던 권세와 명예를 다시 좇는 것을 봅니다. 총회장 선거는 물론 노회장 선거 같은 데서 세속정치에서나 볼 수 있는 추태가 벌어지는 것이 그 예라 할 수 있습니다. 총회장이나 노회장직 자체가 악하다는 말이 아닙니다. 어느 누군가는 그 일을 맡아 섬겨야 하니까요? 하지만 그야말로 섬김의 자리가 되어야 할 그런 직책을 또 다른 명예처럼 추구함은 그릇된 것입니다. 그런 식으로 추구한 결과로 총회장이나 노회장이 되는 경우, 그 자리는 섬기는 자리가 아니라 군림하는 자리가 되고 맙니다. 또한 누군가는 중형교회나 대형교회의 목사가 되어야 할 것입니다만, 그런 직책이 성도들을 섬기고 보살피는 자리가 되어야 함에도 불구하고 오히려 성도들 위에 군림하는 자리가 되는 경우를 자주 보게 됩니다. 목회자들이 쉬이 빠질 수 있는 이런 위험은 정도의 차이만 있을 뿐 개척교회나 규모가 작은 교회의 경우에도 똑 같이 도사리고 있습니다.

우리 목회자가 추구할 것은 세속적 권세가 아닙니다. 목회 사역 가운데 성령 하나님께서 함께하심으로 나타나는 능력, 그것이 우리 목회자들이 추구해야 할 참된 권위입니다. 주님을 위해 기꺼이 포기했던 세상 권세에 미련을 가져서는 절대 안 됩니다. 말씀을 가르치고, 설교하고, 기도하고, 상담하고, 전도하는 일상적인 목회 사역을 통해 사랑의 삶을 실천하고 성도들을 양육하는 가운데 참된 영적 권위를 추구해야 합니다. 사랑의 섬김과 헌신으로 말미암은 성도들의 사랑과 존경, 그것은 목회자들이 이 세상에서 기대할 수 있는 최고의 찬사입니다. 물론 그것조차도 우리 목회자들이 기대할 당연한 보상이라는 의미는 아닙니다. 우리가 좇아가야 할 주님은 그런 사랑과 존경을 받으신 것이 아니라 오히려 모욕과 수치, 십자가의 수난을 당하셨기 때문입니다. 다만 우리가 추구할 것은 세속적 권세나 그와 유사한 권세가 아니라 영적 권위라는 말입니다. 그것 말고 다른 무엇을 추구하는 그 순간 우리 목회자는 썩을 수밖에 없습니다. 목회자로서 성도들의 사랑과 존경을 받고 있다면 그것조차도 과분하다고 여기는 겸손한 목회자들이 한국 교회를 가득 채우게 되기를 바라는 마음 간절합니다.

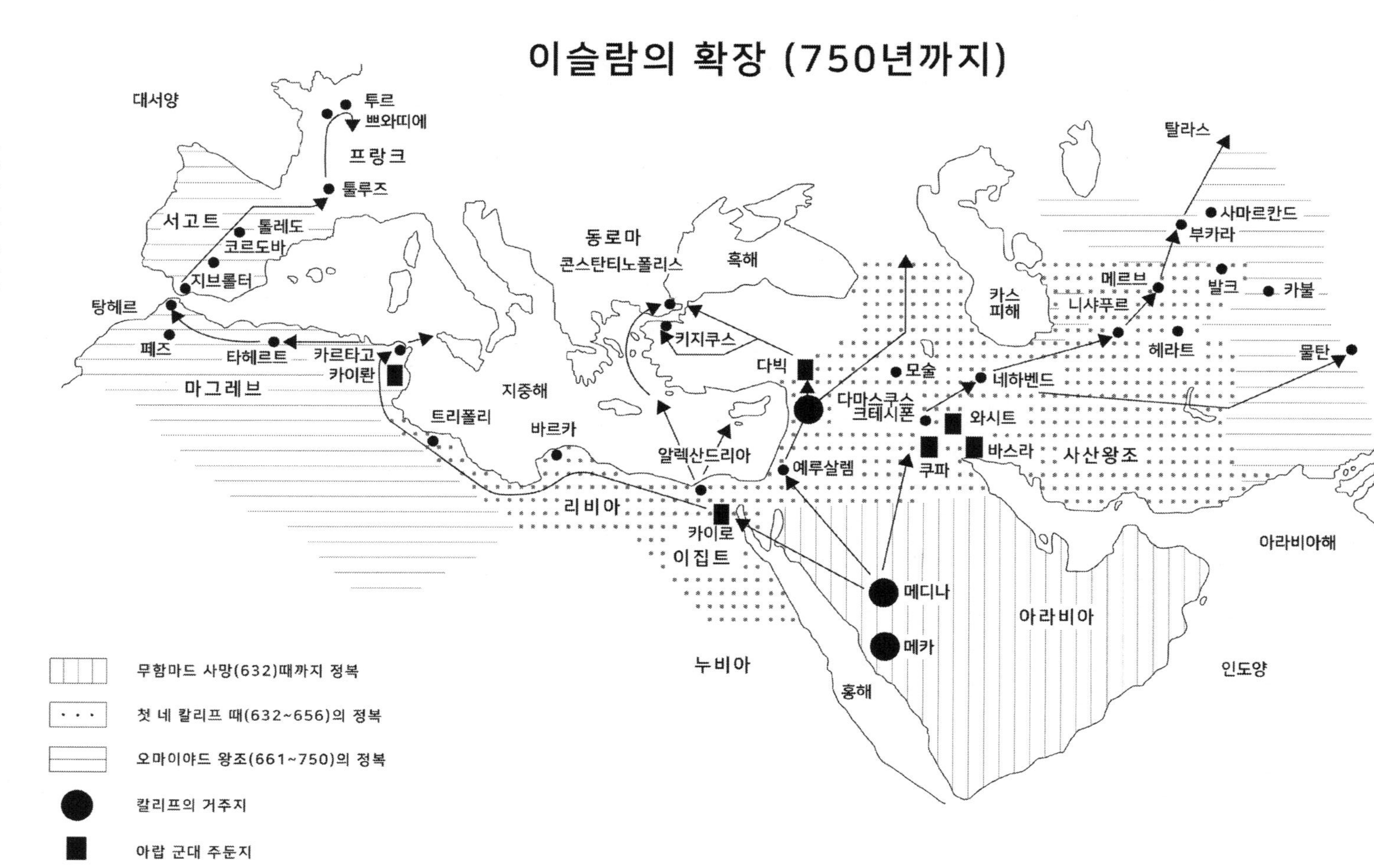

이슬람의 확장 (750년까지)
대서양
투르
뽀와띠에
프랑크
툴루즈
서고트
톨레도
코르도바
지브롤터
탕헤르
페즈
타헤르트
카르타고
카이롼
마그레브
동로마
콘스탄티노폴리스
흑해
키지쿠스
다빅
지중해
트리폴리
바르카
알렉산드리아
예루살렘
리비아
카이로
이집트
다마스쿠스
크테시폰
모술
와시트
쿠파
바스라
사산왕조
카스피해
네하벤드
니샤푸르
메르브
헤라트
부카라
사마르칸드
탈라스
발크
카불
물탄
아라비아해
메디나
메카
아라비아
누비아
홍해
인도양
무함마드 사망(632)때까지 정복
첫 네 칼리프 때(632~656)의 정복
오마이야드 왕조(661~750)의 정복
칼리프의 거주지
아랍 군대 주둔지

6. 이슬람권의 확장과 십자군 운동

전쟁의 종류가 많지만 그 중 가장 지독한 것은 종교전쟁이라 할 수 있습니다. 세상의 어느 전쟁이 잔인하고 지독하지 않은 것이 있겠습니까? 하지만 신의 이름을 걸고 일으키는 전쟁의 지독함은 다른 모든 종류의 전쟁을 넘어섭니다. 그런데 과연 오늘날 하나님의 이름으로 일으키는 전쟁이 가능한 것일까요?

제2차 세계대전 때 일본 공군에 가미가제 특공대가 있었습니다. 수세에 몰린 일본군이 미군의 공격에 맞설 군비가 더는 없는 상황에서 전투기 조종사들로 자살 특공대를 조직한 것이었습니다. 가고시마에서 오키나와까지 가는데 필요한 연료만 넣어주고는 미군함대에 돌진해 자폭하도록 명령을 내렸습니다. 전쟁의 광기가 느껴지는 대목이지요. 그런데 이 특공대의 이름으로 붙여진 가미가제는 '신의 바람'[神風]이라는 말입니다. 13세기 말 몽고군 배가 일본 큐슈 섬 남쪽에서 쳐들어왔을 때 때마침 분 태풍으로 상륙을 못해 일본이 위기에서 벗어난 일이 두 차례 있었는데, 그 때 불었던 바람에 일본인들이 붙인 이름이 바로 가미가제였습니다. 그런데 이 가미가제 특공대를 보고 있으면 일제가 일으킨 전쟁에 광신적 측면이 강함을 느낍니다. 실제로 일본 군부는 '천황을 위하여, 국가를 위하여'라는 구호를 내걸고 1,000여 명의 젊은이들을 가미가제 특공대로 내몰았다고 합니다. 이것은 신도(神道)의 광기가 일본군부의 침략 전쟁의 바탕이 되었음을 보여주는 일면입니다. 이렇듯 전쟁에 종교가 개입되면 왠지 그 전쟁은 다른 전쟁보다 더 지독해지고 더 잔인해지는 것을 볼 수 있습니다.

이슬람

서양사를 보면 과거 세계를 호령했던 대제국 대부분의 중심에 지중해가 있었던 걸 알 수 있습니다. 문자적으로, 지중해(地中海)는 땅 가운데 있는 바다라는 의미입니다. 로마제국이 강성할 때는 이 지중해가 바로 로마제국의 바다였습니다. 북으로는 유럽, 동으로는 소아시아, 남으로는 아프리카에 닿아 있으니 과장된 말이 아닙니다. 아랍인들은 일찍부터 지중해에 관심이 많았지만 진입을 하지 못하고 있었습니다. 그런데 7세기에 이슬람의 정복 전쟁이 시작되면서 아랍권이 지중해로 진출해 동쪽과 남쪽을 장악하기에 이릅니다. 그래서 로마제국이 동·서로 갈라지며 동과 서로 이분되었던 지중해권이 서유럽과 동로마제국, 그리고 이슬람권에 의해 셋으로 나뉩니다. 이슬람권으로서는 지중해의 한 지분을 차지할 수 있으니 좋은 일이었으나 서유럽과 동로마제국의 기독교권으로서는 엄청난 타격을 입은 것이었습니다. 이슬람의 정복 전쟁은 100년 동안 지속되어, 북아프리카와 소아시아는 물론 스페인 거의 전역이 이슬람권에 떨어지게 됩니다. 그 후 북아프리카와 소아시아 지역은 지금까지 이슬람권에 머물러있고, 스페인은 이슬람권의 지배를 700년 동안이나 받게 됩니다.

'이슬람'(Islam)이라는 말은 알라(Allah)의 뜻에 순종한다는 의미입니다. 알라는 이슬람 신의 이름입니다. 이슬람이라는 말과 무슬림(Muslim)이라는 말을 혼동해 쓰는 경우가 흔한데, 이슬람은 종교 자체를 가리키는 말이고 무슬림은 이슬람을 믿는 신자를 가리키는 말입니다.

이슬람의 창시자는 **무함마드**인데, **모하메드**나 **마호메트**라고 부르기도 합니다. 다른 이름보다 **무함마드**라는 이름이 익숙한 것은 미국 권투선수 무함마드 알리 때문일 겁니다. 무함마드 알리의 원래 이름은 캐시어스 클레이인데 이슬람으로 개종하면서 자기 이름도 무함마드 알리로 바꾼 것이지요. 다시 원래의 무함마드로 돌아가서, 무함마드는 570년경 아라비아 반도의 메카에서 태어났습니다. 귀족 가문이었지만 부모를 일찍 여읜 때문에 가난하게 자랐는데, 25세 때 자신이 지배인으로 일하던 상단의 주인인 과부와 결혼했습니다. 610년 어느 날 무함마드는 알라의 계시를 받았다고 하며 그것을 적은 것이 코란(Quran)이라고 합니다.

이슬람은 아브라함과 관련된 내용과 유대교 그리고 왜곡된 기독교를 혼합한 종교입니다.[41] 아브라함에게 아들 둘이 있었는데, 큰 아들은 서자인 이스마엘이고 둘째 아들은 적자인 이삭입니다. 구약 성경은 아브라함의 적통을 이삭이라 하지만, 이슬람 쪽에서는 이스마엘의 장자권을 강조합니다. 이스마엘이 서자지만 장자이므로 그가 적통이라는 주장을 하는 겁니다. 아랍을 비롯한 중동인들이 이스마엘 자손이니까, 중동에서 장자권을 특히 중시하는 풍토는 이런 역사와 무관하지 않을 것입니다. 유대인들이 스스로를 '아브라함과 이삭의 자손'이라 일컫는데 반해 중동인들은 스스로를 '이브라임과 이슈마엘의 자손'이라 일컫는 것이지요.

유대교와 기독교, 그리고 이슬람의 공통점은 일신론(monotheism)입니다. 고대 그리스와 로마의 다신론과 달리 유일신의 존재를 믿는 것이지요. 하지만 유대교와 기독교에서는 야훼께서 하나님이시지만, 이슬람에서는 알라가

41 김영재, 「기독교 교회사」, 219.

하나님이라고 믿습니다. 단지 이름과 하나님에 대한 이해만 다른 것이 아니고 전혀 다른 신을 믿고 있는 것입니다. 하나님에 대한 이해는 유대교와 기독교 사이에도 큰 차이가 있는데, 유대교와 달리 기독교는 삼위일체 하나님을 믿습니다.

경건한 무슬림은 다섯 가지 의무를 수행해야만 합니다. 첫째, 매일 기도할 때마다 "알라 외에는 다른 신이 없으며 **무함마드**는 알라의 선지자다"라는 신앙고백을 해야만 합니다. 참고로, 이슬람에서는 아담과 노아, 아브라함과 모세를 선지자로 여기며, 예수까지도 선지자로 봅니다. 하지만 그들은 **무함마드**를 마지막 선지자로 보며 그를 가장 위대한 선지자로 칩니다. 둘째, 매일 메카를 향해 다섯 번씩 기도해야만 합니다. 셋째, 수입의 1%를 자신보다 가난한 사람들 구제에 사용해야만 합니다. 넷째, 이슬람 달력으로 9월[라마단] 한 달 동안 해 뜰 때부터 해 질 때까지 금식하고 금욕생활을 해야 합니다. 참고로, 이슬람에서는 그 달에 **무함마드**가 알라로부터 계시를 받았다고 주장합니다. 마지막으로, 일생에 한 번은 **무함마드**의 출생지인 메카를 순례해야 합니다. 만약 사정이 있어 스스로 갈 수 없는 경우 대리인을 보내서라도 자기 몫의 순례를 해야 합니다.

이슬람에서는 상벌사상을 강조하고 내세를 매우 구체적으로 가르칩니다.[42] 이에 비해 우리 기독교의 내세 신앙은 좀 추상적이라 할 수 있습니다. 예를 들어, 우리는 예수 그리스도를 믿으면 장차 하늘나라에서 하나님과 더불어 살며 영원히 하나님을 찬양하는 영광스러운 삶을 산다고 믿습니다. 이런 내용에 비해 이슬람의 내세 교리는 상당히 구체적입니다. 2004년 3월 24일 자살폭탄공격을 시도하다가 이스라엘군에 체포된 팔레스타인 소년의 경우 자폭 공격으로 천국에 가면 그곳에는 꿀과 와인이 강처럼 흐르고 72명의 처녀들이 수종을 들어준다는 가르침을 받아왔다고 말했습니다. 사후 세계에 대

42 김영재, 「기독교 교회사」, 219.

해 이렇게 매우 구체적으로 가르치니까, 죽는 것을 두려워하지 않고 자폭 테러를 감행하는 것입니다. 2001년 9월 11일 뉴욕 세계무역센터에 비행기를 몰고 돌진한 무슬림 역시도 내세에 대한 그런 구체적 믿음을 가지고 자폭 테러를 감행한 것입니다.

'믿음'은 이렇게 무서운 것입니다. 때때로 TV 시사 프로그램에서 오늘날 한국 사회 가운데 존재하는 광신집단의 이해할 수 없는 행태를 보도하는 경우가 있습니다. 광신집단에 속해 상식적으로 도저히 이해할 수 없는 행태를 보이는 사람에게 '당신은 어떻게 그런 걸 믿습니까?'라고 물어봐야 아무런 소용이 없습니다. 이미 믿고 있는 사람에게 다른 이들의 반론은 설득력이 그리 없습니다. 그러므로 잘못된 믿음을 갖기 전에 올바르고 참된 믿음을 전해주는 것이 매우 중요합니다.

이슬람의 정복 전쟁

다시 본론으로 돌아가서, 알라의 유일성을 강조하고 평등을 가르친 이유로 기득권층의 공격을 받은 **무함마드**는 622년, 후에 메디나라고 불리게 된 도시로 이주해서 그곳을 거점으로 전쟁과 포교를 행합니다. 그래서 이슬람에서는 622년을 기원(紀元) 원년으로 여깁니다. 10년 후인 632년 **무함마드**가 사망한 후 그의 뒤를 이은 '계승자'란 의미의 칼리프들이 무슬림들을 이끌고 대대적인 침략전쟁을 개시했습니다. 100년에 걸친 정복 전쟁을 통해 지중해 동쪽의 소아시아는 물론 지중해 남쪽의 북아프리카 지역을 무슬림들이 장악했습니다. 무슬림들의 지배 후 8, 9세기에 이 지역에 원래 거주하던 기독교인들이 이슬람으로 넘어갔습니다.[43] 앞서 말한 대로, 단성론 신앙 때문에 **유스티니아누스**를 비롯한 동로마 황제들의 가혹한 핍박을 받았던 이들이 무슬림의 온건

43 김영재, 「기독교 교회사」, 218, 220.

한 종교정책을 접해 오히려 쉽게 이슬람으로 전향해 버린 것입니다. 이슬람이 아브라함과 관련된 내용과 유대교 그리고 왜곡된 기독교를 혼합한 종교였다는 점도 이슬람으로 쉽게 전향하게 만든 한 요인이었습니다.

소아시아와 북아프리카 지역의 교회가 붕괴되고 이슬람이 그 자리를 대신하게 됨으로 그 지역에는 8세기부터 거대한 아랍문화권이 형성되었습니다. 100년 동안 이어진 무슬림들의 정복은 732년 프랑크 왕국의 재상 **카를 마르텔**이 투르와 쁘와티에 사이에서 무슬림들을 격퇴함으로 더는 진행되지 않았습니다. 하지만 이미 무슬림들 손에 떨어진 소아시아와 북아프리카는 그 후 지금껏 이슬람권으로 남아있고 스페인 지역에서는 700년이라는 오랜 기간 무슬림들의 지배가 이어졌습니다.

이슬람의 정복 전쟁에 대해 말할 때 '한 손에는 코란, 다른 한 손에는 칼을 들었다'는 표현을 쓰는데 대해 몇몇 이슬람 학자들이 비판한 책을 읽었습니다. 서구적 관점에서 이슬람을 지나치게 호전적으로 묘사하고 있다는 비판이었습니다. 그런데 '한 손에는 코란, 다른 한 손에는 칼'이라는 표현이 비록 상징적이기는 하지만 사실을 왜곡하고 있는 것은 아닙니다. 100년에 걸쳐 소아시아와 북아프리카는 물론 동로마제국과 서유럽을 침략해 벌인 무슬림들의 전쟁이 '전쟁'이 아닌 다른 무엇일 수는 없기 때문입니다.

638년 예루살렘을 함락한 무슬림들은 시리아와 페르시아, 그리고 인도 북부까지 점령했고, 다른 군대는 알렉산드리아와 리비아를 함락시킨 후 711년 서고트왕국을 격퇴하고 스페인을 점령했습니다. 동로마제국의 수도 콘스탄티노폴리스가 717년 무슬림들의 공격을 막아내지 못했다면 발칸반도마저도 그 때 이슬람권에 떨어질 형편이었습니다.[44] 동로마제국은 다행히 이때는 무슬림들의 공격을 막아낼 수 있었지만 그 후 계속해서 무슬림들의 공격을 받다가 1453년 오스만 제국이 콘스탄티노폴리스를 함락함으로 멸망했습니다.

44 김영재, 「기독교 교회사」, 220-221.

십자군 운동의 계기

십자군 운동은 11세기말부터 13세기 후반까지 소아시아의 이슬람 국가들에 대한 서방 기독교도들의 군사 원정으로서 성지 탈환과 수호의 명분으로 감행된 전쟁이었습니다. 이 때 예루살렘은 아랍인들이 아니라 이슬람으로 개종한 셀주크 투르크가 차지하고 있었습니다. 셀주크 투르크족은 1055년 바그다드를 함락했으며 1071년 만지케르트 전투에서 대승을 거둔 후 소아시아 대부분을 정복하고 1078년에 예루살렘 그리고 1084년에 안티오크를 함락했습니다. 그런데 7세기에 예루살렘을 점령했던 아랍인들은 기독교 순례자들에게 관대했던 데 반해, 셀주크 투르크족은 기독교 성유물을 존중하지도 않았고 순례자들의 통행도 허락하지 않았습니다.[45]

이런 상황이 서유럽 기독교권과 소아시아의 이슬람권 사이의 무력충돌을 불가피하게 만들고 있었지만, 십자군 운동의 결정적 계기는 동로마제국 황제 **알렉시오스 콤네노스 1세**가 셀주크 투르크에 맞서기 위해 교황 **우르바누스 2세**에게 군사적 지원을 요청한 것이었습니다. 서로마제국이 멸망하고 서유럽이 게르만족의 침입을 받을 때는 교황의 요청을 받은 **유스티니아누스 대제**가 서유럽을 돕기 위해 비잔틴 군대를 보내었는데 이제는 동로마 황제가 서유럽에 군사적 도움을 요청하고 있으니 사정이 완전히 뒤바뀐 셈이었습니다.

제1차 십자군 원정

십자군 원정은 보통 8차로 구분합니다. 동로마 황제 **알렉시오스 콤네노스 1세**의 지원 요청을 받은 교황 **우르바누스 2세**가 1095년 클레르몽 공의회에서 행한 연설에서 투르크족에 맞선 전쟁에 모든 기독교도들이 동참하기를 호

45 김영재, 「기독교 교회사」, 285-286.

소한 이듬해인 1096년 **부용의 고드프루아, 베르망두아의 위고, 타란토의 보에몬도, 툴루즈의 레몽** 등이 각각 이끄는 제1차 십자군 원정대가 콘스탄티노폴리스를 향해 출발했습니다. 1097년 콘스탄티노폴리스를 떠난 원정대는 니카이아에서 결정적 승리를 했지만 안티오크로 가기 위해 넉 달 동안 아나톨리아 고원을 가로지르며 많은 고생을 했습니다. 이듬해 6월 안티오크를 점령한 후 지도자들 내부의 갈등과 더운 날씨 등의 이유로 반년을 보냈습니다. 1099년 1월 십자군은 안티오크에서 예루살렘을 향해 출발했습니다. 그 때 예루살렘은 바로 전 해 투르크족을 공격해 예루살렘과 그 주변을 함락한 이집트의 파티마 왕조 치하에 있었습니다. 1099년 7월 15일 마침내 십자군은 예루살렘을 점령했습니다. 입성 후의 혼란 속에 무슬림들과 유대인들 다수가 죽임을 당했습니다. 하지만 예루살렘의 거리마다 무릎까지 차오는 피바다로 뒤덮였다는 이야기는 이후에 과장된 것이라 보입니다. 실제로는, 몸값을 치르고 자유를 살 수도 있었고 성 밖으로 추방당한 이들도 많았습니다.[46] 십자군 원정을 독려했던 **우르바누스 2세**는 예루살렘이 함락되고 14일 후 예루살렘 점령 소식을 듣지 못한 채 사망했습니다.

제1차 원정의 결과 몇몇 작은 십자군 국가들이 생겼는데 그 중 대표적인 것인 예루살렘 왕국이었습니다. 첫 십자군이 서유럽에서 콘스탄티노폴리스에 도착했을 때 동로마 황제 **알렉시오스 콤네노스 1세**는 제국의 영토였던 땅을 십자군이 점령하면 자신에게 즉시 반환할 것을 서약해달라고 요청했고 마지못해서이기는 하지만 십자군 지휘관들은 황제의 요구대로 서약을 했습니다. 하지만 그 후 대부분의 십자군 지휘관들은 황제에게 한 서약을 이행하지 않았습니다. 우여곡절 끝에 **부용의 고드프루아**의 동생 **불로뉴의 보두앵**이 초대 예루살렘 왕이 되었습니다. 십자군 국가들이 형성된 후 기독교도들과 무슬림들

46 Thomas F. Madden, 「십자군-기사와 영웅들의 장대한 로망스」, 권영주 역 (서울: 루비박스, 2006), 79-80; 그리고 Gonzalez, 「중세교회사」, 120-121 참조.

은 그로부터 약 200년 동안 이웃해서 살게 됩니다. 그들은 서로의 종교적 문제는 간섭하지 않았습니다. 그래서 십자군 국가들에서는 기독교와 이슬람, 서유럽과 시리아가 만나는 새로운 문화가 형성되었습니다.[47]

제2차 십자군 원정

성지에서 기독교인들과 무슬림들의 평화적 공존이 반세기 가량 지속된 후인 1144년 12월 **이마드 앗 딘 장기**가 이끄는 무슬림들이 에데사를 함락했습니다. 에데사 함락 소식은 기독교도와 무슬림들 둘 다에 큰 충격이었습니다. 무적이라는 십자군 이미지가 깨져버린 것과 더불어, 그때까지 십자군 국가를 영속적 존재로 생각했던 무슬림들의 생각이 바뀌기 시작한 것이었습니다. 그래서 교황 **유게니우스 3세**의 교서와 **클레르보의 베르나르** 등 여러 사람들의 요청에 의해 1147년부터 이듬해까지 제2차 십자군 원정이 행해졌습니다. 프랑스 왕 **루이 7세**와 독일 왕 **콘라트 3세**가 각각 군대를 이끌었는데 결과는 대실패였습니다. 오히려 그동안 우방이었던 다마스쿠스를 공격해 적으로 돌려놓았고, 큰 규모의 십자군이 다마스쿠스 점령에 실패함으로 무슬림들로 하여금 프랑크인들도 패배할 수 있음을, 그것도 대패할 수 있음을 깨닫게 해 준 셈이었습니다.[48]

제3차 십자군 원정

나환자였던 **보두앵 4세**가 직접 통치할 수 없었으므로 그의 재위 동안 예루살렘 왕국은 지배권을 둘러싼 섭정들과 파벌들의 싸움이 극심했습니다. 그때

47 Madden,「십자군」, 56, 87 그리고 96.
48 Madden,「십자군」, 104와 117.

까지 십자군들이 번성할 수 있었던 것은 혼돈에 빠져 있던 이슬람 세계에 비해 상대적으로 단결하였기 때문인데, 이제 상황이 뒤바뀌어버린 것입니다. 1187년 7월 흔히 **살라딘**이라 부르는 이집트의 술탄 **살라흐 앗 딘**이 이끄는 무슬림들은 하틴 전투에서 예루살렘 왕국 군대에 대승을 거두었고 10월 2일 예루살렘 왕국을 점령했습니다. 그 달 20일 이 소식을 들은 교황 **우르바누스 3세**가 슬픔에 빠져 세상을 떠났고, 후임 **그레고리우스 8세**는 유럽 전역에 7년간의 휴전을 명하며 다시 십자군을 소집했습니다. 제3차 십자군 원정은 1189년 일흔에 가까운 신성로마제국 황제 **프리드리히 1세**의 출발로 시작되었는데, **프리드리히**는 길리기아의 살레프 강을 건너다 죽고 말았습니다. 프랑스의 **필리프 2세**와 잉글랜드의 사자심왕 **리처드 1세**는 1190년 각각 군대를 이끌고 출발했습니다. 하지만 원정 내내 **리처드**의 활약에 가려져 있던 **필리프**는 아크레 탈환 후 본국으로 돌아갔습니다. **리처드**는 남은 십자군들을 이끌고 지중해 해안을 따라 남으로 내려오며 무슬림들을 무찔렀는데, 아르수프에서 **살라흐 앗 딘** 군에 대승을 거두는 등 지중해 연안 도시들을 되찾았습니다. 하지만 예루살렘은 끝내 탈환하지 못했고 **살라흐 앗 딘**과 정전 협정을 맺은 후인 1192년 **리처드**도 성지를 떠났습니다. 십자군 국가들의 내부 불화를 끝내고 지중해 연안 도시들을 되찾고 최대 난적인 **살라흐 앗 딘**과 평화 조약을 맺은 점을 고려할 때, 비록 예루살렘을 탈환하지는 못했지만 십자군 국가들을 되살려놓은 제3차 십자군 원정은 대단한 성공이었습니다. 하지만 때때로 '왕들의 십자군'이라 불리기도 하는 제3차 원정은 십자군 운동의 정점에 해당한다고 볼 수 있습니다.[49]

참고로, 2005년에 개봉한 〈킹덤 오브 헤븐〉은 1187년 **살라흐 앗 딘**이 예루살렘을 함락한 사건을 배경으로 한 영화입니다. 등장인물들의 이름은 역사적

49 Madden, 「십자군」, 136, 141, 148 그리고 172. 기독교도들에게 **살라딘**(Saladin)이라는 이름으로 알려져 있는 술탄의 원래 이름은 알 말리크 알 나시르 **살라흐 앗 딘**(al-Malik al-Nasir Salah ed-Din)이다. Madden, 「십자군」, 130.

실존 인물들에서 따온 것이 대부분이지만 영화의 내용은 실제와 달리 많이 각색된 것입니다.

제4차 십자군 원정

1198년 교황으로 선출된 직후 **인노켄티우스 3세**는 새로운 십자군 원정을 부르짖었습니다. 이에 부응해 일어난 십자군 지휘관들은 **리처드 1세**의 전략을 좇아 예루살렘을 장악하기 전에 먼저 이집트를 칠 계획이었습니다. 하지만 잉글랜드 왕이었던 **리처드**와는 달리 봉건 제후들인 자신들에게는 대함대가 없다는 것이 문제였습니다. 이에 베네치아 공화국의 **엔리코 단돌로**와 선박 및 식량 제공 계약을 맺었습니다. 그런데 베네치아 쪽의 성실한 준비와는 달리 1202년 6월 베네치아 항구에 도착한 십자군 수는 예상 인원의 3분의 1밖에 되지 않았고 그들에게 거둔 비용도 약속한 대금의 3분의 1에 불과했습니다. 몇 달이 지나도 달리 해결책이 없자 베네치아 공화국이 타협안을 제시했습니다. 베네치아가 공략에 번번이 실패한 달마티아 연안의 자다르라는 도시를 굴복시켜준다면, 십자군이 성지 전투에서 획득한 전리품으로 빚을 갚을 수 있을 때까지 채무 기한을 연기해주겠다는 것이었습니다. 그런데 자다르는 크로아티아의 도시로 당시 헝가리 왕국의 지배 아래 있던 상황이므로 교황은 기독교 국가를 공격하는 십자군은 파문하겠다고 경고했습니다. 하지만 베네치아의 타협안을 받아들일 수밖에 없었던 십자군은 자다르를 함락한 후 재빨리 사절을 로마로 보내 교황의 용서를 구했습니다.[50]

그런 뒤에도 십자군은 이집트로 출발하지 않았습니다. 당시 동로마제국 황제 **알렉시오스** 3세의 조카인 **알렉시오스**가 자기 아버지인 선왕 **이사키오스 2세**의 제위를 찬탈한 현 황제를 몰아내주면 크게 사례할 뿐만 아니라 이집트

---

50 Madden, 「십자군」, 175-188.

원정도 돕겠다는 제의를 했기 때문입니다. 교황 **인노켄티우스 3세**는 이번에도 공격을 금했지만 십자군은 콘스탄티노폴리스를 공격했고 그로 인해 도시가 피해를 입자 시민들이 들고 일어날 기세여서 결국 **알렉시오스 3세**가 콘스탄티노폴리스를 빠져나갔습니다. 복위한 **이사키오스 2세**와 더불어 아들 **알렉시오스 4세**가 공동 황제로 등극했지만 십자군과 맺은 무리한 약속과 십자군 병사들의 무례한 행위에 대한 콘스탄티노폴리스 시민들의 적개심이 몰고 온 위기를 감당하지 못하고 부관 **무르추플루스**에 의해 폐위되었습니다. **알렉시오스 5세**로 등극한 **무르추플루스**의 군대와 싸워 승리한 십자군은 콘스탄티노폴리스를 약탈했습니다. 성경에 걸고 여자와 교회 건물들에는 손을 대지 않기로 한 맹세는 광기와 혼란 속에 다 깨어졌고, 십자군 병사들은 하기아 소피아의 제단 장식물까지 떼어냈습니다. 1204년 십자군의 콘스탄티노폴리스 약탈은 단순한 약탈 이상이어서, 이때 서유럽인들에 대해 비잔틴인들이 느꼈던 깊은 배신감과 분노는 그 후로도 오랫동안 이어져 오늘날까지도 남아 있습니다. 그것도 모자라 십자군은 콘스탄티노폴리스를 차지하고 라틴제국을 세웠고 비잔틴 문명은 니카이아에 수립된 망명 국가에 의해 유지되다가 1261년에 니카이아 군이 라틴제국을 무너뜨리고 동로마제국을 재건했습니다.[51]

제5차 십자군 원정

1217년 오스트리아의 **레오폴트 6세** 공작과 헝가리 왕 **엔드레 2세**가 각각의 군대를 이끌고 출항함으로 제5차 십자군 원정이 시작되었습니다. 하지만 **엔드레**는 한 차례 소규모 전투만 참가한 후 이듬해 1월 귀국길에 올랐습니다. 남은 병력에 약간의 병력이 보강된 십자군은 1219년 나일 삼각주의 전략적 거점인 다미에타 항구를 획득하는 현저한 전과를 올렸습니다. 하지만 1221년 교

51 Madden, 「십자군」, 188-210.

황 특사인 **알바노의 펠라기우스** 추기경의 억지 주장에 따라 카이로에 이르는 요충지인 만수라를 치려고 간 십자군은 수문 조절을 통한 이집트 군의 강물 공격을 받아 대패하고 어렵게 손에 넣은 다미에타를 협정을 통해 이집트에 돌려주고 말았습니다.[52]

제6차 십자군 원정

신성로마제국 황제 **프리드리히** 2세는 제5차 원정 때부터 여러 차례 십자군 원정의 맹세를 반복하면서도 번번이 지키지 않아 1227년 교황 **그레고리우스 9세**에 의해 파문되었습니다. **프리드리히**는 파문된 상태였던 1228년 6월 마침내 십자군 원정을 떠났습니다. **프리드리히**는 외교적 수완을 발휘해 이집트의 술탄과 조약을 맺고 예루살렘을 넘겨받았습니다. 하지만 그 조약 내용에는 예루살렘이 무방비 도시가 되도록 하고 그곳에 사는 무슬림들의 재산은 물론 종교도 인정하도록 되어 있어 **프리드리히**의 봉신들을 제외한 십자군 모두는 **프리드리히**가 그 조약으로 십자군과 성지를 팔아넘겼다고 생각했습니다. 이듬해인 1229년 **프리드리히**가 귀국함으로 제6차 원정이 끝났고, **프리드리히**가 조약으로 넘겨받은 도시들은 그 후 10년간 십자군이 다스렸습니다. 하지만 성채가 없는 예루살렘은 무슬림 통치자의 마음이 바뀌면 언제든지 다시 빼앗길 수 있는 곳이었고 무슬림 주민들이 성전을 차지하고 자치체제를 구성하고 있는 상황에서 예루살렘은 기독교도들의 수중에 제대로 들어온 것이 아니었습니다.[53]

52 Madden, 「십자군」, 248-262.
53 Madden, 「십자군」, 262-275.

제7차 십자군 원정

1239년 **프리드리히** 2세가 맺은 강화 조약이 만기가 되자 무슬림들이 즉각 예루살렘을 되찾았습니다. 그 뒤 십자군이 이집트와 협력하는 대가로 예루살렘을 비롯해 잃었던 영토들을 되찾았고 다마스쿠스와 협력하는 대가로 무슬림 주민들이 예루살렘을 떠나 다시 기독교 도시가 되었습니다. 하지만 기독교 도성으로서 예루살렘은 그 때가 마지막이었습니다. 여전히 성채가 없었으므로 1244년 화레즘인들이 밀려들어와 예루살렘은 쉽게 함락되고 말았습니다. 기독교도들은 학살당하고 교회는 불에 탔습니다. 성묘 교회도 이때 소실되었습니다.[54]

예루살렘을 수복하기 위해 1248년 프랑스 왕 **루이** 9세가 십자군 원정을 떠났습니다. **루이**가 이끄는 십자군은 이듬해 다미에타를 차지했지만 만수라를 향해 남진하는 중 보급로가 차단됨으로 대패했습니다. **루이**는 귀족들과 함께 포로로 잡혔다가 몸값을 지불하고 풀려났습니다. 이것이 제7차 원정이었습니다.[55]

제8차 십자군 원정

1270년에 **루이** 9세가 재차 출병한 것이 제8차 원정이었는데, 이번에는 행선지가 시리아도 이집트도 아닌 튀니지의 튀니스였습니다. 두 달 후 **루이**는 거기서 병사했습니다. 그 후 잉글랜드의 **에드워드** 왕자가 잉글랜드 십자군을 이끌고 **루이**의 십자군에 동참했는데, 이듬해인 1271년 아크레에 상륙했으나 큰 성과는 내지 못하고 휴전 협정을 맺고 귀국했습니다. 그 사이 부왕이 죽었

54 Madden, 「십자군」, 280-282.
55 Madden, 「십자군」, 282-292.

으므로 그가 잉글랜드의 왕 **에드워드 1세**가 되었습니다.[56] 13세기가 끝날 쯤에는 소아시아 지역에서 더는 기독교 왕국을 찾아볼 수 없었습니다.

십자군 운동의 결과

십자군 운동은 중세 서유럽에 다음과 같은 변화를 가져왔습니다.

첫째, 봉건제도가 붕괴되었습니다.[57] 중세 봉건 사회에서는 왕 아래 제후가 있고 그 아래 기사들이 있고 그 아래 일반 농민이나 소작농, 혹은 노예가 있었습니다. 봉건제도의 중추는 바로 제후와 기사 계급이었습니다. 그런데 십자군 전쟁을 치른 주력 계층도 바로 이들 제후들과 기사들이었습니다. 많은 기사들과 귀족들이 십자군으로 출정했다가 사망했습니다. 왕이나 황제 유고 시에는 어린 아들이나 손자, 공주, 혹은 그 외의 다른 친족이 대신할 수 있으나 기사직의 경우 어린 자녀가 대신할 수는 없는 것입니다. 그러니까 전쟁에서 인명 손실은 바로 봉건제도 중추 계층의 위축을 의미했습니다. 전사하지 않은 경우라 하더라도 귀족들은 출정 경비를 조달하기 위해 토지를 농부들이나 중산층에 매각함으로 봉건제도의 중추 세력이 쇠락하게 되었습니다. 따라서 봉건 제후들 아래 있던 많은 도시들이 자치적 도시로 발전했습니다.

둘째, 중앙집권체제가 강화되었습니다.[58] 봉건제도는 제후들이 자기 지역을 다스리는 지방분권체제인데, 봉건제도의 중추 세력인 제후와 기사 계층이 위축되니까 상대적으로 왕권이 강화되고 중앙집권체제가 강화될 수밖에 없는 겁니다. 지역을 다스리던 제후들의 권세가 쇠락하자 중산층은 자신들의 안전을 더는 제후들에게 일임할 수 없어서 자신들이 왕을 돕는 대신에 왕에게 강력한 중앙집권적 군주제도를 바탕으로 한 사회의 안전 보장을 요구하게 된 것

56 Madden,「십자군」, 303-307.
57 김영재,「기독교 교회사」, 289.
58 김영재,「기독교 교회사」, 289.

입니다. 중산층의 이런 지지 위에 왕을 중심으로 한 중앙집권체제는 점점 더 강화되었습니다.

셋째, 십자군 운동 초기에 교황권이 신장되는 듯 했으나 사람들이 원정을 통해 국가의 중요성을 깨닫고 국가에 대한 충성심이 고양됨으로 시간이 지날수록 교황권은 점점 퇴조했습니다.[59] 십자군 운동은 교황의 독려에서 시작된 것이니 초기에 교황권이 위세를 떨쳤던 것은 당연한 일이었습니다. 하지만 병사들이 실제 전투에서 자기 나라의 왕을 잃어 졸지에 찬 밥 신세가 되고 나면 왕의 중요성을 절실히 깨닫게 되는 겁니다. 왕의 중요성을 이전보다 더 강하게 깨닫게 되니 제왕권과 맞서 있는 교황권에 대한 인식이 상대적으로 점점 낮아지게 되었던 겁니다.

넷째, 동로마제국이 어느 정도 세력을 회복하게 되니까 서유럽과 동로마제국의 사이는 오히려 십자군 원정 전보다도 더 나빠졌습니다.[60] 우스개로 '화장실 들어갈 때와 나올 때가 다르다'는 말을 하는데, 동로마제국으로서는 서유럽의 도움을 받아 급한 불을 끄고 나니 도움 준다고 설치는 상대 때문에 오히려 속이 더 상한 겁니다. 콘스탄티노폴리스를 공격해 라틴제국을 세운 제4차 십자군 원정의 경우에서 보듯 동로마제국이 서유럽에 대해 갖는 반감은 이전보다 훨씬 더 강한 것이었습니다.

다섯째, 베네치아를 중심으로 이탈리아의 여러 도시국가들은 십자군 원정이 시작함과 동시에 이슬람 국가들과 교역을 시작함으로 경제적으로 큰 변화가 일어났습니다.[61] 원래 사업가나 장사꾼들은 피아를 가리지 않습니다. 전쟁이 일어나도 전쟁 자체의 승패와는 무관하게 이익을 좇아 교역을 합니다. 그것은 동서고금 어디에서나 똑같습니다.

여섯째, 결국 예루살렘의 해방에는 실패했지만 서유럽이 문화적 지역주의

59 김영재, 「기독교 교회사」, 289-290.
60 김영재, 「기독교 교회사」, 290.
61 김영재, 「기독교 교회사」, 290.

를 극복하는 계기가 되었습니다.[62] 아랍의 학문과 과학이 들어와 스콜라 철학의 발전에 영향을 주었습니다. 예를 들어, **아리스토텔레스**의 철학은 원래 고대 그리스에서 발달했던 것이지만 초대교회 교부들의 경우 **아리스토텔레스**의 철학이 유물론적인 세계관에 기초한 것이라 여겨 경시하고 **플라톤** 철학을 선호했습니다. 그런데 아랍어로 번역된 **아리스토텔레스** 철학서가 서유럽으로 소개됨으로 **아리스토텔레스** 철학의 부흥이 일어나게 됩니다. 그 중심에 **알베르투스 마그누스**와 **토마스 아퀴나스**가 있었던 겁니다. 이런 예에서 보듯, 십자군 운동을 통해 서유럽은 이전에 가지고 있던 지역주의를 극복하고 문화적으로나 학문적으로 더 넓은 지평으로 나아가게 되었습니다.

십자군 원정 독려를 위한 면죄부 남발

지금까지 십자군 운동의 전반적인 전개 과정과 결과를 살펴보았습니다만, 십자군 운동에는 앞선 서술 중 드러난 것 외에도 문제점들이 많았습니다.

1095년 클레르몽 공의회에서 십자군 원정을 주창하면서 교황 **우르바누스 2세**는 다음과 같이 말했습니다. "바다나 육지에서 이교도와 전투하다가 사망한 모든 사람은 죄에서 즉시 구원받을 것입니다. 나는 내게 부여된 하나님의 권세를 통해 그것을 선언합니다."[63] 이때 교황이 하나님께서 자신에게 죄를 용서하는 권세를 주셨다고 주장하는 근거는 마태복음 16장 16~19절입니다. 하지만 앞에서 교황권 우위 주장을 살필 때 보았듯이 교황의 이런 주장은 옳지 않습니다. 여기서 또 다른 문제는 **우르바누스 2세**가 십자군 전쟁에 나가 전사하는 이들에게 면죄부를 약속하고 있는 것입니다. 면죄부는 그 전에도 있었습니다. 개신교에서는 죄를 깨달으면 하나님께 기도로 자백하고 회개하며 용

62 김영재, 「기독교 교회사」, 290.
63 심창섭 · 채천석 편, 「원 자료 중심의 중세교회사」, 117.

서를 구함으로 죄 용서를 받을 수 있다고 가르칩니다. 하지만 로마 가톨릭에서는 회개할 것이 있으면 사제를 찾아가 고해성사를 통해 고백하고 사제가 죄 용서를 선언함으로 사죄 과정이 이루어진다고 가르칩니다. 그런데 여기에는 반드시 보속(補贖)이 따릅니다. 죄의 값을 치르는 겁니다. 용서받은 죄에 상응하는 벌이므로, 탐욕의 죄라면 물질의 보속을, 육체의 죄라면 고행의 보속을 주는 식이지요. 하지만 부과된 고행이 너무 가혹해 감당하기 어려운 경우에는 그 고행 대신에 돈을 내고 면죄부를 샀습니다. 원래는 사죄 과정에 주어지는 보속의 일부였던 이 면죄부를 **우르바누스 2세**가 십자군 원정 독려를 위해 남용한 것입니다.

그런데 1145년 교황 **유게니우스 3세**가 제2차 십자군 원정을 독려하면서 **우르바누스 2세**의 이 선례를 따랐습니다. "우리의 선임자와 전례에 따라 전능하신 하나님과 사도들의 으뜸이신 베드로의 권위로…경건하게 이 거룩한 여행을 시작하여 완성한 사람들이나 전쟁 도중에 죽은 사람들에게 우리는 그 사죄를 부여합니다."[64] 이듬해 **클레르보의 베르나르** 역시 십자군 원정을 구원의 수단으로 제시했습니다. "주님은 자기 백성을 불쌍히 여기셔서 죄 가운데 있는 사람들에게 확실한 치유책을 준비하셨습니다…. 주님은 빚진 자가 되기를 원하십니다. 주님은 그를 위해 싸우는 사람들에게 그 빚을 분명히 지불하실 것입니다. 즉 싸우는 이들에게 그들의 죄를 용서하시고 영원한 영광을 주실 것입니다. 그러므로 나는 이 시대를 면죄를 받을 충만한 기회가 주어진 은혜의 시대라 부르고 싶습니다."[65]

1198년 교황으로 선출된 직후 새로운 십자군 원정을 주창해 제4차 원정(1202~1204)을 이끌어낸 **인노켄티우스 3세**는 재위 말기인 1215년에 열린 제4차 라테란 공의회에서 십자군 원정과 관련한 면죄부 증여 대상을 확대합니다.

---

64 심창섭 · 채천석 편, 「원 자료 중심의 중세교회사」, 123.
65 심창섭 · 채천석 편, 「원 자료 중심의 중세교회사」, 125.

"아울러 몸소 성지를 도우러 가지 않는 사람들은 그들의 부에 비례하여 싸우는 사람들의 수를 지원하고, 3년 동안 그들에게 필요한 비용들을 제공해 줄 것을 왕, 제후, 공작, 백작, 귀족들이나, 도시나 마을의 장들에게 탄원하십시오. 그들은 일반 문서에 적혀있는 협정에 따라 그들의 죄를 방면 받게 될 것입니다. 그들의 배를 제공해 주거나 십자군의 목적을 위해 배를 지으려 하는 사람들도 역시 죄의 방면에 동일한 몫을 가질 것입니다."[66] 십자군 원정에 직접 나서지 않고 뒤에서 지원해주는 이들에게도 면죄부를 준다고 하니, **우르바누스 2세**의 면죄부 남발이 단순히 전통이 된 것이 아니라 갈수록 악화된 겁니다. 중세 말에는 이것도 모자라, 무슨 죄를 짓든 면죄부만 사면 다 용서받는다는 말도 안 되는 주장을 하기에 이른 것입니다. 1517년 종교개혁을 일으킨 **루터**가 95개조 조항에서 가장 많이 비판한 것이 바로 이 면죄부 문제였습니다.

십자군 원정의 뒤틀린 면면들

십자군의 전투 구호가 "하나님의 뜻이다"(Deus vult)[67]였던 만큼 원정에 참여했던 이들 대부분은 하나님에 대한 진실한 사랑이 그 동기였습니다. 하지만 거룩한 명분을 내세운 것과는 달리 그들 중에는 세속적 야욕을 품고 출발한 이들도 많았습니다. 그들은 전쟁에서 성과를 기반으로 수복한 성지에서 자신의 정치적 욕망을 충족시키려는 야심을 가진 이들이었습니다.

알렉시오스 콤네노스 1세는 비록 자신의 요청에서 비롯된 것이지만 막상 서유럽에서 대규모의 병력이 동로마제국으로 이동해오자 당혹스러웠습니다. 그가 원했던 것은 소박한 용병부대 규모였는데 대병력이 몰려오니 공급해줄 물자도 넉넉하지 않았고, 부족한 물자 때문에 그들이 자신의 영토를 통과하며

66 심창섭 · 채천석 편, 「원 자료 중심의 중세교회사」, 130.
67 문자적으로는 "하나님께서 원하신다"는 뜻이다.

약탈을 일삼지나 않을까 염려했습니다. 또한 그들이 탈환할 영토가 자기에게 귀속되리라는 확신도 들지 않았습니다.[68] 십자군 지휘관들이 실지를 점령하는 즉시 황제에게 반환하겠다는 서약을 깨고 그곳에 십자군 국가들을 세우고 무슬림들이 다시 점령할 때까지 직접 다스린 것은 황제의 이런 우려가 기우가 아니었음을 드러냈습니다. 또한 성지커녕 이집트에도 가지 않은 채 콘스탄티노폴리스를 공격해 라틴제국을 세운 제4차 십자군 원정은 뒤틀린 십자군 원정의 극단적 예라 할 수 있습니다.

십자군의 주력을 이루었던 귀족이나 기사들의 세속적 야심 때문에 원정의 과정이나 결과 처리가 대의를 벗어나기도 했지만, 자발적으로 참전한 오합지졸이 십자군 운동의 본질을 훼손하기도 했습니다.

원래 교황이나 주교들이 십자군 원정에 참여하도록 독려한 대상은 왕이나 귀족, 기사와 같은 귀족층이었습니다. 하지만 원정에 먼저 나선 것은 이들이 아닌 평민들이었습니다. 평민들을 고무해 원정에 나선 이들 중 은자 **피에르**와 프랑스의 귀족 **고티에 상자부아르**가 가장 두드러졌습니다. **피에르**를 따라 나선 이들 가운데 대다수는 조잡한 무기만 가진 가난한 사람들이었고 여자와 아이들도 많았습니다. **고티에**를 따르는 이들은 하급 기사들과 열의에 찬 농민들이었습니다. **피에르**와 **고티에**의 군대 가운데는 식량을 구입할 수 있는 사람이 많지 않았기에 헝가리와 불가리아, 그리스를 지나며 약탈과 절도를 일삼았습니다. 동로마제국 황제가 급히 나서서 식량을 제공하고 **피에르**와 **고티에**가 자신들 군대의 난폭한 행위를 저지하기 위해 애쓰지 않았다면 상황은 훨씬 심각해졌을 것입니다. 이들 '민중 십자군'(People's Crusade)은 1096년 8월 제1차 원정군의 본대가 서유럽을 떠나기도 전에 이미 투르크족의 땅에 들어갔고, 진군 계획에 대한 의견 차이로 자중지란을 겪은 후 투르크족에 참패해 죽거나 포로가 되고 말았습니다. 프랑스에서 **피에르**를 좇아 원정에 나선 수천 명은 모두

68 김영재, 「기독교 교회사」, 287.

죽었고, 피에르는 황제와 전술을 의논하기 위해 콘스탄티노폴리스에 가 있었던 덕에 죽음을 면했습니다.[69]

이 민중 십자군의 만행보다도 더 기막힌 일은 앞서 **피에르**의 군대가 독일을 통과했을 때 그 뒤를 따르려 조직된 소규모 십자군들에 의해 자행되었습니다. 그들 중 일부가 유대인들의 부에 눈이 어두워 십자군 본래의 목적을 잊어버리고 유대인들을 학살했습니다. 그때 학살의 동기에 대해서는 많은 논란이 있습니다. 어떤 이들은 궁핍해서 동로마까지 갈 자금이 없기에 고리대금으로 부자가 된 유대인들의 재산을 원정 자금으로 쓰려고 했습니다. 하지만 성지에 가서 이교도들과 싸우기 전에 서유럽 내의 이교도들인 유대인들부터 개종시키거나 멸절시켜야 한다는 이유도 있었습니다. 당시 독일에는 많은 유대인들이 왕과 제후들의 보호 아래 라인 강 유역의 부유한 도시들에 살고 있었습니다. **라이닝겐의 에미코** 백작을 비롯해 탐욕스러운 십자군들은 라인 강을 따라 내려가며 슈파이어, 보름스, 마인츠, 트리어, 쾰른에 거주하는 유대인들을 약탈하고 학살했습니다. 보름스에서 800명, 마인츠에서 1,000명 이상이 살해되었고, 1096년 5월과 6월 두 달 동안에 적게는 4,000명, 많게는 8,000명이나 되는 유대인들이 학살당했습니다. 몇몇 주교들이 유대인들을 보호하기 위해 애썼으나 탐욕에 젖은 폭도들 앞에서는 속수무책이었습니다. 교황이 학살을 엄하게 질책했으나 그에게도 그것을 막을 다른 방도는 없었습니다. 유대인을 공격한 이들 '십자군' 중에서 동로마까지 간 무리는 아무도 없었습니다.[70]

그런데 설상가상으로 이러한 유대인 학살이 전통이 되었습니다. 제1차 원정 때의 이런 폐해가 재연되지 않도록 하기 위해 제2차 원정을 독려했던 **클레르보의 베르나르**는 유대인을 박해해서는 안 된다고 누차 강조했습니다만, 같은 시토 수도회 수사인 **라둘프**가 프랑스 북부에서 유대인들을 공격하는 활동

69 Madden, 「십자군」, 52-54.
70 Madden, 「십자군」, 54-56,

을 시작해서는 독일의 라인란트까지 폭도들을 몰고 왔습니다. 결국 **베르나르**가 **라둘프**를 엄중히 꾸짖고 수도원으로 돌려보내기는 했지만, 나중에 제3차 원정을 앞두고도 이런 유대인 학살은 재연되었습니다.[71]

십자군들이 성지가 아니라 콘스탄티노폴리스를 점령한 제4차 원정 후 '소년 십자군'이라 불리는 사건이 있었습니다. 소년 십자군은 소년들로 구성된 군대도 아니었고 십자군도 아니었습니다. 또한 단일한 사건이기보다는 유사한 여러 경우를 묶어 나타내는 표현입니다. 소년 십자군의 중심에는 가난을 신성시하는 중세의 믿음이 자리하고 있었습니다. 즉 성직자들이나 제후들이 할 수 없는 일을 가난한 신자들은 자신들의 신앙과 정직함으로 이룰 수 있다는 것이었습니다. 앞선 네 차례의 강력한 십자군들이 제대로 목적을 달성하지 못한 걸 보고 환멸을 느낀 기독교도들은 하나님께서 성지에서 승리를 거두도록 뜻한 자들은 가진 것 없는 평민일지도 모른다고 생각하게 되었습니다.[72]

1212년 초 **쾰른의 니콜라우스**라는 소년이 이끄는 '십자군'이 라인란트를 휩쓸었습니다. **니콜라우스**는 예루살렘을 이슬람으로부터 구원하기로 작정하고 남쪽으로 바다를 향해 걸었습니다. 그는 바다가 갈라져 자기를 팔레스타인까지 걸어갈 수 있게 해줄 것이라고 믿고 있었습니다. 사람들이 하나둘 모여들어 곧 수천 명이 그의 뒤를 따랐습니다. 여러 도시를 거치며 어린이, 청소년, 여자, 노인, 가난한 사람, 교구 사제, 심지어 도둑까지도 **니콜라우스**의 일행에 합류했습니다. 사람들은 그들을 영웅이라 칭송하며 음식과 돈을 주고 그들을 위해 기도해주었습니다. 이들에 대해 회의적인 태도를 보이는 성직자들은 하나님의 뜻을 무시하는 이들로 비난을 받는 상황이었습니다. 그해 7월 **니콜라우스**를 따르는 이들이 알프스를 넘어 이탈리아로 들어갈 즈음에는 무더위를 견디지 못한 많은 이들이 포기하고 고향에 돌아갔지만 나머지 사람들은 계속

71 Madden,「십자군」, 108-110.
72 Madden,「십자군」, 235.

전진했습니다.[73]

니콜라우스 무리에 대한 소문이 서유럽에 퍼지면서 몇 군데에서 비슷한 움직임이 발생했습니다. 프랑스의 작은 도시 클루아의 열두 살 먹은 양치기 소년 **에티엔**이 예수께서 환상 중에 나타나 프랑스 왕에게 전달하라고 편지를 주었다고 주장했습니다. **에티엔**이 파리를 향해 길을 떠나자 다른 양치기들이 그 뒤를 따랐고 **니콜라우스**의 '십자군'과 유사한 이들이 합류했습니다. **필리프 2세**에게 편지를 전달함으로 **에티엔**의 임무는 끝났지만, 라인란트의 무리는 8월 초에 롬바르디아에 도착했습니다. 그곳에서 그들은 여러 갈래로 흩어져 각기 다른 항구로 향했습니다. **니콜라우스**를 따르는 무리는 8월 25일에 제노바에 도착했습니다. 하지만 실망스럽게도 바다는 갈라지지 않았고 그들이 물위로 걸어가는 기적도 일어나지 않았습니다. 일부는 다른 항구를 찾아 계속 이동했습니다. 하지만 그들 중 바다를 건너 성지에 도착한 이들은 없었습니다. 일설에 따르면 그들 중 일부는 마르세유에서 성지까지 공짜로 태워다주겠다는 악질 상인의 꾐에 넘어가 배를 탔는데 배는 알렉산드리아로 갔고 그들은 이집트의 노예 시장에 팔려갔습니다. 이렇듯 소년 십자군은 치욕스러운 결말을 맞았습니다. 참가자들 대부분은 고향으로 돌아갔으나 귀향 여정은 험난했습니다. 전에 그들을 칭송하고 도와주었던 사람들이 이제는 그들을 욕하고 조롱했기 때문입니다.[74]

오래 전 일간지에서 팔레스타인 아이들의 놀이 장면을 찍은 사진을 보았습니다. 예닐곱 명의 아이들이 자폭 테러로 죽은 친구의 시신을 들것에 싣고 메고 가는 시늉을 하는 놀이였습니다. 맹모삼천지교(孟母三遷之敎)의 고사처럼, 아이들은 보는 대로 배우고 따라합니다. 어른들이 자폭 테러와 같은 싸움과 폭력만 일삼으니 아이들이 보고 배우는 것도 그런 것입니다. 그런데 더 기막

73 Madden, 「십자군」, 235-237.
74 Madden, 「십자군」, 237-239.

힌 것은 사진 속 아이들의 웃는 얼굴이었습니다. 아이들은 그것이 무슨 의미인지도 모른 채 그냥 어른들을 따라 하는 것입니다. 오늘날 우리 한국사회에서 청소년 비행 문제가 심각한데 그것 역시 근본적 원인은 미친 듯 돌아가는 기성세대의 비윤리적인 삶이라 할 것입니다. 소년 십자군 사건도 십자군 원정에 광분했던 13세기 당시 서유럽 사회의 반영(反影)이었습니다.

오늘날 성전의 허구성

2003년 3월 이라크전쟁을 벌이며 미국 대통령 죠지 부시는 그 전쟁을 성전(聖戰, holy war)이라 불렀습니다. 하지만 그것이 정말 성전이었을까요? 성경에 나오는 성전은 가나안 정복 전쟁입니다. 가나안 정복 전쟁은 역사적 사건이면서 동시에 상징적 사건입니다. 예를 들어, 가나안을 향해 가는 이스라엘 백성을 막아서서 전쟁을 벌였던 아말렉을 도말(塗抹)하라는 하나님의 명령(출애굽기 17:14, 신명기 25:19)은 가나안에 이스라엘 왕국이 선 후에도 유효한 것이었습니다. 아니 오히려 더 강화된 것을 봅니다. "지금 가서 아말렉을 쳐서 그들의 모든 소유를 남기지 말고 진멸하되 남녀와 소아와 젖 먹는 아이와 우양과 약대와 나귀를 죽이라"(사무엘상 15:3). '젖 먹는 아이'까지 죽이라는 명령은 씨를 말리라는 의미입니다. 그것이 상징하는 것을 제대로 이해하려면 한 걸음 더 들어가 보아야 합니다.

출애굽 사건은 역사적 사건이면서 동시에 상징적 사건입니다. 이스라엘 백성이 노예로 있던 이집트에서 나온 것은 역사적 사실이면서 동시에 신자가 죄의 굴레에서 벗어남을 상징합니다(고린도전서 10:1~4). 구약의 유월절은 장차 있을 예수 그리스도의 단번제를 예표하고 있으며, 유월절에 문 인방과 좌우 설주에 바르는 어린 양의 피(출애굽기 12:23)는 장차 십자가에서 우리를 위해 흘리실 예수 그리스도의 피를 상징합니다. 그래서 신약에서는 예수 그리스도를

'우리의 유월절 양'(고린도전서 5:7)이라고 부릅니다. '광야 교회'(사도행전 7:38)[75]라는 표현도 출애굽 후 이스라엘 백성이 가나안에 들어가기까지 과정이 우리가 예수 그리스도를 믿어 신자가 된 후 천국에 들어가기까지 교회 생활을 상징하고 있음을 드러냅니다.

이스라엘 백성이 약속의 땅 가나안에 들어가는 것은 신자가 천국에 들어감을 상징합니다. 죄를 가지고는 천국에 들어갈 수 없습니다. 달리 말하면, 천국에는 죄가 있어서는 안 됩니다. 그런데 유월절 어린 양의 피로 씻음 받고 이집트를 떠난 이스라엘 백성과 달리, 아브라함 사후 4대(代)만에 돌아온 가나안에는 그동안 거주하고 있던 아모리 족속의 죄악이 극에 달해 있었습니다(창세기 15:16). 하나님께서 아모리 족속을 쫓아내라 명하신 것은 그렇게 하지 않을 경우 이스라엘 백성이 아모리 족속의 영향을 받아 악한 죄에 빠질 위험이 있었기 때문입니다. 가나안 정벌 전쟁에서 이스라엘 백성은 아말렉을 도말하라는 하나님의 명령을 온전히 순종하지 않았고 결국 그것이 이스라엘 백성으로 우상숭배에 빠지게 만드는 원인이 되었습니다(열왕기상 21:26; 아모스 2:9~12). 이 점은 가나안 정복 전쟁이라는 역사적 사실이 가진 한계입니다. 하지만 그것이 상징하는 천국에는 그런 한계가 없습니다. 신자가 사후에 들어갈 약속의 땅에는 조금의 죄악도 있을 수 없습니다. 참고로, 아모리 족속과 아말렉 족속은 서로 다릅니다. 아모리 족속은 노아의 아들인 함의 자손(창세기 10:16)이고 아말렉 족속은 이삭의 아들인 에서의 자손(창세기 36:12)입니다. 하지만 그들의 공통점은 유월절 어린 양의 피로 씻음 받지 않은 이들, 즉 죄의 습관을 좇아 살아가는 이들이라는 것입니다. 그러므로 하나님께서 가나안 정복 전쟁 때 아모리 족속을 쫓아내라고 하시고 아말렉을 진멸하라고 명하심은 당시 이스라엘 백성에게 내리신 명령임과 동시에 신약의 신자들에게는 천국에 이르기까지 성령님

75 *The Holy Bible: 1611 Edition*, King James Version (Nashville, TN: Thomas Nelson Publishers, [1982]), Acts 7:38, "the church in the wilderness."

의 역사 가운데 우리 자신 속에 있는 죄의 습관을 뿌리 뽑고 예수 그리스도의 형상이 이루기까지 성화에 힘쓰라는 명령인 것입니다. 따라서 구약 이스라엘의 가나안 정복 전쟁은 하나님께서 명하신 성전이었습니다.

하지만 오늘날 우리에게는 피 흘리기까지 죄와 싸우는 영적 전투(히브리서 12:4) 외에는 하나님께서 명하시는 성전이 도무지 존재하지 않습니다. 하나님께서 전쟁을 명하시지는 않는다는 말입니다. 이제 성전은 없습니다.

따라서 오늘날 '성전'이란 명목을 내건 모든 전쟁은 허구입니다. 부시가 '홀리 워'라고 하든지 무슬림들이 '지하드'라고 하든지, 그 모든 것이 허구입니다. 미국과 중동 지역 국가들 사이 분쟁의 중심에는 석유 채유라는 이권이 자리잡고 있습니다.

또 다른 관점에서 볼 때, 오늘날 중동지역 분쟁의 중심에는 성전산(Temple Mount)이 있습니다. 성전산은 솔로몬이 세운 성전이 있던 곳, 뒤에는 헤롯이 재건한 성전이 있던 곳입니다. 그래서 성전산이라 부릅니다. 하지만 이슬람권에서는 그곳을 다른 이유로 중시합니다. 무슬림들은 그곳에서 **무함마드**가 승천했다고 믿습니다. 무슬림들에게 그곳은 메카, 메디나 다음의 세 번째 성지입니다. 현재 그곳에는 이슬람 사원들이 들어서 있습니다. 유대인들과 무슬림들의 관심이 충돌하는 이곳은 기독교인들에게도 소중한 장소입니다. 예수님께서 십자가에 달려 돌아가신 골고다가 바로 이곳에 있기 때문입니다. 유대교와 이슬람, 그리고 기독교, 이 세 종교의 관심이 교차하는 곳, 그곳이 바로 성전산입니다. 그래서 서로 그곳을 차지하려고 난리를 피우는 것입니다. 유대인들이 돈 줄을 쥐고 있는 미국과 이스라엘이 한 편에 서고 중동국가들이 다른 편에 서서 그곳을 얻기 위해 서로 싸우고 있는 것입니다.

그런데 그곳을 누가 차지하는가가 정말 그렇게 본질적인 문제일까요? 일본이 과거사를 왜곡하려 하고 중국이 동북공정(東北工程)을 통해 역사 왜곡을 시도해도 역사는 결국 바로잡힐 것입니다. 마찬가지로 무슬림들이 성전산의 과거를 지워버리려고 아무리 애써도 그곳에서 이루어진 역사적 사실들이 지워져버릴 수는 없습니다. 그러므로 그 지역을 누가 차지하고 있느냐는 본질적인 문제가 아닙니다. 그러니까 그 지역 차지가 전쟁의 빌미가 되어서는 절대 안 됩니다.

중세 십자군 운동을 보며 얻는 또 다른 교훈은 신앙 혹은 종교를 표방한 폭력은 절대 없어야 한다는 것입니다. 앞서 말씀드린 대로, 단성론 신앙을 버리고 정통 신앙을 갖도록 동로마제국 황제들에게 강요당했던 소아시아와 북아프리카의 신자들이 7세기 초 무슬림들이 쳐들어와 종교적 온건정책을 폈을 때 이슬람으로 쉽게 개종한 후 오늘날까지 소아시아와 아프리카가 이슬람권으로 남아있는 사실을 볼 때 신앙이나 종교에 있어서 힘 혹은 강압의 한계를 느낍니다.

이단에 빠진 사람을 볼 때 그를 강제로라도 거기서 끌어내주고 싶은 생각이 들 때가 많습니다. 하지만 이단을 없애고자 폭력을 사용하는 것이 하나님의 뜻은 아닙니다. 이단은 악하고 잘못된 것이지만 이단에 맞서는 우리의 무기는 힘이나 강압이 아니라 인내와 사랑이어야 합니다. 이것과는 차원이 조금 다르지만 유사한 예를 하나 더 들겠습니다.

교회에 안 가려는 자녀를 부모가 교회에 억지로 데려갈 수는 있습니다. 하지만 마음의 순종이 없다면 그것은 전도가 아닐 것입니다. 오히려 그런 강압이 예수 그리스도를 향한 그들의 마음의 문을 닫게 만들지도 모릅니다. 그러므로 우리는 더 인내하며 더 사랑함으로 그들을 주님께로 이끌어야 할 것입니다. 아울러 신앙을 표방한 폭력이나 강압은 선한 결과보다는 역방향의 결과를 낳을 가능성이 훨씬 많다는 사실을 기억하고 우리 삶에서 그런 무리를 범하지 않도록 주의해야 할 것입니다.

7. 중세 수도원 제도와 수도원 쇄신운동

요즈음 목회자들은 물론이고 일반 신자들 중에도 많은 분들이 관심 갖는 것이 '영성'입니다. 수련회는 물론 세미나 같은 데도 '영성'이라는 말이 들어가면 관심이 집중됩니다. 그만큼 '영성'에 대한 관심이 높은 듯 보이지만, 막상 '영성이 무엇인가?' 정확하게 알고 있는 경우는 드문 것 같습니다.

사실 개신교회 안에서 '영성 운동'이니 '영성 개발'이니 '영성'이란 말을 많이 쓰기 시작한 것은 1990년대 들어서였습니다. '영성'(spirituality)은 중세 수도원을 중심으로 신비주의자들이 많이 사용하던 말이고 그들이 가졌던 사상입니다. 우리 안에 하나님을 알 수 있는 영성이 있어서 묵상과 기도와 수련을 통하여 혹은 자신을 비워 이를 증진시킴으로써 하나님과 합일의 경지에 이른다는 것인데, 이것은 종교개혁자들이 배격한 공로주의를 배태하는 사상입니다. 따라서 우리가 종교개혁의 신학을 존중하고 따른다면 '영성'이나 '영성 개발'이라는 말 대신에 성경에 있는 대로 '경건'(piety 또는 godliness) 또는 '경건 훈련'이란 말을 사용해야 할 것입니다.[76] 이 장에서는 중세 수도원 운동을 살핌으로 참된

76 김영재, 「그리스도인의 매뉴얼」(수원: 합동신학대학원출판부, 2006), 335.

경건이 무엇인지, 그리고 오늘날 우리가 추구할 경건이 어떤 것인지를 생각해 보겠습니다.

수도사나 수도원은 초대교회 때 이미 있었습니다. 대표적 사막교부인 이집트의 **안토니우스**는 은자로 지낸 수도사였는데 삼위일체 신앙 수호에 크게 공헌한 **아타나시우스**가 그의 전기를 남기기도 했습니다. **안토니우스**와 비슷한 시기에 활동했던 **파코미우스**는 여러 사람이 함께 지내며 수도에 힘쓰는 수도원 운동의 비조입니다. 또한 카파도키아 세 교부 중 한 사람인 **바실레이오스**는 수도원 규칙에 관한 저술을 남기기도 했습니다. 수도원은 이렇게 초대교회 때 이미 확립된 제도인데도 '수도원'이라는 말을 들으면 많은 이들이 중세를 먼저 떠올리는 것은 수도원 운동이 사람들에게 가장 큰 영향력을 발휘한 때가 바로 중세이기 때문일 겁니다.

베네딕투스 수도회

중세 수도원 운동은 중세 전반기(前半期)와 후반기(後半期), 둘로 나눌 수 있습니다. 중세 전반기는 베네딕투스 수도원 운동의 시대라 할 수 있고, 후반기는 수도원 쇄신운동의 시대라 할 수 있습니다. 중세 전반기, 즉 6세기 중반에서 12세기 중반까지 베네딕투스 수도원이 당시 사회에 끼친 영향은 대단했습니다. '베네딕투스'는 그 수도원 운동의 창시자인 **누르시아의 베네딕투스**의 이름을 딴 것인데, 혹시 '베네딕투스'는 잘 몰라도 '분도출판사'라는 이름은 들어본 분들이 있을 겁니다. 거기서 '분도'(芬道)가 바로 '베네딕투스'의 음역입니다. 베네딕투스 수도원 운동의 기본 원리 세 가지는 청빈, 순결 그리고 순종이었습니다. 이때 순종은 수도원장에 대한 순종을 말합니다. 베네딕투스 수도원 운동의 슬로건은 '기도와 노동'(ora et labora: '기도하며 일하라')이었습니다.

베네딕투스 수도원의 목적은 수도원에 속한 지체들 즉 수도사들이 그리스도를 온전히 좇는 것이었습니다. 누르시아 출신인 베네딕투스는 로마제국의 질서와 규율을 수도원 생활에 적용했습니다. 그 결과 베네딕투스 수도원은 다음과 같은 특징을 갖게 되었습니다.

첫째, 자급·자족·자율입니다. 수도사들은 사유재산을 포기하고 공동체 안에서 생활해야 했는데, 수도원 내부와 전원 등에서 노동함으로 의·식을 해결했습니다. 자체적으로 수도원장을 선출한 후에는 선출된 수도원장에게 절대 복종함으로써 기강을 유지했습니다. 하지만 수도원장이나 수도사들에게 명백한 잘못이 있는 경우에는 이웃의 주교나 경건한 평신도들이 나무랄 수 있도록 여지를 두었습니다. 수도사들은 특별한 경우가 아니고는 수도원을 떠날 수 없었지만, 만약 떠나야만 할 경우에는 수도원장의 허락을 받아야만 했습니다.[77]

둘째, 균형 감각입니다. **베네딕투스**는 인간 본성의 한계와 가능성을 고려해서 하루 일과를 넷으로 구분했습니다. 먼저 공동 예배에 해당하는 성무일도(聖務日禱) 혹은 성무공과(聖務工課)는 일곱 번 혹은 여덟 번에 나누어 드렸습니다. 움베르토 에코가 쓴 「장미의 이름」의 시·공간적 배경이 14세기 베네딕투스 수도원인데, 이때는 이미 **베네딕투스**가 회칙으로 내린 규칙이 정확하게 지켜지지 않고 있을 때라는 걸 고려해야겠지만, 예배 시간이 조과(朝課), 찬과(讚課), 1시과, 3시과, 6시과, 9시과, 만과(晩課), 종과(終課)로 구분되어 있는 걸 볼 수 있습니다. 다 모아 계산하면 약 네 시간가량 되었습니다. 그 다음은 노동하는 시간이 여섯 시간가량이었고, 개인적으로 성경을 읽거나 경건서적을 읽고 묵상하는 데 네 시간가량을 쏟았습니다. 나머지는 식사와 수면을 포함한 쉬는 시간이었습니다.[78] 그런데 이것이 균형 감각이 있는 시간 사용이었다는 것입니다.

오늘날 우리 눈으로 보면 이런 시간 사용에 균형 감각이 있다는 생각은 잘

77 김영재, 「기독교 교회사」, 248-249.
78 김영재, 「기독교 교회사」, 249.

들지 않습니다. 이 정도 일정이면 거의 수련회 수준이지요? 어찌 생각하면 군대보다 더 빡빡한 것 같아요. 군대의 경우에는 게으름 피울 구멍이라도 있는데 여기에는 아예 그런 여지가 없어 보이니까요. 여러분 생각에는 예배, 노동 그리고 개인 경건 훈련 중에서 어느 시간이 가장 힘들 것 같나요? 저는 예배라고 생각합니다. 졸기도 하면서 대충 드리는 예배가 아니라 예수님 말씀대로 '영과 진리로 드리는 예배'(요한복음 4:23)를 하루에 서너 시간 드린다면 진이 빠질 수 있습니다. 2박 3일이나 3박 4일 수련회를 가는 경우 하루에 두 번 정도씩 예배를 드리게 되는데 그렇게 하고 집에 돌아오면 피로감이 며칠씩 지속되곤 합니다. 공동생활을 하는데서 생기는 불편도 있을 겁니다. 하지만 다른 무엇보다도 설교 듣고 기도하고 찬송하는 예배가 힘이 많이 쓰이는 게 사실입니다. 그런데 수련회 며칠만 이렇게 사는 것이 아니고, 1년에 몇 주만 이렇게 사는 것도 아니고, 매일 이렇게 산다니 결코 쉽지 않은 것입니다. 그런데도 그게 균형 감각이 있는 시간 사용이었다는 겁니다. 나중에 그런 균형 감각이 깨졌을 때와 비교하면 더욱 그렇습니다.

셋째, 고행을 장려하지 않았습니다.[79] 이집트의 **안토니우스**가 은둔 수도 생활을 하며 고행에 힘쓴 것은 익히 아는 사실입니다. 또한 주상(柱上) 고행자로 유명한 시리아의 **시므온**처럼 고행을 수도 생활의 중심에 둔 이들도 있었습니다. 이에 비해 **베네딕투스**는 고행을 장려하지 않았습니다. 이 역시 인간 본성을 고려한 규칙이었습니다.

넷째, 입문 조건은 엄했지만 차별은 없었습니다. 대학 때 기숙사 생활을 하거나 친구들과 함께 자취를 해보면 성격이 좋은 편인데 이상하게 공동체 생활은 안 맞는 그런 친구가 있습니다. 이와 유사하게 경건한 사람이지만 수도원이라는 공동체 생활은 안 맞는 그런 사람이 있습니다. 이런 경우 그 개인은 물론 공동체 전체의 유익을 위해 수도사로 받아들이지 않았다는 말입니다. 「공

79 김영재, 「기독교 교회사」, 249.

지영의 수도원 기행」에 보면 베네딕투스 수녀원의 예가 나오는데, 청원기 1년, 수련수녀 2년, 유기서원 3년, 총 6년의 수련기간을 거친 후 종신서원을 하게 됩니다. 종신서원을 한 수녀들은 흰 수건 위에 검은 베일을 쓰게 됩니다. 꽤 오랜 기간 함께 지내며 공동체 생활에 적합한지 지켜본 뒤에 수도사로 받아들이는 겁니다. 입문 조건은 이렇듯 엄했지만 신분 때문에 차별하지는 않았다는 말입니다. 즉 귀족 출신은 환영하고 평민 출신은 가입이 가능하지만 천민 출신은 받아들이지 않는다는 식의 차별이 없었다는 말입니다. 무식한 경우에도 수도원에 들어오는 데는 아무런 문제가 없었습니다. 하지만 일단 수도원에 들어온 경우에는 교육의 기회가 주어졌습니다. 라틴어를 가르쳐 성경을 읽고 쓸 정도의 능력을 갖도록 했습니다. 그 당시 서유럽은 문맹률이 높았는데 수도원에서 읽고 쓰기를 가르치다 보니 600년에서 1100년 어간에 글 깨친 이들의 90%가 수도원 학교에서 교육받은 사람들이었습니다. 사정이 이렇다보니 **베네딕투스** 사후 300년이 지났을 즈음에는 수도원이 사회의 중요한 기관으로 변해 있었습니다. **베네딕투스**와 동시대인이었던 **카시오도루스**는 처음부터 수도원을 교육과 학문의 중심으로 만들어 수도사들은 사본 만들기에 종사했고 수도원은 도서관 기능을 했습니다. 하지만 8세기에 이르러서는 서유럽 전역의 모든 베네딕투스 수도원에도 학교와 도서관이 갖추어져 있었습니다. 물론 수도원 학교의 교육 내용은 라틴어 읽기·쓰기가 중심이었고 창의성 개발과는 거리가 먼 것이었습니다.[80]

베네딕투스 수도회의 변화

이상 네 가지가 베네딕투스 수도회, 좀 더 정확하게 표현하자면 베네딕투스 수도회 초기의 특징이었습니다. 하지만 베네딕투스 수도원은 **베네딕투스**

80 김영재, 「기독교 교회사」, 249-251.

가 죽은 후 200년이 못되어 본래의 특징을 잃어버리고 말았습니다. 800년 즈음에는 더는 자급·자족하지 않고, 노동은 농노에게 맡긴 채 수도사들은 예배와 교육을 전담했고, 수도사들의 구성도 여러 계층에서 온 사람들이 아니라 주로 부유층과 귀족 가문 출신들로 이루어졌습니다.[81] 왜 이런 변화가 일어났을까요?

당시 대중의 요구에 부응한 것이 베네딕투스 수도회의 이런 변화의 발단이었습니다. 원래 개인 경건 시간은 공동 예배와 더불어 수도사들 일과의 한 부분이었습니다. 수도사들은 예배와 개인 경건 시간 외에는 각자 자신이 맡은 노동의 임무를 감당했습니다. 그런데 대중이 기도 많이 하는 수도사를 존경하고 기도의 능력이 있는 수도사가 자신들을 위해 기도해 주기를 바라게 되었습니다. 수도원 인근의 사람들이 수도사들을 찾아와 자신들을 위해 기도해 달라고 부탁하기 시작했습니다.[82] 일상사에 쫓기는 자신들보다는 수도사들의 기도가 훨씬 더 힘이 있으리라는 생각에서 그랬을 테지요.

이해를 돕기 위해 가상의 예를 들겠습니다. 한번은 그 지역 제후의 외아들이 병이 들었는데 용하다는 의사들이 와서 아무리 애를 써도 낫지 않는 겁니다. 그래서 마지막 수단이라 생각하고는 근처에 있는 수도원의 수도사들에게 기도해 주기를 요청했습니다. A 수도사, B 수도사, C 수도사…이런 식으로 여러 수도사가 기도를 했지만 차도가 없었습니다. 그런데 D 수도사가 기도하자 아이가 눈에 띄게 좋아지고 그가 계속 기도하니 얼마 지나지 않아 완전히 나아버렸습니다. 원래 신앙심이 그리 없었던 제후가 아이 일을 계기로 독실한 신자가 되었습니다. 그리고 하나님 은혜에 감사한다고 마침 수도원 인근에 있던 사냥터를 수도원에 헌물로 드렸습니다. 그런데 이와 유사한 일이 반복되었습니다. D 수도사가 기도를 드리면 아이를 못 낳아 애태우던 부부가 아

---

81 김영재, 「기독교 교회사」, 252.
82 김영재, 「기독교 교회사」, 251-252.

기를 갖게 되고 마땅한 혼처가 없어 노처녀로 지내던 이에게 좋은 혼처가 생기는 식으로 문제가 풀려나가니까 사람들이 D 수도사에게 기도를 부탁하겠다고 서로 다투는 상황까지 된 겁니다. D 수도사는 졸지에 그 수도원의 스타 수도사가 되었습니다. 대중의 존경을 한 몸에 받은 건 물론이었을 테지요. 수도원장은 대중의 필요를 충족시키기 위해 D 수도사는 노동을 면제해 주고 예배와 개인 경건 훈련에 모든 시간을 쏟도록 배려했습니다. 그러자 다른 수도사들도 수도원장에게 자신들도 경건 훈련에 매진할 수 있도록 노동을 면제해 주길 요청했습니다. 결국 수도사들 거의 전부가 노동은 등한시하고 경건 훈련에만 힘을 쏟았습니다. 그러면 밭은 누가 경작하고 가축은 누가 돌봅니까? 그래서 농노를 들이기 시작한 겁니다. 수도원 땅이 자급자족할 정도의 규모일 때는 아무런 문제가 없었지만 왕이나 귀족들이 재산을 기증하므로 수도원 땅이 늘어나자 수도사들만으로는 그 넓은 땅을 다 경작할 수 없었습니다. 그러다보니 농노를 들였는데 이왕에 그렇게 되고 보니 노동을 아예 농노들에게 일임하기에 이르렀습니다. 베네딕투스 수도원은 자급자족하는 공동체가 이미 아니었습니다.

수도원장의 지위도 달라졌습니다. 원래 수도원장은 수도사들의 믿음과 경건생활을 돌아보고 지도하는 직무를 감당했습니다. 하지만 수도원 땅이 늘어나니 수도원장의 직무도 바뀌었습니다. 예를 들어, 수도원 땅 일부를 소작농에게 맡겨 농사를 짓게 되었는데 소출과 관련해서 소작농들 사이에 문제가 생겼다고 합시다. 이 때 잘잘못을 가리는 일은 다름 아닌 수도원장의 몫입니다. 원래 수도원장은 수도원의 규칙을 정하는 입법과 수도원을 꾸려나가는 행정, 그리고 수도원에 관련된 사법을 모두 관장하는데, 이제는 그 범위가 수도사들은 물론 수도원 땅에 거하는 농노나 소작인 가정까지 확대된 것입니다. 실제로 수도원장의 역할은 봉건 영주(領主)나 제후의 역할과 방불했습니다. 더 나아가 수도원장들은 많은 소작인들을 거느린 지주로서 농장들을 귀족들보다 더욱 효과적으로 경영했습니다. 밤이 늦도록 술잔치를 벌이고는 늦게 일어나 사냥이나 오락거리로 소일하는 영주들과 달리 새벽 일찍 일어나 공동 예배를 드리고는 부지런히 수도원 농장을 살피는 수도원장의 수고가 있으니 수도원 농장이 좀 더 비옥해지는 건 당연한 결과였을 겁니다. 실제로 10세기 무렵 서유럽의 최고 농장들 가운데 상당수가 수도원 농장들이었습니다.[83]

결국 베네딕투스 수도회 초기의 특징은 다 사라져버렸습니다. 수도원은 자급·자족·자율의 공동체가 이미 아니었습니다. 노동은 농노나 소작농한테 일임한 채 수도사들은 예배와 경건 훈련에 모든 시간을 쏟았습니다. 균형 감각이 사라져버렸습니다. 고행은 장려하지 않아도 수도사들 스스로 일삼았습니다. 기도 응답을 잘 받고자 하는 마음에서 그랬으리라는 건 쉽게 추측할 수 있지요? 또한 수도원장이 봉건제도의 영주 정도의 반열에 오르게 되니까 수도원 입문에 원래는 없었던 차별이 생겼습니다. 수도원은 주로 부유층과 귀족 가문 출신들로 채워졌으며, 수녀원은 상황이 더 심각해서 9세기와 10세기에는 수녀들 모두가 귀족 출신이었습니다.[84]

이쯤에서 한번 정리할 필요가 있습니다. 초대교회 때 수도사나 수도원 운동이 처음 생긴 것은 교회 개혁과 관련이 있습니다. 로마제국의 황제들이 기독교도를 박해할 당시에는 카타콤에 숨어서 예배를 드리는 상황이었기에 신실한 신자들조차도 스스로를 교회 회원이라 드러내기는 어려웠습니다. 그러니까 적어도 교회 회원이라면 대부분 신실한 신자들이었다고 보아도 무방할 것입니다. 313년 **콘스탄티누스 대제**가 기독교 신앙의 자유를 보장하고 더 나아가 380년 **테오도시우스 대제**가 기독교를 로마제국의 국교로 삼기에 이르자 사정이 많이 달라졌습니다. 이제는 신앙이 없는 이들 가운데서도 세상에서 한자리 하려고 그 수단으로 교회를 찾는 경우가 있을 정도로 어중이떠중이가 다

83 김영재, 「기독교 교회사」, 252.
84 김영재, 「기독교 교회사」, 252.

신자 행세를 했습니다. 결국 '세상'이 교회 속으로 들어와 버린 것입니다. 이렇게 되니 제대로 신앙생활을 하려는 이들 가운데 제도권 내의 교회에 불만을 갖고 독자적으로 경건 훈련을 하는 이들이 나타났는데 그들이 바로 수도사들이었습니다. 은자로 개별적으로 수도생활을 하는 이들도 있었지만 수도원을 만들어 공동체로 수도생활을 하는 이들도 있었습니다. 후자의 한 예가 베네딕투스 수도원이었습니다. 말하자면, 수도원 운동은 세속적으로 변질된 교회에 영적 도전을 주고자 했던 영적 쇄신운동이라 할 수 있습니다. 초기 베네딕투스 수도회는 이런 목적을 잘 수행했다고 볼 수 있습니다.

문제는 수도원 운동이 시간이 지나며 변질되어 원래의 목적과 다른 방향으로 나아간 데 있었습니다. 신자들이 은혜에 감사하며 바친 땅과 재물이 쌓이기 시작한 것이 그 시발점이었습니다.[85] 시간이 흐르며 수도사들이 노동을 하지 않아 자급은 사라졌고 삶의 균형도 깨져버렸습니다. 부유층과 귀족 가문 출신들로만 채워지기 시작한 수도원은 이미 경건의 훈련장이 아니었습니다. 이제 수도원장 자리는 중세 봉건 사회에서 출세의 한 방편이 되고 말았습니다. 교회라는 제도권 내 경건의 터의 한계를 느끼고 그 대안으로서 수도원이라는 대안적 경건의 터를 제시했던 원래의 취지를 들먹이기가 부끄러운 상황이 되었습니다. 결국 수도사들이 기존의 성직자들과 또 다른 특권층을 이루게 된 것입니다. 교회가 세속적으로 변했다고 그 교회를 떠나 경건의 공동체를 추구했던 수도원이 또 다시 세속적으로 변한 것입니다. 교회 지도자들의 부패와 타락을 피해 경건의 공동체를 만들었던 수도사들 자신이 또 다시 부패와 타락에 빠진 것입니다.

85 Justo L. Gonzalez, 「중세교회사」, 서영일 역 (서울: 은성, 1995), 96-97.

수도원 쇄신운동

중세 전반기 수도원 운동을 주도했던 베네딕투스 수도회가 부패와 타락에 빠지게 되자 그러한 수도원을 쇄신하려는 수도원 쇄신운동이 여러 곳에서 일어났습니다. 일찍이 910년 클루니에 세워진 베네딕투스 수도원은 수도원 쇄신운동의 원조라 할 수 있습니다. 초기 클루니 수도원의 개혁 열정은 대단했습니다. 평신도 성직 서임권 문제를 개혁하려했던 **그레고리우스 7세** 자신이 클루니 수도원 출신이었으며 그가 성직매매와 성직자의 음란 문제를 개혁하려 할 때 **그레고리우스**를 지지했던 유일한 그룹도 바로 클루니 수도원이었습니다. 하지만 클루니 수도원도 교단이 부유해지자 그런 열정이 식어버렸습니다.

그 후 개혁을 부르짖는 새로운 무리들이 일어났습니다. 프랑스 론 강 상류에 있는 시토에서 일어난 수도회도 있었습니다. 시토를 라틴어로는 키스테르키움(Cistercium)이라 하기에 시토 수도사를 영어로는 시스터시언(Cistercian)이라 부릅니다. 시토 수도회는 1098년에 설립되었고 12세기에 부흥기를 맞았습니다. 주로 상류층 출신들이 주류를 이루었는데 당시 사람들의 금욕적 욕구를 만족시켰고 공부에 뜻이 있는 사람들에게는 학업 기회도 제공했습니다.[86]

시토 수도원들 가운데 가장 유명한 것은 **클레르보의 베르나르**가 세운 것입니다. **베르나르**는 신비주의적인 경향이 있으면서도 겸손하고 실천적인 사람이었습니다. 그의 설교와 가르침은 제2차 십자군 원정을 고무하는 데 결정적 역할을 했습니다.[87] 당시 교황이었던 **유게니우스 3세**는 **베르나르**의 제자였습니다. **베르나르**는 특히 「아가서 설교」로 유명한데 그의 다른 글에서도 아가서를 상당히 많이 인용하고 있습니다. 그의 신비주의적 경향이 느껴지는 부분이

86 김영재, 「기독교 교회사」, 291-292.
87 김영재, 「기독교 교회사」, 292.

지요. 고난 주간에 "오 거룩하신 주님 그 상하신 머리 조롱과 욕에 싸여 가시관 쓰셨네. 아침 해처럼 밝던 주님의 얼굴이 고통과 치욕으로 창백해지셨네"라는 찬송을 종종 부르지요? 또한 "날 구원하신 예수를 영원히 찬송하겠네. 저 죄인 어서 주께 와 죄 사유하심 받아라"라는 찬송도 아실거구요. "구주를 생각만 해도 내 맘이 좋거든 주 얼굴 뵈올 때에야 얼마나 좋으랴"라는 찬송은 많은 분들이 애송하지요? 그런데 이 모든 찬송가 가사를 지은이가 바로 **베르나르**라는 사실은 잘 모르는 듯합니다. 우리가 즐겨 부르는 찬송가의 지은이가 중세 황금기의 인물이라는 사실은 바로 우리 속에 중세의 피가 흐르고 있음을 보여주는 또 다른 예라 할 것입니다. **베르나르**는 지적 능력과 신비주의적 경향, 실천적 능력 등 여러 요소들로 말미암아 당시 영적 지도자로 존경받았으며 시토 수도회의 제2의 창설자라 일컬어집니다.

십자군 원정으로 말미암아 성전 기사 수도회라는 것도 생겼는데, 12세기 초 성 요한의 기사단 또는 간호 기사단이 순례자들을 보호하고 그들이 병들었을 때 간호해 준다는 명분으로 창설되었습니다. 후에는 이런 수도회가 성지를 방어하는 군사적 조직 역할을 하다가 프랑스 왕의 압력 행사로 1312년에 폐쇄되었습니다.[88]

수도원 쇄신을 위한 다양한 추구와 노력이 있었지만 수도원 쇄신운동의 중심은 13세기 초에 일어난 탁발수도회들이었습니다. 탁발수도회는 사회에도 영향을 많이 끼쳤고 특히 학문 발전에 큰 영향을 끼쳤습니다. 탁발수도회라고 하면 발음이 비슷해서 그런지 수도사들이 삭발하고 다닌 걸로 오해하는 분들이 종종 있습니다. 탁발(托鉢)은 영어로 '멘디컨트'(mendicant)인데 '빌어먹는'이라는 형용사도 되고 '거지'라는 명사도 되는 말입니다. 그러니까 쉽게 말하면 탁발수도회는 '빌어먹는 수도회'입니다.

참 별난 이름이다 싶을 겁니다. 하지만 그런 이름이 붙은 것은 그들이 실

88 김영재, 「기독교 교회사」, 292-293.

제로 빌어먹고 살았기 때문입니다. 베네딕투스 수도회의 기본 원리가 청빈·순결·순종이었던 것과 달리 탁발수도회의 기본 원리는 청빈·박애·순종이었습니다. 청빈은 베네딕투스 수도회 식으로 그냥 자기들끼리 자급·자족하는 수준의 생활을 하자는 의미가 아니라 아예 소유를 전혀 갖지 않는다는 다른 개념의 청빈이었습니다. 이런 원리는 무턱대고 나온 것이 아닙니다. 왜 소유를 전혀 갖지 않아야 한다고 했을까요? 최소한의 소유만 가지고 자급·자족하겠다던 베네딕투스 수도회가 결국 그 최소한의 소유가 토대가 되어 부유해지고 부패해 버리니까 최소한의 소유마저도 가지면 안 되겠다고 하는 생각에서 그리 한 것입니다. 그래서 소유 전무라는 새로운 개념의 청빈을 내세운 것입니다. 베네딕투스 수도회의 둘째 원리인 순결은 독신생활을 의미했습니다. 이에 비해 탁발수도회는 독신생활을 그대로 유지하면서 좀 더 적극적 특징을 내세웠습니다. 수도원에 머물면서 세상과 떨어져 지내는 것이 아니라 세상 속으로 들어가 사랑 실천하기를 힘쓴 것입니다. 그들의 사랑 실천은 다름 아니라 복음을 전하고 성경을 가르치는 것이었습니다. 마지막 원리인 순종도 이전과는 좀 다른 개념이었습니다. 베네딕투스 수도회의 순종은 수도원장에 대한 순종을 의미했지만 탁발수도회의 순종은 교황에게 대한 순종을 의미했습니다.

소유를 전혀 갖지 않은 채 백성 속으로 들어가 빌어먹는 대신에 복음을 전해준다는 탁발수도회는 획기적인 발상이었습니다. 부패한 교회와 악한 세상을 떠나 최소한의 소유만 가지고 경건의 삶을 추구했던 베네딕투스 수도회가 헌금과 기부로 인해 교회와 마찬가지로 부패하자 소유를 전혀 갖지 않는 새로운 형태의 수도회가 대안으로 나왔던 것입니다. 그릇된 무언가를 바꾸어보려는 시도, 즉 개혁 의지의 결과물이 바로 탁발수도회였던 것입니다.

프란체스코 수도회

프란체스코 수도회는 토스카나 지방의 산촌 아시시 태생인 **프란체스코**가 창설했습니다. **프란체스코**는 부유한 직물 상인의 아들로 태어나 평범한 성장기를 보냈습니다. 1202년 지역 분쟁 때 수개월 포로 생활을 한 후 아시시로 돌아왔으나 심각한 질병을 앓고 내적 갈등을 겪으며 세속적 삶에 염증을 느끼고는 기도와 가난한 이들 돕기에 헌신하겠다고 결단했습니다.[89] 그런 삶을 반대하던 아버지에게 의절 당할 때 **프란체스코**는 자신의 옷을 벗어 아버지께 돌려드리며 다음과 같이 말했다고 합니다. "이제까지 나는 당신을 나의 아버지로 불렀습니다. 그러나 지금부터 나는 거리낌 없이 '하늘에 계신 우리 아버지'를 부를 수 있습니다. 그분은 나의 모든 부(富)이며 나의 모든 신뢰를 그분께 둡니다." 1208년 **프란체스코**는 아시시 남쪽 포르티운쿨라 교회에서 예배를 드리던 중, 제자들에게 모든 것을 버리라(마태복음 10:9~10) 명하셨던 주님의 말씀을 자신의 소명이라 깨닫고는 신을 벗고 지팡이를 버리고 겉옷 하나에 띠만 두른 채 영혼을 구하기 위해 떠났습니다. 머지않아 그 주위에 추종자들이 몰려들었고 1209년 교황 **인노켄티우스 3세**는 **프란체스코**의 회칙을 인가했습니다.

프란체스코 수도회가 인가받는 과정이 수월하지는 않았습니다. 사제가 아닌 평신도들이 설교하는 것이 문제였습니다. 하지만 **프란체스코**보다 앞서 등장했던 **발도**를 따르던 무리들이 이단으로 정죄 받아 로마 가톨릭 교회에서 떨어져나간 것이 **프란체스코**를 따르던 이들에게는 결과적으로 유리하게 작용했습니다.[90] 발도파에 대해서는 나중에 중세 종파 운동에 대해 다룰 때 설명할 것이므로 지금은 발도파가 이단으로 정죄 받는 과정만 언급하겠습니다. 발도파의 특징은 평신도가 설교하는 것, 자발적 청빈, 그리고 성경의 문자적 해석

89 김영재, 「기독교 교회사」, 293-294.
90 김영재, 「기독교 교회사」, 294.

이었습니다. 하지만 처음에는 교황청과 대치하는 상황은 아니었습니다. 그런데 1179년 제3차 라테란 공의회에서 평신도가 설교하는 것을 정죄하고 금하자 발도파가 교황청의 잘못을 비판하기 시작했습니다. 결국 1184년 **발도**가 파문당하고 1215년 제4차 라테란 공의회에서 발도파 교리가 이단으로 정죄되었는데, 발도파가 떨어져 나간 것은 로마 가톨릭 교회에도 큰 손실이었습니다. 이런 과정의 막바지 즈음에 **프란체스코**가 나타났기에 교황청으로서는 발도파 경우를 교훈 삼아 **프란체스코**를 따르던 무리들이 평신도로서 설교하는 문제를 까다롭게 문제 삼지 않았던 것입니다.

수도회로 인가 받자 **프란체스코**와 그를 따르던 무리는 교황의 절대적 지지 세력이 되어 선교의 선봉에 섰습니다. 프란체스코회 수도사들의 선교지 가운데 스페인은 7세기 이슬람의 정복 전쟁 이후 무슬림들이 차지하고 있었기에 재정복(reconquista)의 노력에도 불구하고 12세기 중엽까지도 반도의 절반은 이슬람 지역이었습니다. 7세기 중엽 이후 이슬람 권에 떨어진 이집트도 우선적으로 꼽히는 선교지였습니다. 또한 근동, 극동, 아르메니아, 중앙 아시아, 페르시아, 인도, 인도네시아, 티베트와 중국까지 선교하러 갔습니다.[91] 프란체스코 수도회는 물론이고 이어서 설명할 도미니크 수도회의 주된 목적 중 하나가 교육과 설교를 통해 무슬림들을 개종시키는 것이었습니다.

프란체스코 수도회는 성장하면서 교황이 지명하는 교단장의 통솔을 받는 체제로 바뀌었으며, 수도회는 탁월한 학자들을 많이 배출했습니다. **로저 베이컨, 보나벤투라, 둔스 스코투스, 오컴의 윌리엄** 등이 프란체스코 수도회 출신의 대표적 학자들입니다.[92] 이 중 특히 **보나벤투라**는 도미니크 수도회의 **토마스 아퀴나스**에 필적할 만한 대학자로 수도회 창설자인 **프란체스코** 전기의 공인 받은 저자였습니다.

91 김영재, 「기독교 교회사」, 294.
92 김영재, 「기독교 교회사」, 294-295.

도미니크 수도회

프란체스코 수도회와 쌍벽을 이루었던 탁발수도회가 바로 도미니크 수도회입니다. 스페인 칼라로가 출신의 **도미니크**는 프랑스 남부를 방문했을 때 알비파(Albigenses) 이단을 만났습니다. 나중에 중세 종파 운동을 다룰 때 설명하겠지만, 알비파는 카타리파(Cathari)와 같은 이단입니다. **도미니크**는 알비파를 접하고 나서 이단에 맞서 싸우며 복음을 세상 끝까지 전하겠다고 결단했습니다. 그 목적을 위해 새로운 수도회를 창설하기 원했는데 1215년 **인노켄티우스 3세**한테 승인을 받으려했으나 뜻을 이루지 못했고, 이듬해인 1216년 **인노켄티우스**를 이어 교황이 된 **호노리우스 3세**의 승인을 받아 수도회를 창설했습니다. 도미니크 수도회는 강력한 조직으로 발전해서 창설 후 5년밖에 안 된 1221년에 벌써 여덟 지역에 60개 수도원이 있었습니다.[93]

12세기 후반과 13세기에 카타리파가 교회에 위협이 되자 교황청이 이단 문제를 다루기 위해 종교재판을 주도했는데 그때 교황청은 재판관들을 주교들 같은 이들 중에서가 아니라 탁발수도사들, 즉 도미니크회 수도사들과 프란체스코회 수도사들 중에서 선임했습니다. 탁발수도사들이 신학에 박식할 뿐 아니라 세속적 야심도 없어 그런 일에 적합하다고 여겼기 때문입니다. 1232년 교황 **그레고리우스 9세**는 도미니크회 수도사들에게 종교재판을 일임했습니다.[94] 교황청 입장에서는 충분한 지식을 갖추고 있으면서도 재판 과정에 갖게 된 권력을 쥐고 흔들려는 욕심을 부리지도 않고 교황에게 절대적 충성을 바치는 탁발수도사들보다 더 믿음직스런 이들은 없었을 것입니다.

도미니크 수도회에서도 걸출한 학자들을 많이 배출했습니다. 그 중 대표적인 이들이 **알베르투스 마그누스**와 **토마스 아퀴나스**입니다. 알베르투스 이

93 김영재, 「기독교 교회사」, 295.
94 김영재, 「기독교 교회사」, 295.

름에 붙는 '마그누스'는 '위대한'이라는 의미의 라틴어 형용사인데, 위대한 학자로서 그의 명성 때문에 동시대인들이 생전에 붙여준 이름입니다. **알베르투스**는 **아리스토텔레스**의 철학을 기독교 사상에 접목한 학자로 주목받지만, 그 제자가 **토마스 아퀴나스**라는 사실 때문에 더 유명합니다. 스승과 제자가 모두 도미니크회 수도사들이었습니다.

프란체스코회 수도사들처럼 도미니크회 수도사들도 백성 속으로 들어가 설교하고 성경을 가르쳐 주는 대신에 먹을 것을 받아먹었습니다. 그런데 두 수도회 수도사들의 설교에는 분명한 차이가 있었습니다. 프란체스코회 수도사들은 설교를 할 때 감정에 호소하는 데 치중했던 반면, 도미니크회 수도사들은 이성에 호소하는 이지적 설교를 했습니다. 모범적인 삶을 살기 위해 애쓰며 선교에 힘썼던 프란체스코 수도회는 '작은 형제들의 수도회'(Ordo Fratrum Minorum)라는 별명이 붙은 반면, 근엄한 생활을 하며 지적인 설득에 힘썼던 도미니크 수도회는 '설교자 형제들의 수도회'(Ordo Fratrum Praedicatorum)라는 별명이 붙었습니다. 도미니크회 수도사들은 '주님의 개들'(Dogs of the Lord)이라고도 불렸는데, 그 별명은 라틴어로 '주님의'란 말인 '도미니'(Domini)와 '개들'이란 말인 '카네스'(canes)를 붙여 만든 '도미니 카네스'(Domini canes)란 말이 도미니크 수도회의 명칭과 유사한 때문에 나온 말장난의 결과물이었습니다.[95]

수녀회

중세 때 여성들의 경건 운동은 금욕 생활을 힘쓰는 비교적 부유한 상류층 여성들에 의해 추진되었습니다. **도미니크**는 1206년 프랑스 남부의 프루이유 등 몇 지역에 수녀원을 창설했고, 프란체스코는 1212년 아시시에 성 다미아노(San Damiano) 수녀원을 창설했습니다. 프란체스코 수도회가 유명해지자 교

95 G. K. Chesterton, *Saint Thomas Aquinas* (New York: Image Books, 1956), 48.

황 **그레고리우스** 9세는 1227년 **클라라**를 명해 중부 이탈리아 지역에 자립하고 있는 여러 여자 수도원을 합쳐서 프란체스코 수도회에 버금가는 수녀회를 창설하도록 했습니다. 처음에는 성 다미아노 수도회라고 했는데, 1253년 **클라라**가 죽자 클라라 수도회라고 부르게 되었습니다. 그 후 이 수도회를 중심으로 수녀회의 통합을 추진했고, 1259년에는 도미니크 수도회 측의 반대를 무마하고 수녀회를 흡수하게 되었습니다.[96] 중세 때 영적 삶을 추구하는 여성들의 역할 모범은 거의 항상 독신과 수녀원에서의 삶을 전제로 했기에, 수녀원으로 몰린 여성 신자들의 수는 1350년경에서 1500년경 사이에 중세의 어떤 다른 시기보다 많았습니다.

수도원 쇄신운동의 한계

중세 전반기 수도원 운동을 주도했던 베네딕투스 수도회가 부패하고 타락하자 그런 수도원을 개혁하려고 일어난 것이 수도원 쇄신운동이었는데, 그 중심에 있었던 프란체스코 수도회와 도미니크 수도회도 시간이 지나며 본래의 개혁 의지를 잃어버렸습니다. 14, 15세기에 물질적 번영을 누리게 되면서 두 수도회는 방종과 사치로 얼룩져갔습니다. 14세기 후반 프란체스코 수도회는 수도회 공동 재산의 축적을 옹호하는 수도원파(Conventuals)와 **프란체스코** 본래의 규칙을 준수하자는 수도회칙 엄수파(Observants)로 나뉘어 다투는 상황을 맞았습니다. **프란체스코**는 가난을 추구했지만 사람들은 아시시에 큰 예배당을 짓고 오두막이 있던 초라한 포르티운쿨라 위에도 화려한 예배당을 지었습니다. 이제 프란체스코회 수도사들은 유리·걸식하기보다 정착하기를 택했고 강자들이 되었습니다.[97] 도미니크 수도회는 1475년 교황 **식스투스 4세**가 청빈의

96 김영재, 「기독교 교회사」, 296.
97 Jacques Le Goff & Jean-Maurice de Montremy, 「중세를 찾아서」, 최애리 역 (파주: 해나무, 2005), 150-151.

규칙을 폐지하고 재산을 소유하며 영구적인 수입원을 갖게 함으로 이미 '탁발' 수도회가 아니었습니다. 도미니크 수도회는 이제 주님의 충직한 '개'가 아니라 절대 권력을 휘두르는 교황의 전위대로 전락했습니다.

수도원 운동의 문제점

수도원 운동의 가장 큰 문제점은 이원론입니다. 이원론은, 간단히 말해, 영과 육을 분리하고 성과 속을 분리하는 것입니다. 거룩한 것과 세속적인 것을 구분하고는 거룩한 것 즉 영적인 것은 중시하고 세속적인 것 즉 육적인 것은 멸시합니다. 초대교회 사막교부들이나 중세 전반기 베네딕투스회 수도사들처럼 아예 세상과 거리를 두고 떨어져 살아가는 경우는 말할 필요도 없고, 탁발 수도사들처럼 세상 속으로 들어가 사람들 속에서 복음을 전하며 사는 경우에도 그러한 삶의 근저에는 세상과 거리 두기가 자리 잡고 있었습니다. 탁발수도사들이 세상 속으로 들어감의 전제는 그들이 세상을 떠나는 것이었습니다. 수도사가 됨은 마치 불교의 출가(出家)처럼 세속과 단절함을 전제로 하는 것입니다. 개신교 목사와 로마 가톨릭의 신부의 차이를 보면 이 말을 좀 더 잘 이해할 것입니다.

목사는 가정을 꾸리어 살지만 신부는 가족을 떠나 삽니다. 그렇기 때문에 신부가 목사보다 더 경건합니까? 그렇지 않습니다. 결혼 하지 않는 것이 결혼하는 것보다 더 거룩하다고 여기는 이들이 간혹 있는 듯합니다. 하지만 결혼은 하든지 하지 않든지 그 자체가 경건과 아무런 관련이 없습니다. 로마 가톨릭 교회가 성직자들의 결혼을 금하는 것은 성경에 근거한 것이 아니라 그들의 이원론적 세계관에 근거한 것입니다. 성관계를 필수적으로 포함하는 결혼을 육적인 것이라 여겨 죄악시하기에 성직자들의 성결을 위해 성직자들의 독신 제도를 고집하는 것입니다. 부부인 경우 생식을 위한 성관계는 무방하지만 쾌

락을 위한 성관계는 부정적으로 보는 것이 로마 가톨릭 교회의 전통적 입장입니다. 하지만 개신교 입장은 전혀 다릅니다. 혼인 내에서 성관계는 창조 때부터 우리 인간에게 주신 하나님의 선물이라는 것이 종교개혁자들의 생각이었습니다.

수도원 운동이 영과 육을 구분하고 영적인 것은 중시하고 육적인 것은 멸시하는 이런 이원론적 세계관에 근거하고 있는 것은 잘못입니다. 세상과 분리된 경건, 그것은 참 경건이 아니기 때문입니다. 그런데도 오늘날 개신교 일각에서 로마 가톨릭의 수도원적 요소들을 빌려와 우리 경건의 모델로 삼으려함은 매우 그릇된 시도입니다.

또한 근래에 들어 현대 사회에 팽배한 황금만능 사상이 교회 안에서도 만연하다는 생각으로 금욕과 절제의 미덕을 강조하면서 중세 수도원 운동을 동경하는 이들이 더러 있습니다. 하지만 수도원 운동이 교회에 쇄신의 바람을 불어넣고 당시 사회에도 긍정적인 역할을 많이 한 것이 사실이지만, 그 바탕에는 구원을 얻는 데 믿음만이 아니고 선행도 따라야 한다는 공로주의 사상이 있음을 기억해야 합니다. 그러므로 오늘날 새삼스럽게 중세 수도원 운동을 동경할 이유는 없습니다.[98]

참 경건

그러면 참 경건이란 무엇입니까? 종교개혁자 **칼빈**은 경건을 다음과 같이 설명합니다. 경건의 동기는 하나님의 거룩하심과 그리스도의 모본입니다. 하나님께서 거룩하시기에 거룩하신 하나님 앞에 서기 위해서는 우리도 거룩한 삶을 살아야 합니다. 그런 거룩한 삶의 모본이 바로 그리스도의 삶이었기에 우리 신자들은 그리스도를 따라 경건한 삶을 살아야 합니다. 그리스도의 모본

98 김영재, 「그리스도인의 매뉴얼」, 334-335.

은 내적으로는 자아 부인이고 외적으로는 자기 십자가를 지는 것입니다(마태복음 16:24). **칼빈**은 자아 부인을 이중적으로 이해하는데, 하나님 경외와 이웃 사랑이 그것입니다. 하나님을 경외함과 이웃을 사랑함은 마치 손바닥의 양면과 같습니다. 한 면만 있는 손바닥이 있을 수 없듯이 하나님 경외함과 이웃 사랑함, 이 둘 중 어느 하나만 있을 수는 없습니다. 하나님에 대한 경외가 올바른 경외라면 이웃을 향한 사랑이 함께하지 않을 수가 없습니다. 한편, 이웃을 사랑한다고 하지만 하나님을 경외하지 않는 이가 있다면 그의 이웃 사랑은 모두 자기를 높이는 위선일 뿐입니다. 또한 **칼빈**은 경건이 지상의 삶과 장래의 삶 사이의 긴장 속에 있다고 봅니다. 그래서 지상의 삶에서 절제와 초연으로서 경건을 말합니다. 세상 정욕에 탐닉함도 잘못이지만 금욕주의도 잘못입니다. 하나님께서 우리를 위해 베푸신 것들을 누리면서도 그것들에 빠지지 않는 절제가 필요합니다. 하나님께서 지으신 세상 속에서 살아가지만 세상을 향한 욕심에 빠지지 않고, 온전히 이루어질 하나님의 나라를 바라보며 그 나라를 위해 헌신하는 삶, 그것이 바로 경건입니다.[99]

그러므로 **칼빈**이 말하는 경건은 전방위적(全方位的) 경건입니다. 성경 읽고, 기도하고, 전도하고, 예배하는 등, 좁은 의미의 종교적 활동만이 아니라, 그런 활동을 기초로 해서 삶의 모든 영역에서 신자답게 살아가는 삶, 그 전체가 경건입니다. 경건의 영역은 예배와 교회의 프로그램들에 국한된 것이 아닙니다. 우리가 살고 있는 일상생활의 전 영역이 경건의 장(場)입니다. 예배에서 하나님을 올바로 섬기는 것만큼 직장이나 학교, 가정에서 올바로 살아야 합니다. 예배 때 감사의 예물을 드리는 정성만큼 사업에서 거래하거나 상점에서 물건을 사고 팔 때 정직해야 합니다. 하나님께 기도드릴 때 간절함만큼 다른 사람들과 맺은 약속 이행에 충실해야 합니다. 교회와 관련된 영역에서는 '신실한 신자'인데 일상생활에서는 전혀 그렇지 않다면 그는 경건한 신자가 아닙니다.

99 임원택, "참 경건: 요한 캘빈의 경건 이해," 「두레사상」, 1995/여름, 104-128.

참 경건은 삶 속에 나타나는 경건입니다. 예배와 개인적 경건 추구가 소중하지만 그것들에만 국한하지 않고 삶의 전 영역에서 주님의 제자로서 살아가기를 힘쓰는 삶, 그래서 일상생활의 모든 순간에 하나님의 임재를 누리는 삶, 그것이 참 경건입니다. 우리 한국의 신자들이 그런 경건한 삶을 살게 될 때 한국의 기독교회가 본질을 회복하게 됩니다.

그런데 오늘날 이 땅의 많은 교인들은 좁은 의미의 종교적 활동만을 경건의 영역이라 오해하고 있습니다. 그래서 교회 안에서 삶과 밖에서 삶이 조화를 이루기는커녕 완전히 분리된 삶을 살아갑니다. 또 어떤 이들은 은사 받음을 경건이라 오해해서 방언과 같은 은사 구하기에 매진합니다. 하지만 은사는 경건한 삶을 위한 도구이며, 은사는 말 그대로 하나님 편에서 우리에게 주시는 '선물'이지 우리 편에서 하나님께 강요해서 얻어낼 무엇이 아님을 올바로 알아야만 합니다. 은사는 하나님의 '선물'이기에 주실 수도 있고 안 주실 수도 있는 것이지만, 경건한 삶은 참 신자라면 반드시 살아야 할 필수적인 것입니다. 이 땅의 신자들이 교회 안팎에서 분리된 삶이나 특정 은사만을 편향적으로 추구하는 그릇된 경건이 아니라 예배 생활만큼이나 삶의 전 영역에서 경건하기를 힘쓰는 참 경건을 추구하게 되기를 바라는 마음 간절합니다.

교회보조기관의 역할과 한계

파라처치(parachurch)라는 말을 흔히 '선교단체'라고 번역하는데 '교회보조기관'으로 번역하는 것이 적절하리라 봅니다. 파라처치의 대표적 예로는 대학생 선교단체들을 들 수 있습니다. 1970년대나 1980년대까지만 해도 기성 교회 지도자들이 대학생 선교단체들에 대해 가지고 있는 감정은 그다지 긍정적이지 않았습니다. 기존 교회에 출석하고 있던 청년들이 대학 캠퍼스에서 접하게 된 선교단체들에 가입하면서 그때껏 다니고 있던 교회를 떠난 것이 그 주된 이유가 아닐까 생각합니다. 하지만 대학생 선교단체들은 한국 교회에 크게 공헌했습니다.

대학생 선교단체들이 한국 교회에 끼친 공헌 중 첫째는 새로운 성경공부법의 도입이었습니다. 제가 유년주일학교와 중·고등부를 다닐 때 성경공부는 '공과공부'였습니다. 반사(班師)라고 부르던 주일학교 담임선생님들께서 사용하시던 계단공과(階段工課)는 일 년 치가 묶여있는 두꺼운 책이었는데, 어느 해인지 정확히 기억할 수는 없지만 한 해 동안 사무엘상·하, 열왕기상·하, 역대상·하의 내용을 첫 주부터 마지막 주까지 52주간으로 나누어 배웠던 게 생각납니다. 출석부에는 출석, 헌금, 요절 암송, 전도 항목이 나뉘어 있어 성적이 좋은 사람에게는 연말에 시상도 했습니다. 공과공부 때 배운 내용을 가지고 종종 시험을 치고 성적이 좋은 사람에게는 상도 줬습니다. 각 교회 대표들이 '출전'해서 치르는 노회 주최 성경고사대회도 있었습니다. 그런데 그렇게 배우고 외웠던 내용이 복음의 핵심적인 내용은 아니라는 사실이 문제입니다. 사울, 다윗, 솔로몬, 르호보암 등, 왕들의 이름만 기억에 남아있지 예수님께서 어떻게 나의 구주가 되시는지에 대해서는 잘 듣지 못했습니다. 이 점은 당시 공과공부의 치명적 문제점이라 할 수 있습니다. 이에 반해 대학생 선교단체의 성경공부 교재는 처음부터 복음의 핵심적 내용으로 들어가서, 시작한 지 불과 몇 주 안에 '구원의 확신'을 점검하도록 되어 있었습니다. 공과공부가 선생님의 일방적 설명을 듣는 방식인데 반해 선교단체의 성경공부는 학생 개인이 예습을 통해 직접 성경을 읽고 답을 달고 적용거리를 생각해 보도록 하기에 훨씬 적극적 공부를 유도하는 장점도 있었습니다. 오늘날에는 교회들 대부분이 대학생 선교단체 식의 이런 성경공부를 주일학교는 물론, 구역예배 같은 때 적극 활용하고 있는데, 이는 매우 바람직한 흐름이라 봅니다.

대학생 선교단체들의 또 다른 공헌은 새로운 전도방법의 도입이었습니다. 저도 어릴 때 주일학교에서 연말에 전도상(傳道賞)을 종종 받았는데, 그 당시 저의 전도는 '교회 가자!'는 한 마디가 거의 전부였습니다. 동네 친구든 학교 친구든 일단 교회에 데리고 가면 그것이 전도였습니다. 그렇게 해서 교회에 나온 친구가 계속해서 주일학교에 나오면 그 친구는 교회 다니는 것이고, 교회에 다니는 사람은 예수를 믿는 것이라 여겼습니다. 복음을 전하고 설명해 주는 것은 당연히 목사님이나 전도사님 또는 주일학교 담임선생님의 몫이라 여겼습니다. 하지만 대학생 선교단체들의 전도방법은 전혀 달랐습니다. '사영리'(四靈理)나 '브리지'(bridge) 예화를 써서 신자 개인이 비신자에게 바로 복음을 전하는 방식이었습니다. 이렇듯 단순 명쾌한 전도방법 역시 오늘날 대부분의 교회들이 채용하고 있습니다.

대학생 선교단체들이 끼친 공헌 중에 빼놓을 수 없는 것이 '경건의 시간' 도입입니다. 제가 어릴 때만 해도 '열심 있는 신자'와 그렇지 않은 신자를 구분하는 유일한 잣대는 '새벽기도를 하는가?'였습니다. 하지만 선교단체들이 큐티(Q.T., quiet time)라 부르는 '경건의 시간'을 소개하면서 꼭 새벽 시간이 아니어도 되고, 반드시 교회에 나와서 해야만 하는 것도 아니고, 집이나 학교 또는 직장에서 조용한 시간에 임의로 성경을 읽고 기도하는 시간을 가질 수 있다는 생각을 하게 되었습니다. 오늘날 상당수 교회들의 주보에 새벽기도회 시간과 더불어 매일 성경읽기표가 게재됨은 이런 변화를 보여주는 것입니다.

한국 교회에 끼친 이렇게 엄청난 공헌에도 불구하고 대학생 선교단체들이 긍정적 평가만 받고 있는 것은 아닙니다. 대학생 선교단체들에 대한 부정적 평가의 중심에는 정체성의 문제가 있습니다. 앞서 말한 대로, 대학생 선교단체들과 같은 파라처치는 교회보조기관일 뿐 교회가 아닙니다. 그런데 일부 대학생 선교단체들이 교회 행세를 하는 것이 문제가 되는 겁니다. 그럴 것이면 아예 '교회'라고 하면 될 텐데, '교회'라는 이름은 쓰지 않으면서 교회 행세를 하니까 문제가 되는 것입니다.

교회와 교회보조기관은 명백하게 다릅니다. 이왕에 대학생 선교단체 얘기를 꺼냈으니 교회와 대학생 선교단체들을 비교하면 이해가 좀 더 잘 될 것입니다. 선교단체들의 가장 중요한 특징은 유사한 사람들의 모임이라는 점입니다. 대학생들이 중심이니까 대부분 젊고 건강하고 뭐든 할 수 있을 정도로 의욕이 넘칩니다. 등록금을 충당할 수 있는 만큼 어느 정도 경제적 여건도 비슷한데다 지력도 갖추고 있습니다. 교회는 그렇지 않습니다. 갓 태어난 아기부터 임종을 앞 둔 할아버지·할머니까지, 먹을 것이 없어서 힘든 실직자부터 부자 사장님까지, 남녀노소 빈부귀천 다 모여 있는 곳이 교회입니다. 다시 말해, 교회는 '작은 세상'입니다. 하나님께서 이 작은 세상을 우리에게 허락하신 이유는 이 작은 세상을 통해 우리가 실제적인 경건 훈련을 하기 원하셔서입니다. 물질적으로 여유가 있는 사람은 물질로 교회 안에 가난한 지체를 돕고, 건강한 몸을 가진 사람은 교회 안에 연약한 지체를 돌보며 섬기기를 원하십니다. 돌아봄의 논리적 순서는 가족, 교회 안, 교회 밖입니다(디모데전서 5:4, 16; 갈라디아서 6:10 참조). 이런 점을 고려할 때, 앞서 말한 큰 공헌에도 불구하고 선교단체들이 교회를 대신할 수는 없습니다.

하지만 교회보조기관이 말 그대로 교회를 돕는 자기 역할의 한계를 인정하고 교회를 돕는다면 교회보조기관은 교회에 매우 유익한 존재입니다. 정확히 일치하지는 않지만, 개신교에서 교회와 교회보조기관의 관계는 로마 가톨릭 교회에서 모댈러티(modality)와 소댈러티(sodality)의 관계에 상응한다고 볼 수 있습니다. 모댈러티는 교구나 주교 관구처럼 성별이나 연령의 구분 없이 조직된 단체를 의미하는 것으로 지역 교회의 회중이 이에 해당합니다. 소댈러티는 연령이나 성별 혹은 결혼 유무에 따라 제한을 받는 조직적 단체로 수도회와 같은 선교기관이 이에 해당합니다. 랄프 윈터의 지적처럼, 중세 때 로마 가톨릭 교회가 이룬 모댈러티와 소댈러티 사이의 조화는 중세 기독교 선교의 가장 놀라운 특징일 뿐만 아니라 오늘날까지 지속하는 로마 가톨릭 조직의 가장 큰 장점입니다.[100] 수도사 출신 교황들이 교회 안에 부패를 개혁하려 애쓴 점이나, 탁발수도사들이 선교의 선봉에 선 사실, 오늘날 로마 가톨릭 교회의 사회봉사를 수도회나 수녀회가 주도하며 교회를 돕는 점 등은 소댈러티의 유연성이 모댈러티의 안정성을 적절히 보조하는 예라 할 것입니다.

개신교 교회보조기관의 시초는 1792년 **윌리엄 케어리**가 세운 침례교 선교회라 볼 수 있습니다. 그 후 세워진 개신교 선교회들은 교파나 개 교회가 개별적으로 행하다보면 중복될 수 있는 선교 지역의 구획을 배분하는 등 개 교파나 개 교회가 독자적으로 하기에는 곤란한 일들을 적절히 조절하는 역할을 했습니다. 해외 선교 부문에 있어서는 오늘날 한국의 개신교 선교단체들이 기성 교회들과 적절한 협력 관계 가운데 주도적 역할을 감당하고 있습니다. 그런 점을 고려할 때, 개 교파나 개 교회가 감당하기에는 힘든 대학 캠퍼스 전도 사역을 주도하고 있는 국내의 대학생 선교단체들도 교회보조기관이라는 자기 정체성을 분명히 하고 기성 교회들과 협력한다면 해외 선교회들처럼 유익한 성과들을 풍성하게 맺으리라 생각합니다. 하지만 이러한 자기 역할의 인식과 자기 한계의 인정이 선행되지 않으면 교회보조기관은 교회를 보조하는 것이 아니라 오히려 교회에 큰 손상을 입힐 수도 있음을 기억해야 할 것입니다.

종교개혁 당시 교회 개혁의 필연성

교회보조기관이 교회를 도와 유익한 성과를 낼 수는 있지만, 교회보조기관이 교회를 대신할 수는 없습니다. 교회보조기관 설립이 교회 개혁의 방법이 될 수는 없는 것입니다.

앞서 말한 대로, 세속적으로 변질된 제도권 내의 교회에 불만을 갖고 공동

100 Ralph D. Winter, "하나님의 구속적 선교의 두 구조(계속)," Winter & Hawthorne 편, 「미션 퍼스펙티브」, 209-215.

체적으로 경건의 대안을 제시한 것이 수도원 운동이었습니다. 하지만 중세 초기 교회에 영적 도전을 주던 베네딕투스 수도회도 시간이 지나면서 부패·타락하며 기존의 성직자들과 다른 새로운 특권층을 이루었습니다. 게다가 그런 수도원 운동을 쇄신하고자 일어난 탁발수도회도 초기에는 중세 사회에 엄청난 반향을 불러일으키며 영적 쇄신운동을 이끌어갔지만 그 역시 시간이 지나며 본래의 개혁 의지를 잃어버리고 방종과 사치에 물들어갔습니다.

여기에서 우리는 교회 개혁 운동으로서 수도원 운동의 명백한 한계를 발견할 수 있습니다. 수도원은 소댈러티이지 모댈러티가 아닙니다. 즉 교회보조기관일 뿐이지 교회가 아닙니다. 수도원은 교회 개혁의 방편은 될 수 있을지 모르나 궁극적으로 교회를 대신할 수 없습니다. 교회 개혁의 방편으로 제시된 수도원이, 시간이 지나며, 교회를 개혁하기는커녕 개혁해야 할 교회만큼 썩어 버리는 것을 볼 때, 교회를 개혁하는 방법은 교회를 대치(代置)하고 보조하는 무언가를 만들어내는 것이 아니라 교회 그 자체의 본질을 회복하는 것임을 알 수 있습니다. 교회에 문제가 있으면 교회 안에서 고쳐나가야 합니다. 중세 말 안팎으로 부패·타락한 교회를 개혁하고자 했던 종교개혁자들이 교회와 이질적인 새로운 구조를 모색하지 않고 올바른 교회를 세우기 위해 교회 안에 있으려 애썼던 것도 이런 맥락에서 이해할 수 있습니다. 교회 안의 문제이기에 교회 안에서 고치겠다는 입장이었습니다. 처음부터 새로운 교회를 세우려 했던 개혁자는 한 사람도 없었습니다. 그들은 교회 안에 있기를 원했습니다. 본래적 의미의 '가톨릭' 교회 안에 있기를 원했습니다. 하지만 로마 가톨릭 교회는 올바른 교회로 서기를 끝내 거부했고, 개혁자들은 성경에 바로 서있는 참된 교회를 세우기 위해 올바른 교회가 아닌 로마 가톨릭 교회를 떠나 올바른 교회를 세웠습니다. 따라서 종교개혁은 교회 안에서 일어난 본질적인 개혁이었습니다.

교회보조기관의 역할과 한계를 바르게 인식한다면, 오늘날 한국 교회에 요청되는 올바른 경건의 회복도 그 모델을 중세 수도원 운동과 같은 데서 찾을 것이 아니라 교회의 참된 부흥과 회복의 역사 속에서 찾아야 할 것입니다. 교회의 본질과 강점을 똑바로 보고 교회를 올바로 세워나갈 뿐 아니라 예수 그리스도께서 보여주신 참 경건의 삶을 추구하는 우리 모두가 되길 바랍니다.

8. 13세기 경건생활과 성례전 교의

오늘날 교회 다니는 사람이 결혼할 때는 일반 예식장을 빌려서 결혼식을 올리기도 하고 예배당을 결혼식장으로 사용하기도 합니다. 하지만 결혼식을 어디에서 치르는가에 상관없이, 양가가 모두 기독교인인 경우, 예배를 드림으로 결혼예식을 거행합니다. 그렇다면 혼인 예식은 예배입니까, 아닙니까?

이 질문에 대해 로마 가톨릭 교회는 지체 없이 예배라고 답합니다. 로마 가톨릭 신자들은 결혼할 때 혼배성사(婚配聖事)를 하기 때문입니다. 참고로, 로마 가톨릭 교회에서 쓰는 '성사'라는 말은 라틴어 '사크라멘툼'(sacramentum)을 번역한 것으로 개신교의 '성례'(聖禮)에 해당하는 말입니다.

로마 가톨릭 교회와 달리 개신교회는 결혼식을 성례라 여기지 않습니다. 개신교회의 성례는 성찬과 세례, 둘 뿐입니다. 하지만 이미 결혼한 신자들이라면 결혼할 때 예배를 드렸을 것입니다. 또한 미혼 신자들이라면 나중에 결혼할 때 예배를 드릴 것입니다. 그렇다면 결혼식과 예배는 도대체 무슨 관계일까요? 궁금증이 생겼으면 이제 그걸 풀어 봅시다.

13세기 경건생활

13세기 탁발수도사들의 활동을 통해 일반 신자들은 라틴어가 아니라 자신들이 쓰는 말로 말씀을 들을 수 있는 기회를 훨씬 더 자주 갖게 되었습니다. 탁발수도사들은 순회설교를 통해 일반 대중에게 가까이 다가갔고 그들의 말로 복음을 전해주었습니다.

이에 반해, 주교들은 10세기경부터 정치권에 관여하다 보니 목회는 오히려 소홀히 하는 상황이 되었습니다. 그래서 주교가 다하지 못하는 목회의 공백을 메우기 위해 수장집사(首長執事, archdeacon)가 주교와 교구 사제들 사이에 자리를 잡았습니다. 수장집사는 평신도를 재판하고 교구 사제를 임명·파면하고 교직자들을 심방하는 일을 했습니다. 하지만 13세기에 들어서면서 수장집사의 권한이 제한되었습니다.[101]

백성은 설교를 통해서, 그리고 성찬과 고해를 통해 교직자들을 접할 수 있었습니다. 1215년 제4차 라테란 공의회에서는 신자들이 1년에 적어도 한번은 사제를 찾아 고해하는 것을 의무화했습니다.[102] 로마 가톨릭 교회의 사죄 방법은 개신교회의 사죄 방법과 다릅니다. 개신교인의 경우 신자는 설교를 듣거나 성경을 읽는 중에, 또는 기도 중에 죄를 깨닫습니다. 그러면 그 즉시 마음으로 회개하고 하나님께 죄 용서를 빕니다. 진심의 회개와 예수 그리스도의 속죄로 인한 죄 용서를 믿음, 그것으로 사죄 과정이 완결됩니다. 예수 그리스도의 속죄 행위가 사죄의 유일한 근거이기 때문입니다. 하지만 로마 가톨릭 교회에서는 통회(contrition) 후에 사제를 찾아 고해(confession)를 해야만 한다고 가르칩니다. 고해를 들은 후 사제는 사죄 선언(absolution)을 합니다. 하지만 이것으로 끝이 아니고 사죄 선언 때 사제가 명한 보속(satisfaction)을 행하는 일이 남았습니

101 김영재, 「기독교 교회사」, 297.
102 김영재, 「기독교 교회사」, 297.

다. 보속 행위가 시행되어야 사죄 과정이 완결됩니다. 로마 가톨릭 교회는 보속 행위가 그들이 주장하는 연옥(煉獄, purgatory)에서 받을 벌을 피하는 수단이라고 가르쳤습니다.

보속 행위로는 일반적으로 금식, 성관계 금지, 순례, 매질, 감금을 명했는데 일상생활에 심각한 불편과 지장을 초래하게 되자 점차 대체 방법이 생겨났습니다. 예를 들어, 수년간의 긴 순례 여행이라는 보속 행위가 돈을 지불함으로 하루의 순례 길로 축소되거나 아니면 아예 신체적으로 불편한 상태에서 시편을 반복해 암송하는 행위로 대체될 수가 있었습니다. 이런 대체 개념이 시간이 지나며 면죄부 매매로 이어졌습니다. 면죄부는 원래 매우 가혹한 보속 행위를 대체하기 위해 나온 것이었지만, 교황 **우르바누스 2세**가 십자군 원정을 독려하기 위한 수단으로 사용한 이후 점점 남발되었고 나중에는 아예 면죄부만 사면 모든 죄를 용서받는다는 식의 황당한 믿음을 갖게 했습니다.

결혼식과 예배

로마 가톨릭 교회가 처음부터 결혼예식을 성례로 간주했던 것은 아니었습니다. 결혼에 교회적인 축복이 있어야 한다는 것은 **카를 대제**가 요구한 것이었으나 1139년 제2차 라테란 공의회에서 교회법으로 정했고, 1215년 제4차 라테란 공의회에서 의무라고 재확인했습니다. 하지만 13세기만 하더라도 교회에서 주관하는 결혼식은 존재하지 않았고 교회는 다만 결혼식 후에 결혼한 부부를 축하하고 축복하는 모임을 가졌을 뿐이었습니다. 14세기가 되어서 비로소 교회에서 주관하는 결혼식이 있었는데, 처음에는 예배당 문 앞에서 예식을 올리다가 16세기에 이르러 예배당 안에서 결혼식을 올리게 되었습니다.[103] 원래는 성례에 들어있지 않던 결혼예식이 이렇게 해서 성례에 실제적으로 편입

103 김영재, 「기독교 교회사」, 298.

되었습니다.

이제는 앞서 던졌던 결혼식과 예배의 관계에 대한 질문에 답할 때가 된 것 같습니다. 로마 가톨릭 교회의 경우에도 결혼예식이 원래는 성례가 아니었던 것을 후대에 성례에 편입시킨 것을 보아 알 수 있듯이, 결혼예식은 성례가 아닙니다. 장례식도 마찬가지입니다. 로마 가톨릭 교회에서는 사람이 마지막 숨을 거두기 직전에 병자성사를 행하는데, 개신교회에서는 이것 역시 성례로 치지 않습니다. 그렇다면 개신교인들이 결혼예식 때 드리는 예배나 신자의 임종 때 드리는 예배는 어떻게 이해해야 할까요?

우리가 결혼식 때나 장례식 때 예배를 드림은 인간사의 큰 행사 즉 결혼과 장례를 행하되 하나님 앞에서, 하나님께 예배드리면서 행하는 것입니다. 예배를 드림으로 결혼식이나 장례식을 치르는 것이지 결혼식이나 장례식 자체가 예배는 아닙니다.

본질적 의미의 예배는 그 중심에 오직 삼위일체 하나님이 계시고 오직 하나님께만 영광을 돌려야 합니다. 예배의 유일한 주인공은 삼위일체 하나님이십니다. 그런 점에서 혼례나 장례 예식 자체가 예배일 수는 없습니다. 혼례의 중심에는 신랑·신부가 있고 장례의 중심에는 유족이 있기 때문입니다. 따라서 삼위일체 하나님께서 주인이신 예배는 혼례나 장례의 일부일 뿐 혼례나 장례 예식 전체가 예배는 아닙니다.

우리는 살면서 기쁘거나 슬픈 중요한 시간에 자신에게 소중한 이들과 함께하기를 원합니다. 그래서 결혼처럼 기쁜 일이나 장례처럼 슬픈 일이 있을 때 소중한 이들에게 연락해서 그 시간을 함께 보내며 기쁨과 슬픔을 나눕니다. 따라서 우리 삶의 주인이신 삼위일체 하나님께서 그런 삶의 자리에 함께 계시고 우리 기쁨과 슬픔에 함께 하시기를 원하는 것은 당연한 것입니다. 그러므로 하나님께 예배함으로 결혼식이나 장례식의 가장 소중한 부분을 채우는 것입니다.

예배에는 말씀 예배와 성례가 있습니다. 말씀 예배에서와 마찬가지로 성례에서도 오직 삼위일체 하나님께서 그 주인이십니다. 성례는 예수 그리스도께서 친히 제정하신 것입니다. 잡히시던 밤에 제자들과 마지막 식사를 하시며 떡과 잔을 가지고 축사하시고 나누어주시며 제자들에게 그렇게 행하여 자신을 기념하라(고린도전서 11:23~25)고 명하신 예수께서는 부활하신 후 승천하시기 전, 제자들에게 모든 족속에게 가서 그들을 제자로 삼고 아버지와 아들과 성령의 이름으로 세례를 주라(마태복음 28:19)고 또한 명하셨습니다. 그래서 성례는 성찬과 세례, 둘입니다. 그러므로 로마 가톨릭 교회에서 성찬과 세례 외에 '혼배성사'와 '병자성사'를 성례에 포함시킬 뿐만 아니라 이에 '견진성사'와 '고해성사,' '서품성사'를 더해 '7성사'를 주장함은 잘못입니다.

실제적인 대안 제시를 위해 결혼예식을 예로 들겠습니다. 앞서 말한 대로, 혼례 자체가 예배는 아니고 인간사의 큰 행사인 결혼식을 하나님 앞에서, 하나님께 예배드리면서 행한다는 의식을 적용하면 될 것입니다. 따라서 기독교식으로 결혼예식을 행한다면 식을 시작할 때 주례 목사나 사회자가 다음과 같이 말하면 적절하다고 봅니다. "지금부터 ○○○군과 ○○○양의 결혼예식을 하나님께 예배하면서 거행하겠습니다."[104] 보통은 "지금부터 ○○○군과 ○○○양의 결혼예배를 시작하겠습니다"라고 하거나, "지금부터 ○○○군과 ○○○양의 결혼예식을 시작하겠습니다"라고 하고는 예배 방식으로 예식을 진행합니다. 예식 시작할 때 이 간단한 언급의 차이가 뭐 그리 크냐고 반문할지 모르지만, 주례 목사는 물론 예식에 참석한 사람들이 결혼예식 자체를 예배와 혼동하지 않고 예배를 드림으로 예식을 거행하는 것으로 올바로 인식함은 매우 중요합니다. 하찮게 보이는 혼동이라 할지라도 그런 혼동이 반복되다 보면 그것이 우리 의식과 사고에 끼치는 영향이 꽤 크기 때문입니다. 흔히 '결혼예배'라는 말을 크게 개의치 않고 사용하는데 문자 그대로 받아들인다면 그

104 김영재, 「교회와 예배」(수원: 합동신학교 출판부, 1995), 204 참조.

말은 로마 가톨릭 교회의 '혼배성사'와 그리 다르지 않은 것입니다. 그보다 더 큰, 그리고 실제적인 문제는 결혼예식과 예배를 혼동함으로 예배의 본질에 대한 의식이 훼손되고 있는 점입니다. 결혼예식의 경우, 앞 뒤 찬송과 기도, 주례사를 대신하는 설교, 그리고 끝부분에 들어있는 축도 외에는 본질적인 예배와 상관없는 순서들입니다. 예를 들어, 축가는 신랑·신부를 위한 노래이지 하나님께 드리는 찬송이 아닙니다. 신랑 · 신부가 양가 부모님과 하객들에게 절하는 것은 예배와 전혀 상관이 없습니다. 그렇기 때문에 예식 중에 그런 순서들을 빼라는 말이 아니라, 예식 자체가 예배는 아님을 분명히 의식하며 예식을 거행할 필요가 있다는 말입니다.

오늘날 예배의 본질 훼손 문제

흔히 예식 자체와 예배를 혼동하다 보니 오늘날 한국 교회 가운데 예배의 본질이 크게 훼손되었습니다. 어떤 경우든 '예배'라는 말만 붙이면 되는 것처럼 함부로 '예배'라는 말을 사용합니다. 예를 들어, '신장개업 감사예배'라고 이름 붙이고 목사를 초청해서 간단히 예배를 드리고는 일반적인 개업식에서 하는 순서들을 고스란히 진행합니다. 실제로 예배만 드릴 것이 아니면 그리 이름붙일 것이 아니라 일반적으로 하듯이 '신장개업식'이라 하고 그 앞부분에 예배를 드리면 될 것입니다.

학교 입학식이나 졸업식의 경우에도 마찬가지입니다. 일반적으로 기독교 사학에서는 입학식이나 졸업식을 예배 형식으로 진행합니다. 그런데 상당히 많은 학교가 식순 가운데 예배를 버무려 넣어버립니다. 조금 나은 경우에는 1부는 '예배,' 2부는 '식순' 식으로 구분을 합니다. 하지만 그런 경우에도 예배 순서에 들어가야 할 축도 순서를 굳이 식순 뒤 끝에 둡니다. 그러다보니 참석자들은 2부의 '식순'조차도 '예배'로 오해하게 됩니다. 하지만 '식순'이 예배일 수는 없습니다. 입학성적 우수자에게 장학금을 수여하는 식순이나 졸업자에 학위를 수여하거나 포상하는 식순이 예배의 일부일 수 없기 때문입니다. '예배'와 '식순'을 구분했으니 축도를 '예배' 순서에 넣어 진행한 후에 '식순'을 예배와 구분해 진행하는 것이 바람직하다고 봅니다.

목회자들이 예배의 본질에 대한 올바른 의식을 갖는 것은 훨씬 더 중요합니다. 예배가 무엇인지 올바로 깨닫는 데서 출발해야 합니다. 흔히 '공(公)예배'라 부르는 주일 낮 예배를 비롯해 주일 오후 혹은 저녁에 드리는 예배, 수요일 저녁에 드리는 삼일예배는 당연히 예배입니다. 가족이 함께 드리는 가정예배나 구역원들이 함께 모여 드리는 구역예배도 마찬가지입니다. 하지만 금요철야기도회나 새벽기도회처럼 기도를 중점적으로 드리고 기도에 시간을 대부분 할애하는 집회는 '기도회'라 이름 붙여도 좋을 것입니다. '기도회'라 이름 붙이면 왠지 격이 떨어지는 것 같고 '예배'라 이름 붙이면 왠지 격이 올라가는 것 같아 '예배'라는 말을 굳이 붙이려 한다면 올바른 의도라 할 수 없을 것입니다.

중세 말의 잘못된 관행들

중세 말 교직자들은 예배의 본질을 올바로 깨닫지 못하고 있었습니다. 그러다보니 그들에게 배우는 신자들은 삼위일체 하나님을 예배의 대상으로 알고 있으면서도 성인숭배나 사자숭배, 성상숭배 등에 더 많은 관심을 쏟았습니다. 이런 현상은 특히 십자군 병사들 가운데 두드러지게 나타났습니다. 성인들의 숫자가 나중에 가서는 1,500이나 되었다고 하니 평균 잡아 1년 내내 매일 네 명씩 챙겨야 겨우 다 기릴 수 있는 엄청난 수였습니다.[105]

성인숭배 중에서도 특히 마리아숭배가 성행했습니다. "아베 마리아"(Ave Maria)는 누가복음 1장 28절과 42절을 근거로 마리아를 찬미하는 내용의 기도

105 김영재, 「기독교 교회사」, 298.

문인데, 11세기 이래 수도원에서 사용되다가 12세기부터는 일반 신자들에게도 널리 퍼졌습니다.[106] 16세기에는 마리아를 찬미하는 원래 형태에 마리아에게 대신 빌어주기를 간구하는 내용이 추가되었습니다.

중세 말에 성인숭배가 성행한 데는 나름대로 이유가 있었습니다. 당시 신자들은 예수 그리스도께서 구세주이심을 알면서도 실제로는 장차 심판 날 우리를 심판하실 엄정하신 심판자시라는 의식을 훨씬 더 강하게 가지고 있었습니다. 그래서 자신의 추악한 죄를 낱낱이 아뢰고 용서받기 위해 거룩하시고 엄정하신 예수님께 바로 나아가기는 면구스럽다는 생각을 했습니다. 이에 비해 우리처럼 죄를 범하고 악을 행했지만 나중에 하나님의 은총으로 성인의 반열에 오른 사람들 앞에 자신의 죄를 들고 나가기는 그래도 좀 덜 면구스럽다는 생각을 가졌습니다. 인간적인 생각을 신앙생활에 투영한 것입니다. 그리고는 성인에게 자신을 위해 대신 빌어달라고 기도했습니다. 스콜라신학자들은 성인들을 하나님의 벗들로, 그리고 하나님 보좌 앞에서 중재(仲裁)의 기도를 드리는 이들로 묘사함으로 성인숭배를 교의적으로 뒷받침했습니다.

이런 상황이다 보니 성인들 중에서도 마리아가 유독 두드러져 보였습니다. 육체적 측면에서 예수님의 어머니시니 그분이 자신들을 대신해 빌어준다면 다른 성인들이 간구해 주는 것보다 더 큰 효과가 있지 않겠는가하는 생각을 한 것입니다. 게다가 우리 삶에서 일반적으로 '어머니'를 생각할 때 떠올리게 되는 자애의 개념이 더해지면서 예수님의 어머니이신 마리아 앞에는 자신의 부끄럽고 추한 죄를 내어놓기가 조금 더 편하리라고 제멋대로 생각한 것입니다.

마리아숭배에서 한 걸음 더 나간 것이 안나숭배였습니다. 전승에 따르면 안나는 마리아의 어머니입니다. 육체적 측면에서 본다면 예수님의 외할머니인 것이지요. 1350년경 서방교회에 이미 널리 퍼져있던 안나숭배는 중세 끝

106 김영재, 「기독교 교회사」, 298.

무렵에는 극도로 대중화되어서 **루터**를 비롯한 종교개혁자들이 특별히 문제로 삼을 정도였습니다. 안나숭배가 성행한 이유는 마리아숭배가 성행한 이유와 같은 맥락에서 이해할 수 있습니다. 어머니보다 더 자애로우신 분이 외할머니잖아요? 어릴 때 엄마한테 맞아본 경험은 대부분 있을 테지만 외할머니한테 맞은 경험은 잘 없을 겁니다. 아마 이런 정서는 우리를 비롯한 동양뿐 아니라 서구에서도 마찬가지인가 봅니다. 어쨌든 또다시 인간적인 생각을 신앙생활에 제멋대로 투영하는 잘못을 범하고 있는 것입니다. 마리아의 치마폭을 붙잡는 것이 모자라 이제는 안나 할머니의 치마폭을 붙잡는 것입니다.

문제는 성경 어디에도 이런 가르침이 없다는 사실입니다. 기도할 때 성인들의 도움을 받으라는 말씀은 성경 어디에도 없습니다. 마리아에게 간구하면 들어주신다는 말도 없고, 안나는 성경에 그 이름의 언급조차 없습니다. 예수님께서는 "내 이름으로 무엇이든지 내게 구하면 내가 시행하리라"(요한복음 14:14)고 명백하게 말씀하셨습니다. 그리스도께서 우리의 유일한 중재자이시므로 성인숭배를 통해 성인들의 중재를 바람은 불필요할 뿐 아니라 그리스도께서 중재자이심을 경멸하는 잘못을 범하는 것입니다.

중세 말 사람들은 대부분 문맹이었습니다. 하지만 영적인 감수성을 가지고 있었고 교회를 중심으로 하는 신앙생활을 했습니다. 권위를 인정하고 교회를 거룩한 독립적 기관으로 생각했습니다. 사제들을 존경했고 예배, 특히 미사에는 규칙적으로 혹은 자주 출석했습니다.[107]

집이나 궁정, 포도원, 양식, 무기 등을 축복했는데, 사람들은 미신에 젖어 성수를 사용했습니다. 성수를 예배 의식에 사용한 것은 8·9세기부터였는데, 성수의 도움으로 평신도도 축도를 할 수 있는 것으로 알고 있었습니다. 또한 기적을 믿는 믿음이 보편화되어 있었는데, 성찬 이해에서 떡과 포도주가 실제로 그리스도의 살과 피로 변한다는 화체설을 선호한 것도 기적을 믿는 믿음에

---

107 김영재, 「기독교 교회사」, 299.

서 그랬던 것이라 추측할 수 있습니다. 사람들은 기적 이야기를 즐겨했지만 스스로 기적을 경험했다는 사람은 많지 않았습니다.[108]

성찬 논쟁

동·서방교회의 분리에 대해 살필 때 본 대로, 8세기의 주된 논쟁거리는 성상숭배였습니다. 그 다음 세기인 9세기에는 성찬에 대한 논쟁이 본격화되었습니다. 성찬에 대한 논쟁은 9세기 이전에도 물론 있었습니다. 초대교회 때 이미 변화설을 주장하는 쪽과 상징설을 주장하는 쪽이 공존하고 있었습니다. 변화설은 성찬 때 떡과 포도주의 실체가 예수 그리스도의 살과 피로 변화한다는 주장이고, 상징설은 떡과 포도주의 실체는 변하지 않고 그것들은 다만 예수 그리스도의 살과 피를 상징하는 것이라는 주장입니다.

코르비의 수도사 **파스카시우스 라드베르투스**는 나중에 수도원장을 지내기도 했는데 그가 831년에 내어놓은 「주님의 살과 피에 대하여」는 성찬에 관한 첫 전문적 논문으로 중세 성찬 논쟁에 불을 붙였습니다. **라드베르투스**는 성찬에 그리스도의 실체가 임재하신다고 주장했는데, 마리아에게서 나시고 십자가에서 고난 당하셨을 뿐 아니라 부활하신 그리스도의 실체가 성찬에서 성별(聖別) 때마다 하나님의 전능에 의해 기적적으로 증가된다고 설명했습니다. 그는 성찬에는 상징과 실체 둘 다 있다고 하면서, 떡과 포도주가 변화되었음에도 불구하고 우리가 보고 감각할 수 있는 외적 형상은 그리스도의 살과 피를 상징하고 있고, 이때 임재하시는 그리스도의 몸은 실재라고 주장했습니다.[109]

라드베르투스의 주장에 대해 그와 동시대인인 **라바누스 마우루스**와 **라트**

108 김영재, 「기독교 교회사」, 299.
109 김영재, 「기독교 교회사」, 300.

람누스가 반대했는데 그 둘 모두 아우구스티누스주의자들이었습니다. **라바누스 마우루스**는 나중에 마인츠의 대주교를 지내기도 했는데, 떡과 포도주가 성례를 통해 신비적으로 그리스도의 살과 피가 된다고 함으로 성별 후의 변화를 인정하면서도, 떡과 포도주가 그리스도의 역사적인 몸으로 변한다는 **라드베르투스**의 주장, 즉 성례적인 몸을 역사적인 몸과 동일시하는 것을 반대했습니다. 코르비의 수도사였던 **라트람누스**는 「주님의 살과 피에 대하여」에서 상징설을 좀 더 명확히 표명했습니다. 성찬의 떡과 포도주는 성별 후에도 성별 전과 동일한 실체다. 즉 감각적으로나 실제로 여전히 떡과 포도주다. 성찬의 떡과 포도주는 그리스도의 살과 피의 상징이며 가시적 표지다. 그리스도의 육체에 거하시는 하나님 말씀(로고스)은 성찬에 불가시적으로 임재하셔서 신자의 영혼을 먹이신다. 신자가 믿음으로 받을 때 떡과 포도주는 영적으로 그리스도의 살과 피다. 이렇게 신자가 주님의 죽음을 가리키는 가시적 표지들을 통해 주님의 수난을 기억함으로 주님 죽음의 결과에 동참한다고 주장했습니다.[110]

라바누스 마우루스와 풀다에서 함께 교육을 받은 학우였던 할버슈타트의 주교 **하이모**는 오늘날 로마 가톨릭 교회에서 가르치는 화체설(化體說, transubstantiation)을 체계화한 사람이었습니다. 그는 성찬 때 떡과 포도주의 실체가 본질적으로 다른 실체, 즉 그리스도의 살과 피로 변한다고 주장했습니다.[111]

성만찬에 대한 논쟁은 11세기에 다시 불붙었습니다. **베렝가**는 **라드베르투스**의 이론을 반대하며 상징주의를 대변하는 교리를 말했습니다. 그는 떡과 포도주는 성별을 통해 그리스도의 살과 피가 되지만 실체가 변하는 것은 아니라고 했습니다. 떡과 포도주의 겉모양이 변하지 않는다면 실체도 변하지 않는 것이고, 성별을 통해 떡과 포도주는 그리스도의 살과 피의 성례가 된다고 했

110 김영재, 「기독교 교회사」, 300-301; Schaff, *History of the Christian Church*, 4:549-550.
111 김영재, 「기독교 교회사」, 301.

습니다. 떡과 포도주는 그리스도의 살과 피를 상징하며, 살과 피의 유사물, 징표, 비유, 그리고 언약이라고 했습니다. 그리스도의 몸은 하늘에 계시므로 그리스도께서 내려오시는 것은 아니지만, 사제의 성별을 통해 그리스도의 죽으심으로 말미암은 구원의 능력이 임재하고 그리스도께서 영적으로 임재하신다고 가르쳤습니다. **베렝가**의 이러한 성찬론은 **칼빈**과 종교개혁자들의 성찬론과 방불했습니다.[112]

베렝가의 성찬론을 맹렬히 공격한 사람은 나중에 아베르사의 주교를 지낸 **귀트몬도**였습니다. 그는 성찬 때 떡과 포도주에 일어나는 변화는 상징적인 변화가 아니고 본질적인 변화라고 주장했는데, 하나님의 전능 개념을 써서 본질적 변화의 가능성을 증명하려 애썼습니다. 또한 **생 빅토르의 위고**도 성별을 통해 떡과 포도주의 실체가 그리스도의 살과 피로 변한다고, 즉 떡과 포도주의 겉모양은 그대로지만 본질은 다른 본질로 변화한다고 주장했습니다.[113]

결론적으로 말하면, 성찬에 대한 두 가지 견해 중에서 중세 말 신자들은 상징설보다는 변화설을 선호했습니다. 하지만 초대교회 때부터 중세까지 변화설과 상징설은 공존하고 있었는데 중세 후반으로 가면서 변화설 쪽으로 무게중심이 쏠리게 된 사실을 기억하시기 바랍니다.

중세의 성례관

중세 후반에 어떤 것이 성례에 속하는가에 관심을 쏟기 시작했는데, **피에르 다미아니**는 무려 열 두 개의 성례를 말했습니다. 즉 세례, 견신례, 환자에게 기름 부음, 주교의 서품, 왕에게 기름 부음, 교회당 봉헌, 고백, 참사의 서품, 수도승의 성별, 수도원 입소자의 성별, 여수도승의 성별, 혼인 예식이 모두 성

112 김영재, 「기독교 교회사」, 301-302.
113 김영재, 「기독교 교회사」, 302.

례라고 주장했습니다.[114]

현재 로마 가톨릭 교회가 견지하고 있는 일곱 개, 즉 세례, 견신례, 성찬, 고해, 죽어가는 사람에게 기름 바르는 의식, 사제 서품, 결혼을 성례라고 제의한 사람은 **페트루스 롬바르두스**였습니다.[115] 그는 네 책으로 구성된 「주해모음집」의 저자인데, 이 저작은 중세 말 학교들에서 교과서로 사용될 정도로 영향력 있는 것이었습니다.

토마스 아퀴나스는 **아리스토텔레스**의 질료(質料, matter)와 형상(形相, form)의 이론을 적용해 성찬의 '요소'와 '말씀'을 구별하려고 했습니다. 우리가 사용하는 나무로 된 책상은 원래 나무일뿐인데 목수가 그것을 자르고 깎고 다듬어 책상을 만들었지요? 이때 나무가 질료라면 목수가 행한 것은 그 질료에 형상을 부여한 것이라 할 수 있습니다. **토마스**는 질료에 해당하는 떡과 포도주는 형상에 해당하는 말씀을 통해 그 특성 즉 그리스도의 살과 피라는 특성을 보유하므로, 은혜를 가져다주는 말씀과 그 수단인 요소를 구별해야 한다고 했습니다. 그런데 시간이 지나며 스콜라신학자들은 은혜의 효능을 성례에 직결시키는 경향으로 나아갔습니다. 성례가 은혜를 보유한다는 생각은 성례만이 은혜를 가져온다는 생각으로 바뀌었습니다.[116]

처음에는 말씀과 성례가 함께 했지만, 뒤에는 실제적으로 말씀은 사라지고 성례만 남은 겁니다. 은혜 받기 위해서는 성례만 있으면 되지 다른 것은 필요 없다는 식의 잘못된 생각을 하게 된 것입니다. 그래서 로마 가톨릭 교회의 예배는 그들이 '영성체'(領聖體)라 일컫는 성찬 위주의 미사가 그 골격을 이루어 오늘날까지 이르게 되었습니다.

중세 여러 학파 사이에, 이를테면 프란체스코 수도회와 도미니크 수도회 사이에, 성례에 대한 견해 차이가 다소 있기는 했습니다. 하지만 성례가 구원

114 김영재, 「기독교 교회사」, 302.
115 김영재, 「기독교 교회사」, 302.
116 김영재, 「기독교 교회사」, 302.

을 위해 필요한 것이며 그것을 행함으로 효능이 있게 된다는 점에는 일치된 견해를 가졌습니다.[117]

화체설과 사제서품 교리의 교의화

1215년 제4차 라테란 공의회에서 교회는 교직자를 성별하여 봉헌한다는 사제서품 교리와 함께 성찬의 화체설 교리를 교의화(敎義化)했습니다. '교의화'란 특정 교리를 교회의 공식적 가르침으로 표명하는 것입니다. 화체설 교리의 교의화는 1439년 피렌체 공의회에서 재확인되었고, 종교개혁이 일어난 후 1545년부터 1563년까지 열린 트렌토 공의회에서 성례에 대한 자신들의 입장을 재천명함으로써 로마 가톨릭 교회는 종교개혁자들과 확연히 다른 길로 나아갔습니다.[118]

중세교회가 교의화한 화체설과 사제서품 교리를 종교개혁자들 모두가 거부했습니다. 종교개혁 이후 오늘에 이르기까지 로마 가톨릭 교회와 개혁자들의 교회가 서로 연합하거나 일치할 수 없게 만드는 장애들 가운데 가장 큰 것이 바로 화체설과 사제서품 교리입니다. 성찬의 화체설은 교직자를 제사장으로 받아들이는 이해와 연결되며, 이런 이해는 교계주의와 직결되기 때문입니다.[119] 성찬의 화체설을 받아들이면, 떡과 포도주를 제물로 봉헌하는 교직자는 제사장이 됩니다. 교직자를 제사장으로 간주하면, 교회가 교직자와 평신도로 구분되는 이층 구조를 갖는다는 로마 가톨릭의 교회관이 정당하게 되는 것입니다.

로마 가톨릭 교회는 성찬의 떡과 포도주가 그리스도의 살과 피로 변한다고 믿으므로, 성찬의 떡과 잔은 매번 그리스도의 살과 피를 제물로 드리는 것

117 김영재, 「기독교 교회사」, 302-303.
118 김영재, 「기독교 교회사」, 303.
119 김영재, 「기독교 교회사」, 303.

으로 간주되었습니다. 초대교회 때 회중은 그리스도의 구속의 은혜에 감사함으로 성찬에 참여했는데, 중세 때 성찬식은 온 회중이 기쁨과 감사로 참여하는 예식이 되지 못했습니다. 사제들이 기도할 때 구원의 은총에 감사를 드리기보다는 미사의 제물을 받아 달라고 거듭 호소하였기 때문에, 회중은 떡과 포도주를 함부로 받아서는 안 된다는 주의를 넘어 성찬 참여에 두려움을 갖게 되었습니다. 결과적으로 성찬식은 사제들만이 행하는 의식이 되고 말았고 일반 신자들은 사제가 떡을 들어 희생의 제물로 드리는 것을 미신에 찬 눈으로 바라보거나 혼자 기도함으로써 참여를 대신했습니다. 그러다가 겨우 일 년에 한번 그나마도 떡만 받기 위해 성찬에 참여하게 되었습니다. 성찬이 제사로 여겨지니 성찬식의 집례자인 사제가 죄 용서를 위해 제물을 드리는 제사장이라 여겨짐은 당연한 것이었습니다.[120]

로마 가톨릭 교회에서는 성찬의 떡을 '제병'(祭餠)이라 합니다. '제사의 떡'이라는 말이지요. 그들은 사제의 축성으로 그리스도의 몸으로 실제로 바뀌었다고 그들이 믿는 제병에 경배를 표하는 성체조배(聖體眺拜)를 합니다. 로마 가톨릭 교회에서는 성찬을 영성체라고 하는데, 말 그대로 한다면 성체로 변화한 떡을 받는다는 의미입니다. 실제로 로마 가톨릭 교회에서 평신도들은 떡만 받고 사제들은 떡과 포도주 둘 다 받습니다. 종교개혁이 일어나기 한 세기 전인 1414년 **얀 후스**의 동료인 **스트리브로의 야콥**은 성찬 때 포도주를 사제들에게만 주고 평신도들에게는 주지 않는 것은 로마 가톨릭 교회의 방자한 조처라고 비판했습니다. 빵과 포도주, 두 종류 모두를 평신도를 포함한 회중 전체에게 주어야 한다고 주장했던 이들은 양종배찬(兩種配餐)주의자들(Utraquists) 혹은 성배(聖杯)론자들(Calixtines)이라고 불립니다. 로마 가톨릭 교회에서는 성찬의 떡과 포도주 중에 하나만 받아도 둘 모두를 받는 것과 같다고 가르치지만 성경 어디에도 그런 가르침은 없습니다. 회중이 포도주 잔을 돌려 마시는 경우 생

120 김영재, 「교회와 예배」, 82-83 그리고 88-89.

길 수 있는 질병들을 예방하기 위한 것이라는 설명이나, 포도주를 대량 확보하기 곤란한 상황 때문에 떡만을 나누게 되었다는 설명도 그리 설득력이 없습니다. 처음에는 평신도들에게도 포도주를 주었는데 가끔 부주의한 평신도가 포도주를 땅에 흘리니까, 화체설을 믿는 이들에게는, 그리스도의 피를 땅에 흘린 것이 되므로 점차 포도주를 평신도들에게는 주지 않고 사제들만 받는 것으로 바뀌었다는 설명이 그나마 설득력이 있습니다.

성찬의 떡을 초대교회 때 성도들은 손으로 받았습니다. 그런데 성찬 논쟁이 본격화되었던 9세기에 분병 방식이 성도들의 손 위가 아니라 입 속에 주는 것으로 바뀌었습니다.[121] 분병 방식을 손이 아니라 입 속에 주도록 바꾼 것은 떡 부스러기가 땅에 떨어지지 않도록 하고 떡을 집으로 가지고 가는 걸 막기 위해서였다고 합니다. 이를테면 부주의해서 떡 부스러기가 땅에 떨어진다면 그리스도의 몸의 일부가 땅에 떨어지는 것이라고 생각했기 때문입니다. 제2차 바티칸 공의회 이후, 손으로 영성체를 하게 해달라는 요청이 많으니까 교황청이 이를 받아들여 영성체 방식을 자유로이 할 수 있게 해서, 요즘은 로마가톨릭도 떡을 대부분 손에 주고 있습니다.

로마 가톨릭 화체설의 근본 문제는 예수 그리스도께서 골고다에서 드리신 단번제를 멸시한다는 것입니다. 화체설에 따르면 성찬이 제사가 되기 때문입니다. 십자가의 희생제사는 예수님 이전과 이후 우리 모든 인간의 죄 값을 단번에 치르신 제사였습니다(히브리서 7:27; 9:12; 10:10). 단 한 번의 제사가 인류의 모든 죄 값을 치룰 수 있었던 것은 제물이신 예수께서 하나님의 아들이시기에 가능했습니다. 구약의 온갖 희생제사는 모두 예수 그리스도의 단번제를 예표하는 그림자일 뿐이었습니다. 그러므로 예수 그리스도의 십자가 희생제사 이후로 다시는 제사를 드릴 필요가 없게 되었습니다. 구약의 신자들이 골고다의 희생제사를 예표하는 제사들을 드렸던 것과 달리 신약의 신자들은 감사의 예

121 Hubert Jedin, ed., *History of the Church*, Abr. ed., 3 vols. (New York: Crossroad, 1993), 1:662.

배를 드리게 되었습니다. 따라서 로마 가톨릭 교회에서 성찬을 제사로 만든 것은 잘못된 것입니다. **칼빈**의 가르침처럼, 성찬은 우리를 위해 찢기신 예수님의 살과 우리를 위해 흘리신 예수님 피의 희생제사를 기념하는 감사 예배입니다.

로마 가톨릭 교회의 성찬 이해가 그릇되다보니 교직자에 대해서도 그들은 그릇된 생각을 가지고 있습니다. 성찬을 제사로 오해하다보니 성찬을 집례하는 교직자를 제사장으로 오해하는 것입니다. 로마 가톨릭 교회의 교직자를 일컫는 '사제'(司祭)라는 말에 해당하는 영어 단어 '프리스트'(priest)가 구약시대 '제사장'(祭司長)을 일컫는 말과 동일한 단어인 것은 우연이 아닙니다. 이에 반해, 종교개혁자들은 교직자를 일컬을 때 '사제'라는 말 대신에 '목사'(牧師)라는 말을 주로 사용했습니다. 목사에 해당하는 영어는 '미니스터'(minister)나 '패스터'(pastor)인데 그 단어들의 의미는 제사장 개념과 상당히 거리가 있습니다. 미니스터는 남들을 돌아보고 곤란에 처한 사람들을 돌보는 일을 하는 사역자(事役者)라는 의미고, 패스터는 양떼를 먹이고 감독하는 목자(牧者)라는 의미입니다.[122]

종교개혁의 기치를 제일 처음 내걸었던 **루터**는 개혁운동 초기에 교황주의와 사제주의에 극렬히 반대하며 베드로전서 2장 9절, "너희는 택하신 족속이요 왕 같은 제사장들이요 거룩한 나라요 그의 소유가 된 백성"이라는 말씀에 근거하여 '만인제사장론'을 피력했습니다. **루터**는 예수 그리스도의 희생제사 때 성소와 지성소 사이에 있던 휘장이 갈라지며 난 길을 통해 이제는 모든 신자가 하나님을 직접 뵐 수 있는 제사장과 같은 존재임을 강조하려 했던 것입니다. 종교개혁 초기 **루터**의 만인제사장론은 중세 로마 가톨릭 교회의 교계주의를 개혁하는 적절한 도구가 되었습니다.

하지만 시간이 지나며 **루터**는 만인제사장론을 더는 강조하지 않았습니다.

122 Leland Ryken, 「청교도—이 세상의 성자들」, 김성웅 역 (서울: 생명의말씀사, 1999), 199-200.

루터의 의도와 달리, 만인제사장론이 문자 그대로 적용될 때 또 다른 문제를 낳을 수 있기 때문이었습니다. 예를 들어, 17세기 끝 무렵에 일어난 경건주의자들은 신앙운동을 일으키면서 새롭게 '만인제사장론'을 들먹여 교직제도에 대해 부정적인 자세를 취했습니다. 특히 모라비아교도들(Moravians)과 그들의 영향을 받은 여러 그룹들은 이 말을 문자적으로 적용함으로써 항존직(恒存職) 직원이 없는 교회, 즉 목사가 없는 교회를 조직했습니다. 이런 결과는 **루터**가 바라던 것도 아니었고 예상도 못했던 일이었습니다.[123]

칼빈을 위시한 스위스의 개혁자들 역시 신약시대에는 예수 그리스도 한 분 외에는 아무런 다른 제사장이 없다는 견해에 동의했습니다. 하지만 **칼빈**이나 다른 개혁자들의 글에서 '만인제사장'이란 말은 거의 찾아볼 수 없습니다. 그 대신에 목사직의 중요성을 강조하고 있는데, **하인리히 불링거**는 「제2 스위스 신앙고백서」(1566)에서 '만인제사장'에 관해 언급하면서 영적인 의미에서 모든 신자에게 적용되는 '만인제사장'과 교회의 사역자는 구별해야 한다고 지적했습니다.[124]

항존직 직원의 필요성과 관련해서 종교개혁자들은 목사가 말씀 사역자임을 강조했습니다. 「제1 스위스 신앙고백서」(1536) 제15조는 목사는 하나님 말씀의 사역자로 택함을 받아 세우심을 받았으며, 중요한 사역을 위탁 받았으므로 모든 능력과 효능을 하나님께 돌려야 한다고 가르칩니다. **칼빈**은 하나님께서 교직자를 통하여 교회를 다스리기를 원하신다고 말하며 목사직의 중요성과 권위는 목사가 하나님 말씀의 수종을 들기에 따르는 것이라고 강조합니다.[125]

17세기 잉글랜드에서 잉글랜드 국교회 사제는 미사 집례가 목회의 중심에

123 김영재, 「교회와 예배」, 159-160.
124 김영재, 「교회와 예배」, 160.
125 김영재, 「교회와 예배」, 160-162; 그리고 John Calvin, *Institutes of the Christian Religion*, ed. John T. McNeill, and tr. Ford Lewis Battles, 2 vols. (Philadelphia, PA: The Westminster Press, 1960), IV.iii.1 (2:1053-1055).

있었던데 반해 청교도 목사의 주된 임무는 설교였습니다.[126] 그래서 청교도는 목사 역시 다른 신자들과 마찬가지로 주님의 양이라는 생각을 가지고 있으면서, 말씀 사역자라는 의미에서 "양떼 중 첫째"라 여겼습니다.[127]

오늘날 한국 교회의 그릇된 목사관

개신교 목사가 제사장이 아닌데도 오늘날 한국 교회에는 제사장 노릇하려는 목사들이 종종 있습니다. 그런데 로마 가톨릭 교회가 그릇되고 화체설이 그릇된 것이라고 입버릇처럼 말하는 목사들 중에 그런 이들이 많다는 사실을 보면 참 얄궂다는 생각이 듭니다. 성찬의 화체설의 문제가 무엇인가를 제대로 알고 있다면 화체설과 직결된 사제서품 교리의 문제점도 당연히 알 텐데, 화체설이 그릇됨을 주장하면서도 목사직을 제사장직으로 오해함은 참으로 이상합니다. 교직자 즉 사제를 제사장과 동일시함이 로마 가톨릭 교회의 교계주의의 바탕이고 교계주의는 교황교회의 기반임을 안다면, 교황과 로마 가톨릭 교회를 신랄하게 비판하는 목사가 스스로 제사장처럼 행세함은 앞뒤가 맞지 않는 것입니다.

목사가 제사장 행세하는 예 중 하나가 목사가 '축복권'을 가지고 있다고 가르치는 것입니다. '축복권'은 성경에서는 찾아볼 수 없는 표현으로, 한국 교회 일각에서만 사용하는 매우 독특한 말입니다. 참고로, '축복권'과 축도(benediction)는 다릅니다. 축도는 예배 끝 부분에 목사가 하는 기도입니다. 축도는 왜 꼭 목사만 할 수 있나 궁금해 하는 이들이 간혹 있는데, 교회법의 규정을 따라 그리하는 것으로 이해하면 됩니다. 다시 본론으로 돌아가서, 목사에게 '축복권'이 있다고 주장하는 이들의 가장 큰 문제점은 목사를 하나님과 신자

126 Ryken, 「청교도」, 200.
127 J. A. Caiger, "Preaching-Puritan and Reformed," in *Puritan Papers, Volume Two*, 1960~1962, ed. J. I. Packer (Phillipsburg, NJ: P&R Publishing, 2001), 167. "'primus inter pares,' first among equals."

사이 매개자로 만드는 것입니다. 구약시대 제사장들이 하나님과 신자들 사이에 했던 역할을 마치 오늘날 목사가 하는 것처럼 행세하는 것입니다. 로마 가톨릭 교회의 잘못들 중 하나가 하나님과 신자 사이에 사제를 필수적 매개자로 여기게 만드는 것입니다. 죄 용서를 받는 사죄 과정의 중심에 신자가 사제를 찾아가 죄 고백함을 두고 사제의 사죄 선언으로 사죄 과정을 마무리하도록 규정해 둔 것은 사제를 하나님과 신자 사이 매개자로 여기게 만드는 대표적 예입니다. 그런데 오늘날 한국 개신교 일각에서 목사를 하나님의 축복을 전달하는 매체로 여기는 그릇된 행태를 보임은 가슴 아픈 일입니다. 하나님과 신자 사이에 골고다에서 우리를 위해 희생당하신 예수 그리스도 외에 다른 중보는 없습니다.

이와 관련된 또 다른 문제가 '기도 받으러' 다니는 일입니다. 어떤 개인이 기도하면 그 기도가 반드시 이루어지기에 그에게 '기도 받으러' 간다는 생각은 매우 잘못된 것입니다. 앞에서 성인숭배와 관련해 말한 대로, 하나님과 우리 사이에 중재자는 오직 예수 그리스도뿐입니다. 만약 스스로가 기도할 능력이 모자라 자신을 위해 대신 간구해 줄 누군가를 찾아 나선다면 그것은 중세 신자들이 기도할 때 성인들의 도움을 받으려 한 것과 큰 차이가 없습니다. 더 나아가 '기도를 받은' 후 문제가 해결되었을 때 대부분의 경우 오로지 하나님께 영광을 돌리기보다는 '기도해 준' 사람을 높이고 떠받드는데 이런 행태는 성인숭배와 다를 바 없습니다. 우리 기도를 들으시고 응답하시는 분은 오직 하나님뿐이시고 우리 기도의 유일한 중보는 예수 그리스도십니다.

무어니 무어니 해도 목사가 기도하는 것이 일반 신자들이 기도하는 것과는 다르지 않느냐고 궁금해 하는 이들이 있습니다. 하나님께서 회중의 지도자로 세우셨을 경우에 말씀과 기도의 은사를 특별히 주실 수도 있을 것입니다. 하지만 신자가 기도할 때 들어주시지 않던 하나님께서 목사가 기도할 때 들어주셨다면, 그것은 목사가 신자보다 특별한 능력을 가지고 있거나 신자와 다른 신분이라서 그런 것이 아니고, 신자가 한 번 간구하고 만 것을 목사는 열 번 스무 번 간구했기에 그런 결과가 나온 것이라고 추측해 봅니다.

9. 중세교회의 사회봉사와 대학의 생성

중세교회의 사회봉사

초대교회 때 집사를 세운 이유는 사도들이 말씀 사역에 전념할 수 있도록 구제 사역의 부담을 덜어주기 위해서였습니다. 가난한 자들을 돌보는 사역 중에 헬라파 과부들이 구제에서 빠진 일로 헬라파 사람들이 히브리파 사람들을 원망하게 되자 이 문제를 풀기 위해 집사를 세운 것입니다(사도행전 6:1~6). 여기서 히브리파는 히브리어를 쓰는 유대인들을, 헬라파는 그리스어를 쓰는 유대인들을 말합니다. 교회는 이렇게 초대교회 첫머리에 집사를 세워서 구제 봉사에 힘썼습니다. 복음 전파와 함께 구제 봉사의 의무를 충실히 이행한 것입니다.

고대 그리스와 로마에는 체계화된 구제 봉사가 없었습니다. 실제적인 구제 봉사는 기독교 회중들 안에서 처음으로 나타났습니다. 초기에는 특별한 기관이 따로 없었습니다. 회중들의 규모가 크지 않았기에 기관이 따로 없어도 서로의 필요를 채우는데 아무런 문제가 없었기 때문입니다. 하지만 **콘스탄티**

누스 대제가 기독교 신앙의 자유를 허용한 후 일반대중이 교회로 몰려들자 구제 봉사도 조직적 형태를 취하게 되었습니다.[128]

구제 봉사 기관은 동방교회 지역에서 먼저 생겼고 조금 후에 서방교회 지역에도 생겼습니다. **바실레이오스**는 카이사리아에서 친히 구제 시설을 관할했고, **크리소스토모스**는 콘스탄티노폴리스에 몇몇 구제 시설을 세웠습니다. 서방에서도 몇몇 이들이 구제 시설을 세워 **그레고리우스 대교황** 때 이미 로마에 몇 개가 있었는데, 그는 그 시설들의 기금 운용에 대해 규칙적으로 보고를 받았습니다. **그레고리우스 대교황**은 예루살렘에 크세노도키움(xenodochium)을 세우는데 필요한 자금을 제공하기도 했습니다.[129]

크세노도키움은 '여관'을 의미하는 그리스어 크세노도케이온(ξενοδοχεῖον)에서 온 라틴어로 여관이라는 뜻 외에 여행자를 위한 가옥, 병원이라는 의미가 있습니다. 영어로는 '제너더카이엄'이라고 읽는데, '가난한 자들과 외국인들, 순례자들, 또는 병든 자들을 돌보기 위한 중세 가옥'을 의미합니다. 초대교회의 크세노도키움은 중세의 '호스피탈레'(hospitale)로 이어집니다. 라틴어 '호스피탈레'는 단수로 쓰이면 '병원, 구호소'를 뜻하며, 복수로 쓰이면 '응접실, 손님방'을 뜻합니다. '병원'을 의미하는 영어 '하스피틀'(hospital)은 호스피탈레에서 온 말로 '빈자, 늙은이, 약자, 어린이를 위한 자선 기관'이라는 의미도 있습니다. 호스피탈레와 유사 단어인 '호스피티움'(hospitium)은 '숙박소, 묵을 곳'을 뜻하는데, 영어로는 '하스피쉬엄'이라고 읽으며, '여행자들에게 휴식을 제공하는 시설'을 의미하는 '호스피스'(hospice)와 같은 의미로 쓰입니다.[130]

초기의 구제 봉사 기관은 교회들 또는 개인들이 세우고 재정 지원을 했습

128 *New Schaff-Herzog Encyclopedia of Religious Knowledge*, s.v. "Social Service of the Church"; 그리고 Schaff, *History of the Christian Church*, 4:356.

129 *New Schaff-Herzog Encyclopedia of Religious Knowledge*, s.v. "Social Service of the Church"; 그리고 Schaff, *History of Christian Church*, 4:356-359.

130 Schaff, *History of the Christian Church*, 4:356, footnote 2; 가톨릭대학교 고전라틴어연구소 편, 『라틴-한글 사전』(서울: 가톨릭대학교출판부, 2001), "xenodochium" 항; 그리고 *Webster's Third New International Dictionary*, Unabridged, ed. Philip Babcock Gove and Merriam-Webster Editorial Staff (Springfield, MA: G. & C. Merriam Company, Publishers, 1969), s.v. "xenodochium."

니다. 교회가 지원 자금을 교회 회원들에게서 거두어들였음은 물론입니다. 하지만 구제 봉사 기관의 수가 마냥 늘어난 것은 아니었습니다. 4세기 후반 이후 정치적 혼란기에 많은 구제 기관들이 사라졌습니다. 또한 게르만족이 서로마 지역에 자리를 잡으면서 생긴 경제적 어려움과 사회적 변화로 인해 독자적인 크세노도키움은 이탈리아에 있던 것들 말고는 거의 전부 사라졌습니다. 그나마 남아있는 크세노도키움들도 가난한 자들을 돌보고 여행자들을 묵게 해준다는 본래의 목적과 다르게 재정 지출을 하는 경우가 빈번했으며 부패에 빠졌습니다. 일부 귀족들이 자신들의 돈을 써가며 크세노도키움을 본래의 목적으로 돌이키기 위해 애를 쓰기도 했지만 허사였습니다. 이때 부상한 것이 수도원의 구제 봉사였습니다. 6세기 중반부터 서방교회 지역의 수도원 운동을 주도했던 베네딕투스 수도회의 규율에는 구제 봉사의 의무가 명시되어 있었습니다. 하지만 수도원들이 타락하면서 구제 봉사 활동은 다시금 어려움에 부닥쳤는데, 10세기와 11세기에 수도원 쇄신운동이 일어나면서 새롭게 결성된 수도회들이 수도원의 구제 봉사 발전에 크게 기여했습니다.[131] 또한 수도원들에 속한 호스피탈레 외에 주교좌 성당들에 딸린 호스피탈레가 서기 시작했습니다. 교회는 교구의 수입 가운데 일부를 구제 사업에 쓰도록 규정하였으므로, 주교들은 구제금의 대부분을 가난한 이들을 돌보는 호스피탈레를 위해 지출했습니다. 왕실과 귀족들도 토지와 건물을 기증함으로써 이 일에 협조했습니다.[132]

처음에 호스피탈레는 병자와 나그네뿐 아니라 순례자들, 흑사병의 만연으로 집을 버리고 헤매는 노숙자들, 품팔이들과 도주한 농노들의 숙소였습니다. 하지만 시간이 지나며 도시의 조례와 병원의 규칙이 호스피탈레에 가난한 자들을 받되 병자들을 우선적으로 받도록 규정하기 시작했습니다. 그리하여 점

131 *New Schaff-Herzog Encyclopedia of Religious Knowledge*, s.v. "Social Service of the Church."
132 김영재, 「기독교 교회사」, 304.

차 병자들만을 전문적으로 수용하고 돌보는 병원이 생기게 되었습니다.[133]

13세기에 병자들을 수용하고 그들의 질병을 고치기 위한 기관인 병원이 로마의 성 베드로 대성당 근처에 설립되었습니다. 이는 교황 **인노켄티우스 3세**의 노력으로 이루어진 것이었습니다. 14세기에는 주교좌 성당이 있는 모든 도시들이 병원을 가지게 되었습니다.[134]

본받아야 할 중세교회의 사회봉사

처음에는 가난한 사람들이나 도움이 필요한 사람들은 누구나 묵을 수 있었던 호스피탈레가 시간이 지나며 병자들을 우선해서 받는 곳으로 바뀐 것은 충분히 이해할 수 있는 변화입니다. 세상에서 가장 심한 고통이 무어냐고 묻는다면 많은 이들이 굶주림이라 답할 것입니다. '눈물 젖은 빵을 먹어보지 않은 사람과는 인생을 논하지 말라'는 격언이 아니더라도 가난과 굶주림의 고통은 매우 큰 것입니다. 하지만 그런 고통보다 더 큰 고통은 질병으로 인한 고통일 겁니다. 건강할 때는 전혀 모르지만 일단 질병에 걸리면 그 질병이 우리 삶 전체를 흔들어버립니다. 그러므로 가난한 사람들 모두에게 열려있던 호스피탈레가 가난한 사람들 중에 아픈 사람들을 우선해서 받는 것으로 규정을 바꾼 것, 더 나아가 아예 환자들만 받는 병원으로 바뀐 것은 지당한 변화였습니다.

하지만 오늘날 병원들에서는 병원들이 시작할 때 가졌던 구제 봉사 기관이라는 정체성은 전혀 찾아볼 수가 없습니다. 가난하고 어려운 사람들을 돌봐야 한다는 개념이 전혀 없습니다. 위중한 환자가 병원에서 치료를 받으려면 먼저 치료비를 지불할 수 있는 재정 능력이 있음을 증명해야만 합니다. 아파 죽을 것 같아 응급실로 가도 본인의 재정 능력이 받쳐주지도 않고 치료비를

133 김영재, 「기독교 교회사」, 304-305.
134 김영재, 「기독교 교회사」, 305.

책임질 보증인도 없으면 치료를 받지 못합니다. 실제로 우리나라 병원들은 돈 없는 사람은 치료해주지 않습니다.

사회복지가 잘 되어있는 나라들에서 의료는 기본적 복지 항목에 들어있습니다. 북유럽과 서유럽 나라들의 경우가 이에 해당합니다. 지금 세계의 최강대국이라 자타가 공인하는 미국은 부유한 나라임에도 불구하고 의료 복지 체계는 매우 취약합니다. 우리나라의 경우 국민건강보험공단이 있어 직장 의료보험 가입자들은 말할 것도 없고 지역 의료보험 가입자들 역시 의료보험에 들어있습니다. 하지만 미국에서는 돈 있는 사람만 의료보험에 듭니다. 돈 없는 사람은 의료보험이 없습니다. 유학을 가기 위해 미국 대학의 입학지원 관계 서류들을 받아보면 재정보증 항목 중에 의료보험이 반드시 들어있습니다. 우리나라도 의료보험비가 자꾸 올라서 지금은 월급에서 공제되는 액수가 상당하지만, 그래도 미국의 의료보험비에 비하면 매우 싼 편입니다. 미국의 경우, 의료보험의 종류가 다양해서 값싼 보험은 받을 수 있는 혜택이 별로 없고, 비싼 보험일 경우에는 병원에서 받을 수 있는 서비스의 질이 다릅니다. 반면에 의료보험에 들지 못한 사람들은 병원비가 너무 비싸 어지간히 아파서는 병원에 갈 엄두를 못 냅니다. 여기까지만 들으면, 미국은 가난한 환자는 절대 살 수 없는 나라라는 생각이 들지 모릅니다. 이에 비해 어쨌든 주민등록번호를 가진 모든 국민이 의료보험을 가지고 있는 우리나라는 좋은 나라라고…. 하지만 끝까지 들어보면 생각이 바뀔 겁니다.

철저한 자본주의 사회라서 빈부의 양극화가 극심한 미국이지만 가난한 환자를 죽게 내버려두지는 않습니다. 위급한 환자가 병원에 실려 올 경우 일단 환자를 치료합니다. 필요하면 수술도 하고 입원도 시킵니다. 치료비 문제는 그 다음에 생각합니다. 의료보험에 들어 있고 재정 능력이 되는 경우라면 당연히 환자나 보호자가 병원비를 지불하겠지만, 의료보험도 없고 재정 능력도 되지 않는 경우에는 사회복지사를 붙여줍니다. 사회복지사는 환자의 사정과 가정 형편을 고려해서 병원비를 장기간에 분납할 수 있도록 도와주거나 아니면 아예 구청 복지과 기금 같은 데서 전액을 대납하도록 조치해 줍니다. 그러니까 미국에서는 가난한 환자라 해서 치료를 받지 못하는 일은 없다는 겁니다. 돈이 많아서 최상의 의료 서비스를 받느냐, 아니면 돈이 없어서 빈민으로 도움 받아 치료를 받느냐 하는 차이는 있을지라도 돈 없어서 치료 못 받는 경우는 없는 겁니다.

물론 그 둘 사이의 길도 있습니다. 미국에 이민 가서 사는 한인들 중에는 어렵게 사는 이들이 많습니다. 그러니까 의료보험비 내기가 쉽지 않거든요. 그래서 의료보험 없이 사는 경우가 많은데, 그러다 예상치 못한 수술을 받게 되면 병원비 지불이 어렵습니다. 장사를 하든지 다른 무엇을 하든지 일정한 수입이 있으니 빈민으로 구제 받을 수도 없습니다. 이런 경우 장기간에 걸쳐 치료비를 분납할 수 있도록 해줍니다. 분납금액도 형편에 맞추어 스스로 정합니다. 미국의 의료비가 비싸니까 어지간한 수술을 하면 만 달러 넘어가기 십상인데, 예를 들어 수술비 만 달러를 다달이 20달러씩 갚을 수 있도록 해주면 40년 넘게 갚아야 다 갚습니다. 목돈 빌려 갚을 경우와 비교해 이자율을 따진다면 돈 안 받는 거나 마찬가지입니다. 그러니까 미국같이 철저한 자본주의 나라에서도 살 수 있는 길은 열려있다는 겁니다.

이에 반해, 우리나라는 모든 국민이 의료보험을 가지고 있지만 실제로 중한 병이 걸려 치료를 받아야 할 경우에 의료보험이 무용지물이 되어버립니다. 비용이 많이 드는 수술이나 장기간의 치료가 필요한 경우에 의료보험으로 처리할 수 있는 비용이 매우 적습니다. 그래서 환자나 보호자가 재정 능력이 되지 않을 경우 병원에 받아주지를 않습니다. 다른 병원들은 그렇다 치더라도 우리나라 선교초기 선교사님들이 우회 선교의 일환으로 세운 병원들, 즉 기독교 대학병원들도 오늘날에는 구제 봉사와는 무관하게 수익과 영리만을 추구하는 상황을 보면 많이 아쉽습니다.

그렇지 않은 경우도 간혹 있기는 합니다. 장기려 박사는 6·25때 월남한 후 전상자와 극빈환자를 무료로 치료해 주는 일로 시작해서 무료진료소인 복음병원 원장으로 가난한 이웃들을 섬겼습니다. 서울대학교 의대 등에서 후학들을 양성하는 중에도 청십자운동을 창시해서 가난한 환자 돕기에 평생을 헌신했던 분입니다. 복음병원이 이전하면서 장비를 확충하고 직원을 늘리는 과정에 가난한 환자들이 병원 문턱을 넘기가 점점 어려워지자, 장박사에게 매달려 입원비를 깎아 달라거나 무료로 해 달라고 조르는 일이 많았습니다. 장박사는 그들의 치료비를 자신의 월급으로 대납 처리하거나 그들이 가진 돈만 받고 나머지 치료비는 탕감해주곤 했습니다. 그런 일이 잦아지자 병원 운영진은 회의를 열어 원장이 무료 환자들을 처리할 때 부장 회의를 거치도록 규칙을 만들었습니다. 병원 운영비도 문제였지만 돈이 있으면서도 속이고 입원비를 안 내는 얌체 같은 사람들 때문에 이런 조치가 불가피하다는 것이 이유였습니다. 할 수 없이 장박사는 사정이 딱한 환자들이 밤에 도망갈 수 있도록 병원 뒷문을 열어주곤 했습니다. 그런 다음 날이면 도망간 환자 때문에 원무과에서 난리가 났고, 거짓말을 못하는 그는 자초지종을 털어놓았습니다. 장박사는 복음병원이 규모가 큰 병원이 되기를 바란 적이 없다고 합니다. 돈을 많이 버는 병원이 되는 것도 바라지 않았답니다. 다만 가난한 환자들에게 무료로 약을 주고 병을 낫게 해 줄 수 있는 최소한의 여건을 갖춘 병원이 되었으면 하는 것이 그의 바람이었다고 합니다. 우리가 발 딛고 살아가는 이 땅에 장기려 박사님과 같은 믿음의 선배를 허락하신 하나님께 감사할 뿐입니다.[135]

그렇다고 해서 모든 기독교 대학병원이 무료시술을 베풀어야 한다는 말은 아닙니다. 병원에서 돈 안 받으면 병원 운영은 어떻게 하고 의사들, 간호사들 월급은 어떻게 줍니까? 다만 처음 생겼을 때 병원의 역할을 되새겨 보고 적어도 환자가 돈이 없어서 치료받지 못해 죽게 놓아두어서는 안 된다는 말입

135 지강유철, 「장기려, 그 사람」(서울: 홍성사, 2007). 특히 283면과 351면 참조.

니다. 가난하고 어려운 사람들의 거처로 출발한 병원이 사람이 죽어 가는데도 재정보증인만 찾고 있다면 그건 무언가 크게 잘못된 것입니다. 모든 환자를 무료로 치료해 줄 수는 없지만, 촌각을 다투는 위급한 상황의 환자라면 우선 치료해 살려놓고 그 다음 방책을 찾는 정도는 되어야 하지 않겠습니까? 실제로 병원비를 감당할 능력이 없는 환자라면 교회와 협력하여 돕는 방법을 찾을 수도 있을 것입니다. 말이 나왔으니 얘기지만, 적어도 기독교 병원은 영리가 목적이어서는 안 됩니다. 기독교 병원의 설립 목적은 우회선교이기 때문입니다. 그러므로 오늘날 교회들은 구제금 대부분을 호스피탈레를 위해 지출했던 중세교회에게서 배워야 합니다.

오늘날 모든 나라들이 복지 사회를 지향하는데, 유럽에서는 복지 사회 구현을 위한 노력이 정치 쪽에서 제안하거나 주도하기 훨씬 이전인 중세 때 시작되었고 또 활발하게 진행되었다는 사실은 특기할 만한 일입니다. 더구나 초대교회 때부터 그리스도의 교훈과 사랑의 모범을 따라 실천해 온 구제 봉사의 전통을 중세교회와 수도원이 이어받아 더 발전시키고 제도화하도록 주도한 사실은 칭송할 만한 일입니다.

중세의 교육과 대학의 생성

중세 때 시작되어 오늘날까지 가장 두드러지게 남아있는 것이 바로 대학입니다. 중세 전 시대에 걸쳐 교육은 교회를 중심으로 이루어졌습니다. 중세의 교육은 주로 직업을 위한 교육이었는데, 여기서 직업이란 교회를 섬기는 일을 말합니다. 라틴어를 사용해 오랫동안 학문을 계승해 온 이들도 바로 성직자들이었습니다.[136]

먼저는 교구 성직자들이 무료로 가르치는 교구 부속 학당이 있었으며, 우

136 김영재, 「기독교 교회사」, 306.

리의 서당처럼 사제들이 부모들과 개인적인 합의 아래 약간의 사례를 받고 자녀들을 모아 가르치기도 했습니다. 그러다가 시장이 열리는 대부분의 촌락에 오늘날 중학교 과정에 해당하는 고전문법학교(grammar school)가 서게 되었습니다.[137]

12~13세기에 유수한 대학들이 생겨났는데, 대학은 중세 특유의 산물로서 수도원이나 교구 부속 학당과는 질적으로 다른 새로운 학교들이었습니다. 수도원과 교구 부속 학당들 가운데 대학교로 발전한 경우도 있었지만 그 수가 많지는 않았습니다. 당시 서유럽 각지에서 추진된 대학 설립의 움직임은 교회나 왕실이 주도한 것이 아니라 교수와 학생 가운데서 자발적으로 나온 것이었습니다.[138]

서유럽에서 가장 유명했던 파리대학교는 12세기에 **샹포의 기욤**과 **피에르 아벨라르**로 인해 명성을 얻게 된 노틀담 성당 부속 학당에서 시작된 학교였는데, 1210년 **인노켄티우스 3세**로부터 교수들의 길드 헌장을 하사받았습니다.[139]

13세기 중엽 파리대학교에는 신학, 교회법, 의학, 인문과학 분야에 유수한 교수들이 있었는데, 국제적인 학자들 집단이어서 프랑스 왕의 정책에 관여하는 일은 없었으며 프랑스 왕 역시 외국 학자들을 잘 보호해 주었습니다. 그들의 모국과 전쟁을 할 때도 변함이 없었습니다. **피에르 아벨라르** 이후 위대한 신학자들 거의 다가 그들의 생애의 한 때를 파리대학교에서 강의했는데, 도미니크회와 프란체스코회 수도사들이 교수의 주류를 이루었던 파리대학교는 세계의 철학과 신학의 중심지였습니다.[140]

12~13세기 서유럽에는 파리대학교 수준에는 못 미쳤으나 손꼽을만한 다

137 김영재, 「기독교 교회사」, 306.
138 김영재, 「기독교 교회사」, 307; 그리고 阿部謹也, 「중세유럽산책」, 양억관 역 (파주: 한길사, 2007), 260.
139 김영재, 「기독교 교회사」, 307.
140 김영재, 「기독교 교회사」, 307.

른 대학들이 이미 존재하고 있었습니다. 이탈리아의 파비아나 최고의 법대를 가지고 있던 볼로냐 등은 파리대학교보다 먼저 설립되었습니다. 옥스퍼드는 13세기 초에 설립되었고 옥스퍼드에서 일단의 교수들과 학생들이 나와 케임브리지를 세웠습니다.[141]

중세 초기만 해도 교수의 명성이 중요해서 교수가 곧 학교였습니다. 교수가 학교를 옮기면 학생들도 그를 따라 옮겨 다녔습니다. 하지만 제도화된 대학교들이 설립되면서부터 학교를 중심으로 하는 강의와 학문 연구가 이루어지게 되었습니다.

대학 교육은 거의 전적으로 강의에 의존했습니다. 오늘날 이공계 학과의 수업과 같은 실험 · 실습은 없었던 겁니다. 석사(master)와 박사(doctor) 외에 교수(professor)라는 칭호가 생기게 되었는데, 초기에는 이런 호칭의 구별이 없었지만 14~15세기에 이르러서는 차등을 따라 부르게 되었습니다.[142]

중세 유럽 사회는 십자군 원정을 통해 동방 세계의 문물에 눈뜨게 되었으며, 아랍 세계를 통해 **아리스토텔레스**의 철학을 다시 접하게 되면서 그리스 고전을 연구하게 되었습니다. 새로운 대학에서 행해진 고전 연구를 통해 르네상스가 일어나게 되었으며, 르네상스를 계기로 대학은 교회의 통제를 벗어나 자유롭게 인문학과 자연과학을 연구하고 발표하는 학문의 전당으로 발전하게 되었습니다.[143]

대학교들은 설립될 당시 그 조직부터가 권위에 반대하여 학문의 자유를 구가할 수 있는 구조를 갖추고 있었습니다. 그것은 다름 아닌 길드 조직입니다. 라틴어로 대학교는 우니베르시타스(universitas)인데, 이 말은 본래 사람들의 모임 또는 조합을 의미하는 것이었습니다. 특히 이탈리아에서는 학생들의 길드가 교수를 고용했는데, 학생들 가운데서 선출된 학장(rector)은 교수들이 교

141 김영재, 「기독교 교회사」, 308.
142 김영재, 「기독교 교회사」, 308.
143 김영재, 「기독교 교회사」, 308.

칙을 제대로 지키는지, 강의 시간을 엄수하는지 감독했고, 학생 위원회는 교수들의 자질과 능력을 점검했습니다. 강의를 제대로 못하는 무능한 교수의 경우에는 학생들이 수업을 거부하는 방법을 통해 축출하기도 했습니다.[144]

대학들은 수도원이나 교구 부속 학당과 비교할 때 교육 내용이 그 질과 다양성에서 다를 뿐 아니라, 학교의 구조와 이념에서도 달랐습니다. 학생 길드의 대학 운영은 삶의 모든 영역에서 하나님 나라의 구현을 이상으로 삼고 있던 신앙의 시대에 교회의 권위주의에 대항하는 혁명적인 도전이었습니다. 인간이 만물의 척도라고 하며 자율을 구가하는 인문주의의 요람인 많은 대학들은 그 출발에서부터 구조적으로 자율적이었습니다.[145]

좋은 대학의 요건

중세 유럽 대학교들이 생성된 역사를 보고 있으면, 700년 또는 800년이나 된 그 장구한 역사 앞에 자칫 주눅이 들 수도 있습니다. 하지만 기죽을 필요는 없습니다. 영국 일간지 「타임즈」가 실시하는 세계대학평가에서 최근 거의 선두에 있는 하버드대학교는 1636년에 세워졌고 역시 선두권을 놓치지 않는 예일대학교는 1701년에, 프린스턴대학교는 1746년에, 그리고 시카고대학교와 스탠포드대학교는 훨씬 늦은 1890년과 그 이듬해에 시작한 걸 보면 좋은 대학이 되는데 긴 역사가 관건은 아닌 듯합니다.

그렇다면 어떤 대학이 좋은 대학일까요? 다음 세 가지 조건이 충족된다면 좋은 대학이 될 수 있다고 생각합니다. 첫째, 좋은 교수입니다. 좋은 교수를 학교에 초빙하려면 돈이 많이 들겠지요? 네덜란드 출신으로 하버드대학교와 튀빙엔대학교 교수를 지낸 하이코 오버만 교수가 말년에 그의 전공 분야로 보

144 김영재, 「기독교 교회사」, 308.
145 김영재, 「기독교 교회사」, 308-309.

면 거의 불모지와 같은 아리조나대학교로 가서 중세 말과 종교개혁기 연구 전공을 창설하고 후학들을 가르쳤습니다. 제 선배 한 분이 칼빈 학회에서 그분과 대화할 기회가 있었는데 아리조나대학교로 간 이유를 물어봤답니다. 좀 짓궂게 느껴질 수도 있는 그 질문에 대해 오버만 교수는 호방하게 웃으며 두 가지 이유를 대더랍니다. 먼저는 아내가 기관지가 좋지 않아서 따뜻한 지역인 아리조나를 택하게 되었다고 하고, 다른 한 이유로는 손으로 동전 모양을 만들며 익살스럽게 돈 때문이라고 했답니다. 솔직한 대답이지요. 로마 가톨릭 대학교인 노우터데임대학교(University of Notre Dame)가 개혁교회 전통에 뿌리를 둔 철학자 앨빈 플랜팅가 교수나 역사학자 죠지 마스든 교수를 모시고 있는 것도 풍부한 재정 때문에 가능한 것이겠지요?

둘째, 좋은 학생입니다. 이건 장학금과 직결됩니다. 학생들 등록금의 일부를 장학금으로 돌리는 것은 한계가 있습니다. 미국 대학들의 경우에는 기부금이 큰 역할을 합니다. 제가 다녔던 캘빈신학대학원(Calvin Theological Seminary)은 기독개혁교회(Christian Reformed Church)에 속한 신학교로 그리 큰 학교는 아닙니다. 하지만 목회학 석사(Master of Divinity) 과정에 있는 학생들은 총회 산하 교회에 소속되어 있는 경우에 전면 장학금을 받습니다. 물론 우리나라 신학교들에 비해 학생 수가 적어서일 수도 있습니다. 하지만 기독개혁교회에 속한 신자들 가운데 많은 이들이 재산, 특히 유산을 신학교에 기부하기 때문에 가능한 일입니다.

마지막은 좋은 도서관입니다. 오늘날에는 자료의 개념이 많이 바뀌어서, 좋은 도서관은 서적 형태의 자료는 물론이고 전자 자료(electric resources)를 제대로 갖추고 있어야 합니다. 오랜 역사를 가진 유럽 대학들이나 하버드나 예일 등에는 서적 형태의 자료가 풍부하지만 후발 대학들의 경우에는 고서적이나 오래 전에 절판된 책들을 구하는데 한계가 있습니다. 하지만 마이크로필름(microfilm)이나 마이크로피쉬(microfiche)같은 마이크로폼(microform) 형태의 자료들과 온라인(online)으로 접근할 수 있는 피디에프(PDF, portable document format) 파일 형식의 자료들은 후발 대학들이 옛 자료들을 구비할 수 있는 매우 훌륭한 대안적 방법입니다. 또한 도서관들 사이에 서로 자료를 빌려주는 인터라이브러리 로운(interlibrary loan) 제도도 활성화할 필요가 있습니다.

그런데 좋은 대학이 되는데 필요한 세 가지 조건들 모두가 돈이 있어야 충족될 수 있습니다. 하지만 학생들의 등록금으로 이 세 조건들을 충족시키기란 실제로 불가능합니다. 장학금과 관련해서 앞에서 든 예처럼, 미국 대학들에서는 기부금의 역할이 큽니다. 기독개혁교회에 속한 신자들은 자신의 자녀들을 캘빈신학대학원과 연접해 있는 캘빈대학교(Calvin Univercity)에 많이 보내는데, 학부모들 가운데 여력이 있는 이들이 내는 기부금이나 인생의 황혼을 맞은 졸업생들이 내는 기부금이 상당합니다.

우리나라에서도 학교를 위한 기부금 문화가 점점 확산되어가는 것은 바람직한 일입니다. 하지만 그 내용을 보면 기업체 등에서 이공계 학과들을 위해 내는 기부금이 거의 대부분이고 문과계 학과들을 위한 기부금은 찾아보기 힘듭니다. 이런 상황이니 신학교를 위한 기부금을 일반 사회에 기대함은 어리석은 일일 것입니다. 신학교를 위해서는 교회들이 나서야 합니다. 재정이 자립된 교회가 여력이 있다면 신학교와 신학생들을 도와야 합니다. 이것은 해외 선교지에 선교사들을 파송하는 것만큼이나 중요한 교회의 사역입니다. 아직도 우리나라의 많은 교회들은 스스로 성장한 인재들을 골라 쓰기에 급급할 뿐, 필요한 인재들을 기르는 일에는 관심을 쏟지 않습니다. 하지만 세상의 다른 모든 분야와 마찬가지로, 교회도 사람을 키우지 않으면 미래가 없습니다. 지금이라도 우리 교회들이 사람 기르는 일에 힘 쏟는다면, 지금 당장은 힘들지라도, 십 년 혹은 이십 년 후 한국 교회는 하나님께서 기뻐하시고 인정하시는 모습으로 점점 성장해가고 있을 것입니다.

10. 스콜라신학 1

스콜라신학이라고 할 때 '스콜라'는 논쟁, 강의, 학교라는 뜻인 그리스어 '스콜레'(σχολή)에서 온 라틴어로, 스콜라신학은 중세 학교에서 사용된 연구와 강의 방식을 말합니다. 중세 전반기에는 **플라톤** 철학의 영향력이 지배적이었습니다. 하지만 십자군 원정을 통해 아랍어로 번역된 **아리스토텔레스** 철학서가 유입되면서 12세기 이후 **아리스토텔레스** 철학서가 그리스어에서 라틴어로 번역되고 스콜라신학의 개화기라 할 13세기에는 **아리스토텔레스**가 **플라톤**을 대신하는 상황이 되었습니다.[146]

스콜라신학의 시대 구분

스콜라신학의 시대는 크게 셋으로 나눌 수 있습니다. 제1기는 9세기 중엽부터 약 3세기, 제2기는 12세기말부터 13세기말까지 한 세기, 제3기는 14세기 초부터 중세가 끝나는 때까지로 볼 수 있습니다.

146 김영재, 「기독교 교회사」, 310.

제1기의 대표적 신학자는 캔터베리의 **안셀무스**인데 그는 스콜라신학의 초석을 놓은 이라 할 수 있습니다. "이해하기 위해서 믿는다"(credo ut intelligam)는 그의 말에서 드러나듯 **안셀무스**는 신앙과 이성의 조화를 추구했는데 **아우구스티누스**의 신비주의적인 열정을 가지고 있으면서 기독교 신앙의 합리성을 신뢰했습니다. **안셀무스** 외에 이 시대에 속한 신학자로는 **로스켈리누스**와 **피에르 아벨라르**, **클레르보의 베르나르**, **페트루스 롬바르두스**, 생 빅토르(St. Victor) 수도원의 신학자들인 **위고**와 **리샤르** 등이 있습니다.[147]

제2기는 스콜라신학의 개화기라 일컬어지는 때로 이 시대의 대표적인 신학자들은 대부분 프란체스코 수도회와 도미니크 수도회에 속한 수도사들이었습니다. 이 시기에는 아리스토텔레스주의가 큰 영향을 끼쳤는데, 프란체스코 수도회에 속한 **헤일즈의 알렉산더**는 기독교 신앙을 **아리스토텔레스**의 방법으로 분석하고 정의하며 삼단논법을 사용해 밝히려고 했습니다. **보나벤투라**와 **둔스 스코투스**는 **롬바르두스**의 「주해모음집」 주석을 썼습니다. 도미니크 수도회에 속한 **알베르투스 마그누스**는 **아리스토텔레스** 전집의 첫 주석가였고, 그의 제자 **토마스 아퀴나스**는 「신학대전」을 썼습니다.[148]

토마스 아퀴나스는 **디오니시우스 위-아레오파기타**의 영향을 많이 받은 반면 **둔스 스코투스**는 플라톤주의의 영향을 많이 받았습니다. 13세기 말에는 토마스학파(Thomists)와 스코투스학파(Scotists)가 생겨났습니다. 토마스학파는 아리스토텔레스주의의 영향을 받아 신학을 학적이고 이론적인 측면에서 다루었으며 **아우구스티누스**의 죄와 은혜의 교리에 근거를 둔 반면에, 스코투스학파는 플라톤주의의 영향을 받았으며 실제적인 면을 강조하고 반(半)펠라기우스주의적(semi-Pelagian) 경향을 보이며 인간 의지의 자유에 역점을 두었습니다.[149]

제3기는 스콜라신학의 쇠퇴기인데, 이 시기의 대표적 신학자는 **오컴의 윌**

---

147 김영재, 「기독교 교회사」, 310-311.
148 김영재, 「기독교 교회사」, 311-312.
149 김영재, 「기독교 교회사」, 312.

리엄입니다. 유명론자였던 **오컴**은 객관적인 실재의 존재를 부정하므로 교회의 권위에 대한 비판 정신을 고양했습니다. **가브리엘 비엘** 역시 이 시기에 속한 신학자입니다.[150]

스콜라신학의 내용이 방대하기 때문에 전체를 다 살펴보기는 어렵습니다. 그래서 스콜라신학의 중요한 부분을 이루는 몇몇 주제 혹은 논쟁점들을 살피는 것으로 고찰을 대신하려 합니다. 그 중 하나는 이 책 앞부분에서 이미 다룬 대속교리입니다. **안셀무스**와 **토마스 아퀴나스**의 대속교리는 스콜라신학 제1기와 제2기 각각의 대표적인 대속교리입니다. 앞에서 충분히 다루었기 때문에 여기서 재론하지 않겠습니다만, 기독교 신앙의 중심 교리인 대속교리가 초대교회 때보다 중세교회 때 성경의 진리를 훨씬 더 잘 드러내는 방향으로 나아갔다는 점, 즉 대속교리가 발전한 사실은 기억하시길 바랍니다.

안셀무스의 하나님 존재 증명

하나님께서 계심을 증명하는 이른바 신존재 증명 또한 스콜라신학의 주된 관심거리 중 하나였습니다. 기독교의 하나님 개념을 "그 이상의 위대한 분을 상상할 수 없는 실재"(a being "than which nothing greater can be conceived")라는 형태로 표현하는 데서 시작하는 **안셀무스**의 존재론적 논증(ontological argument)은 다음과 같습니다.

> 어떤 것이 마음속에만 존재하는 것과 마음속뿐만 아니라 실제로도 존재하는 것은 본질적으로 다르다. 그런데 만약 상상할 수 있는 가장 위대한 실재인 하나님이 마음속에만 존재한다면, 우리는 그 실

150 김영재, 「기독교 교회사」, 312-313.

재보다 더 위대한 실재, 다시 말해 마음속뿐만 아니라 실제로도 존재하는 실재를 상상할 수 있을 것이다. 그런데 이렇게 되면 상상할 수 있는 가장 위대한 실재가 가장 위대한 실재일 수 없다. 왜냐하면 마음속에만 존재하는 실재가 실제로도 존재하는 실재보다 더 위대할 수는 없기 때문이다. 따라서 상상할 수 있는 가장 위대한 실재는 마음속뿐만 아니라 실제로도 존재해야만 한다. 그러므로 상상할 수 있는 가장 위대한 실재, 즉 그 이상의 위대한 분을 상상할 수 없는 실재인 하나님은 마음속뿐만 아니라 실제로도 존재한다.[151]

토마스 아퀴나스의 하나님 존재 증명

토마스 아퀴나스는 **안셀무스**가 제시한 존재론적 논증을 거부했습니다. 우리 인간에게 본성적으로 주어진 하나님 인식은 막연하므로 하나님의 존재는 스스로 명백하게 드러나는 진리가 아니라고 했습니다. **토마스**는 하나님의 존재가 반드시 논증되어야 한다고 하며 다음과 같은 다섯 가지 방식으로 논증을 했습니다.

첫째는 운동변화에 의한 논증이다. 세상에 움직이는 것들은 다 다른 무언가에 의해서 움직여진다. A는 B에 의해서, B는 C에 의해서…. 이런 식으로 어떤 것의 움직이는 힘이 되는 근원, 즉 원동자(原動者, mover)를 끝까지 거슬러 올라가면 최초의 원동자가 있을 것이다. 이 첫 원동자가 다름 아닌 하나님이다. 둘째는 원인에 의한 논증이다. 세상에 존재하는 모든 것은 다 어떤 원인에 따라 나온

151 John H. Hick, 「종교철학개론」, 황필호 역 (서울: 종로서적, 1981), 41-43 참조.

결과다. A는 B의 결과고, B는 C의 결과고…. 이런 식으로 어떤 것의 원인을 끝까지 거슬러 올라가면 최초의 원인이 있을 것이다. 이 첫 원인이 다름 아닌 하나님이다. 셋째는 필연성에 의한 논증이다. 이전에 없던 어떤 것이 있게 됨은 다른 무엇에 의해서인데, 없었는데 생기는 것은 모두 우연적인 것이다. 하지만 세상에 존재하는 우연적인 것들을 있게 한 다른 존재를 끝까지 거슬러 올라가면 다른 무엇에 의해 시작된 것이 아니라 스스로 존재하는 필연적 존재가 있을 것이다. 이 궁극적으로 필연적인 존재가 다름 아닌 하나님이다. 넷째는 가치에 의한 논증이다. 세상에 있는 모든 것은 가치에 따른 등급이 있다. 그 중 가장 선하고 완전한 가치를 가진 가치의 근원이 바로 하나님이다. 다섯째는 목적론적 논증이다. 세상에 있는 모든 것은 목적을 가지고 있다. 이렇게 세상의 모든 것이 목적을 향해 움직이도록 하는 존재가 바로 하나님이다.[152]

이 다섯 가지 길(five ways)은 **토마스**가 **아리스토텔레스**와 **이븐 시나**의 논증을 응용해 만든 우주론적 논증(cosmological argument)입니다. **안셀무스**가 하나님이라는 개념에 초점을 맞추고 그 개념의 내적인 의미를 물어나가는 논증을 한 것과 달리, **토마스**는 우리가 살고 있는 세상의 일반적 특징으로부터 출발해서 우리가 하나님이라고 부르는 궁극적 실재가 없었다면 이러한 일반적 특징을 가진 세계가 존재하지 않았을 것이라고 논증하는 방식을 취한 것입니다.[153] 다섯 가지 길 모두가 감각계의 경험적 관찰에서 출발해서 하나님의 존재 증명으로 나아갔다는 사실이 중요합니다.

---

152 임원택, "토마스 아퀴나스의 하나님 존재 증명," 「백석저널」 3 (2003): 221-224 참조.
153 Hick, 「종교철학개론」, 49-50.

하나님 존재 증명 가능성에 대한 토마스의 생각

하지만 신앙의 측면에서 볼 때, **토마스**의 하나님 존재 증명은 그 내용이나 방법보다 증명 가능성에 대한 그의 생각이 더 중요합니다. 하나님의 존재 증명 가능성에 대한 **토마스**의 생각은 다음과 같습니다.

> 첫째, 하나님의 존재는 논증 가능한 대상이다. 신조, 즉 신앙조항(信仰條項, articles of faith)은 논증이 불가능하다. 예를 들어, 사도신경의 조목들, 즉 '하나님은 전능하시다,' '하나님께서 천지를 지으셨다,' '예수 그리스도는 하나님의 아들이시다' 등은 논증 불가다. 그런데 하나님의 존재는 이런 신앙조항들에 속하지 않고 신앙조항들에 대한 선행사(先行事, preamble to the articles)다. 여기서 선행사라는 개념이 상당히 중요해 보이는데 **토마스**는 의외로 매우 간단하게 설명하고 넘어간다. ⓐ 신앙조항들에 대한 선행사들은 하나님의 존재, 그리고 로마서 1장에서 보듯 자연 이성에 의해 알 수 있는 하나님에 관한 다른 유사한 진리들을 포함한다. ⓑ 신앙조항들은 선행사들을 전제로 한다. ⓒ 신앙조항들에 대한 선행사들처럼, 논증될 수 있는 것들도 그 논증을 이해할 수 없는 이들에게는 믿음에 의해 받아들여질 수 있다. ⓒ로 **토마스**는 신앙조항들에 대한 선행사들이 믿음에 의해 받아들여질 수 있는 가능성을 확보한다. 하지만 ⓐ와 ⓑ는 **토마스**를 비판하는 사람들에게 비난의 주요한 근거를 제공한다. 이 둘을 근거로 그들은 **토마스**가 이성의 증명을 믿음의 전제로 주장했다고 비난한다. 하지만 그 비판은 올바르지 않다. **토마스**는 선행사를 믿음의 필수적인 조건이라 하지 않기 때문이다. ⓒ에서 보듯, 선행사를 논증 이해를 통해 받아들일 수 없다 해도 믿음을 통해

받아들일 수 있기 때문이다.[154]

둘째, 하나님의 본질을 알지 못해도 하나님께서 하신 일의 결과로부터 하나님의 존재를 논증함이 가능하다. 하나님의 본질(essence)이란 전지(全知, omniscience), 전능(全能, omnipotence), 편재(遍在, omnipresence), 영원무궁(永遠無窮, eternity) 등 하나님의 속성을 말한다. 우리가 하나님의 본질을 알 수도 없고 또 알지 못해도 하나님께서 하신 일의 결과, 예를 들어, 피조세계를 보고 그것을 통해 하나님이 계심을 증명할 수 있다는 말이다. 하나님의 전지·전능은 이해하지 못해도 끝없는 하늘과 드넓은 대지를 보며 '이 세상을 지으신 분이 계시구나!' 생각할 수 있는 것이다.
논증 방법은 크게 둘로 나눌 수 있는데, 첫째 유형은 사물의 자연적 순서를 따라 원인으로부터 결과를 논증하는 연역적(a priori) 방법이다. 예를 들어, 지하철에 화재가 나면 불보다도 유독가스 때문에 더 큰 피해가 생기고는 한다. 그래서 지하철 역내에 방독면을 비치해 두기도 한다. 불이 나면 유독가스가 발생하기 때문이다. 여기서 불이 원인이라면 유독가스는 결과다. 불이 났으니 유독가스가 발생하리라 예상하고 손수건으로 코를 막고 대피할 때 우리 머릿속에서는 원인으로부터 결과로 나아가는 논증이 이미 진행된 것이다. 둘째 유형은 결과로부터 원인을 논증하는 귀납적(a posteriori) 방법이다. 지하철 역내에 무엇인가 타는 냄새가 나면서 연기가 나고 있다면 불이 보이지 않아도 누구나 불이 났다고 추측할 것이다. 불이 원인이고 연기와 유독가스는 결과이므로 이것은 결과로부터 원인을 논증한 것이다. **토마스**의 하나님 존재 증명 다섯 길은 모두

154 임원택, "**토마스 아퀴나스**의 하나님 존재 증명," 215-217 참조.

결과로부터 원인을 논증하는 귀납적 방식을 취하고 있다. 이 세상을 보며 세상을 지으신 하나님이 계시다고 생각하는 것은 결과로부터 원인을 논증하는 것이다.[155]

셋째, 하나님께서 하신 일의 유한한 결과로부터 하나님의 무한한 본질이 논증될 수는 없지만 하나님의 존재는 논증될 수 있다. 하나님의 존재를 증명하는 것과 하나님의 본질을 증명하는 것은 전혀 다르다. 유한한 존재인 우리 인간은 하나님의 무한한 본질에 대해 얘기할 수는 있어도 하나님의 본질을 이해할 수는 없다. 끝없는 하늘과 드넓은 대지를 보며 '하나님은 전지·전능하시고, 무소부재(無所不在)하시고, 영원무궁하시구나!'라고 하나님의 본질을 이해할 수는 없을 것이다. 유한한 것을 근거로 무한한 존재를 이해할 수는 없기 때문이다. 하지만 똑 같은 상황에서 '이 세상을 지으신 분이 계시구나!'라고 생각할 수는 있는 것이다.[156]

결국 **토마스**는 하나님 존재 증명을 통해 우리가 "하나님"이라 부르는 분이 계심을 증명할 수는 있지만 그 분이 기독교 신앙의 하나님임을 증명할 수는 없음을 보여준 것입니다. 하나님 존재 증명의 이런 한계는 바로 기독교 신앙에 대한 인간 이성의 한계를 의미합니다. 그러므로 **토마스**가 하나님 존재 증명에서 이성의 논증을 신앙의 전제로 삼고 있다는 비난은 근거 없는 비난이라 할 것입니다.

한 걸음 더 나아가, 오늘날 개신교 신자들 중에는 **토마스**를 로마 가톨릭 교회를 대변하는 신학자라 여겨 그의 신학 사상은 무조건 문제가 있다고 예단하

155 임원택, "**토마스 아퀴나스**의 하나님 존재 증명," 217-218 참조.
156 임원택, "**토마스 아퀴나스**의 하나님 존재 증명," 219 참조.

는 이들이 많습니다. 로마 가톨릭 교회가 **토마스**를 그들 "교회의 스승"으로 삼은 것은 제1차 바티칸 공의회(1869~1870)에서였습니다. 하지만 로마 가톨릭 교회가 **토마스**의 신학을 자기들 교회 교의의 결정적인 해석으로 삼았다고 해서 **토마스**의 신학 사상이 로마 가톨릭 교회의 전유물이 된 것은 아닙니다.

토마스의 신학 사상 가운데 우리 개신교 신앙과 다른 내용이 일부 있는 것은 사실입니다. 하지만 그의 대속교리처럼 우리 신앙에 핵심적인 도움을 주거나, 하나님 존재 증명 가능성에 대한 그의 생각처럼 우리 신앙과 궤를 같이 하는 내용까지도 부정하는 것은 옳지 않습니다. **토마스**는 하나님 존재 증명을 통해 "하나님"이 존재한다는 것까지만 증명할 수 있고 그 "하나님"이 성경에 계시된 하나님이라는 사실은 증명할 수 없음을 보여준 것입니다. 즉 기독교 신앙에 대한 인간 이성의 한계를 드러냄으로 자연계시의 한계를 드러내고 특별계시가 반드시 있어야 함을 시사하고 있는 것입니다. **토마스** 역시 우리 신앙의 훌륭한 선진임을 인정하고 신앙의 귀한 유산을 함부로 매장하는 과오를 범하지 않았으면 좋겠습니다.

11. 스콜라신학 2

보편자

스콜라신학의 논쟁들 가운데 대표적인 것이 보편자 논쟁인데, 이것은 보편자(普遍者, universale)가 실재(實在)하는가, 즉 인식 주체로부터 독립하여 객관적으로 존재하는가 여부에 관한 논쟁입니다. 보편자는 그냥 '보편'이라고도 하는데, 개체와 대립되는 개념입니다. 예를 들어, '세종대왕은 남자다,' '이순신도 남자다'에서 '남자'처럼, 다수의 개체들의 서술어가 되는 공통적 표지나 용어, 혹은 실체적 속성이 보편자입니다.

중세 초기 동고트왕국의 **보에티우스**라는 철학자가 **포르퓌리오스**의 「아리스토텔레스 범주론 입문」을 주석하면서 **포르퓌리오스**가 논의하지 않겠다고 미루어 둔 문제들, 즉 유(類)와 종(種)이 "그 자체의 존재를 가지고 있는지, 혹은 다만 우리의 이해 속에만 있는 것인지, 또 이것들이 형체를 갖춘 것인지, 형체가 없는 것인지, 그리고 이것들이 감각적인 사물들과 분리된 것인지, 혹은 감각적인 사물들과 하나인지"[157]의 문제를 **보에티우스**가 다시 문제 삼은 것이 발단이 되었습니다. 그런데 **보에티우스**는 보편자가 실재하는가의 문제에 고대의 철학자들인 **플라톤**과 **아리스토텔레스**를 끌어들였습니다. 그러다보니 **플라톤**이나 **아리스토텔레스**가 보편자 문제에 직접 손을 댄 것은 아니었는데도 그들의 사상은 중세 보편자 논쟁에서 중요한 역할을 했습니다. 그러므로 중세 보편자 논쟁을 이해하려면 **플라톤**과 **아리스토텔레스** 철학의 기본적인 내용을 먼저 알아야만 합니다.

플라톤의 이데아

플라톤은 사물의 본질인 형상(εἶδος)을 이데아(ἰδέα)라고 합니다. 따라서 **플라톤**의 형이상학 또는 존재론 이해의 관건은 이데아입니다. 이데아는 원형(原型, archetype)입니다. 이에 반해 세상에 있는 것들은 모사(模寫)입니다. 예를 들어, 미남이나 미녀는 '아름다움'이란 이데아의 모사입니다. 추상적인 것 말고 구체적인 사물의 경우도 마찬가지입니다. 우리가 앉는 의자는 '의자'라는 이데아의 모사입니다. 책상 의자, 식탁 의자, 피아노 의자 등 다양한 의자가 있고 내가 앉아 있는 의자와 다른 이가 앉아 있는 의자가 다 따로 있지만 그 모든 것이 의자인 것은 '의자'라는 이데아의 모사이기 때문입니다. 그리고 이데아들 사이에는 위계질서가 있습니다. 아래쪽으로 갈수록 구체적인 것들이 있고 위쪽으로 갈수록 추상적인 것들이 있는데, 최고의 이데아는 선(善)입니다.

이데아들이 실재한다면 어딘가에 존재할 텐데, **플라톤**은 그곳이 어디인가에 대해 명확하게 말하지 않습니다. 다만 이데아들이 사물과 "떨어져" 있다고만 말합니다. 또한 **플라톤**은 영혼의 선재론(先在論)과 관련하여 인간의 영혼

157 이것은 Sterling P. Lamprecht, 「서양철학사」, 김태길 · 윤명노 · 최명관 역 (서울: 을유문화사, 1984), 227에 인용된 **포르퓌리오스**의 말을 풀어쓴 것이다. 또한 David Knowles, *The Evolution of Medieval Thought*, 2nd ed., eds. D. E. Luscombe and C. N. L. Brooke (London: Longman, 1996), 100 참조.

이 육체와 결합되기 전에 이데아들과 친숙했다고 말합니다. 따라서 인간 정신은 이전 상태에서 인식했던 것을 기억해내어 인식하는데 이것을 상기(想起, ἀνάμνησις)라 합니다. 이데아가 원형이기에 이데아를 인식하는 것이 바로 진리 인식이라 할 수 있는데, 상기의 방식으로 이데아를 인식한다는 말입니다.

플라톤의 이데아론을 보면 현실세계보다 이데아 세계가 비중이 더 큼을 알 수 있습니다. 이데아 세계는 원형들의 세계이고 현실세계는 모사물의 세계이기에 현실세계가 상대적으로 무시되는 겁니다.

아리스토텔레스의 형상과 질료

이에 반해, **아리스토텔레스**는 이데아가 개체들과 따로 있는 것이 아니라 개체들 사이에 공통적인 요소로서 존재한다고 봅니다. 의자의 이데아가 의자와 따로 떨어져 있는 것이 아니라 우리가 사용하는 개개의 의자들 안에 실재한다는 말입니다.

플라톤에게는 형상으로서 이데아가 개체를 초월해 있는 무시간적 존재이지만, **아리스토텔레스**는 **플라톤**의 추상적인 형상 개념을 거부하고 모든 사물은 형상과 질료가 결합하여 이루어진다고 봅니다. 형상이나 질료 각각이 독자적으로 존재할 수는 없습니다. 질료는 사물의 재료이고 잠재적으로는 어떤 것이든 될 수 있는데 현실적으로 무엇이 되도록 결정하는 것이 형상입니다. 나무 의자를 예로 든다면, 나무가 질료이고 의자라는 특정한 형태를 형성하는 목수의 작업이 형상이라 할 수 있습니다.

이렇듯 **아리스토텔레스**에게 있어서 형상은 질료와 결합하여 개체로 표현됨으로, 개체 속에 실재합니다. 따라서 개체가 존재하는 현실세계가 **플라톤**에게 있어서보다 훨씬 중시되는 것입니다.

실재론 · 실념론 · 유명론

보편자가 실재한다는 주장을 보편 실재론(實在論, realism)이라고 하는데, 실재론은 둘로 나눌 수 있습니다. 하나는 보편자가 객관적으로 개체에 앞서 실재한다는 것으로 **플라톤**의 견해라 볼 수 있는데, 일반적으로 실재론이라 하면 이 견해를 가리킵니다. 다른 하나는 보편자가 개체들 가운데 공통적인 개념으로 있다는 것으로 **아리스토텔레스**의 견해라 볼 수 있는데, 일반적으로 '온건한 실재론'(moderate realism) 또는 실념론(實念論, conceptualism)이라 부릅니다.

실재론을 주장하는 이들은 유와 종 등의 보편자가 우리의 의식과 독립적으로 그 자체로서 실재하고 따라서 모든 개체에 앞선다고 합니다. 참고로, 형상의 초월적 실재성을 주장하는 **플라톤**의 견해에 따르면, 형상은 의자와 책상처럼 명사에 의해 지칭되는 대상들에 관해서나 '편안하다,' '아름답다'처럼 술어로 지시되는 성질에도 적용됩니다. 하지만 **아리스토텔레스**는 **플라톤**이 형상을 개별적 실체로도 취급하고 성질로도 취급함은 논리적 오류라고 봅니다. 실체는 개체로서 성질을 가질 뿐이지 실체가 곧 성질일 수는 없다고 보기 때문입니다. 그래서 **아리스토텔레스**는 보편자가 개체를 떠난 실체로서가 아니라 개체들 사이에 공통적인 요소로서 실재한다고 합니다.

보편자는 이름에 불과하고 참된 실재는 종을 구성하는 개체 가운데서 발견된다고 하는 주장을 유명론(唯名論, nominalism)이라고 합니다. 사물 자체는 개체로서만 존재하며 보편자는 의식이 행하는 개체의 파악과 분류에 쓰이는 용어나 이름일 뿐이라는 견해입니다.

사실 유명론자들도 보편자들이 사물들의 본성 속에 어떤 객관적인 기반을 가지고 있다는 것을 부인하지는 않습니다. 그들이 부인한 것은 보편자들이 절대적으로 존재한다고 하는 것이었습니다. 그러므로 유명론은 그 본래의 의미로 보자면 실재론을 거부하는 것 이상의 다른 의미가 거의 없다고 할 것입니

다.[158]

아우구스티누스가 실재론에 끼친 영향

플라톤철학이 신플라톤주의자들의 수중에서 발전하면서 형상 혹은 이데아는 개체들보다 더 실재적인 것으로 그래서 논리적으로나 실제적으로나 개체들보다 앞서는 것으로 여겨지게 되었습니다. 일찍이 신플라톤주의로 전향했던 **아우구스티누스**는 신플라톤주의의 여러 개념을 가지고 기독교의 몇 가지 교리를 표명했는데, 그것들은 실재론의 맥락에 있었습니다. 예를 들어, 하나님의 존재, 교회, 그리고 원죄, 그 각각의 보편성에 대한 **아우구스티누스**의 가르침은 그것을 중세교회의 교리와 접목시킨 실재론자들에 의해 다음과 같이 사용되었습니다.

> 첫째 예는 하나님의 존재의 보편성이다. **아우구스티누스**에 따르면, 하나님은 영원한 진리와 동일하거나 더 우월하시다. 그런데 영원한 진리는 변화하는 세계 안에 있는 개체들을 다룸으로써 발견할 수 있는 것이 아니고, 불변하는 형상들이나 보편자들을 직관함으로써만 얻을 수 있다. 그리고 만일 영원한 진리보다 우월한 것이 있다고 하면 그것 또한 영원·불변적일 것인데, 그런 존재는 다름 아닌 하나님이다. 그런데 영원한 형상들의 실재성을 부정하면서 동시에 영원한 하나님의 존재를 긍정함은 이치에 맞지 않다. 그러므로 보편자들의 존재를 의심함은 기독교 신앙의 철학적 변호를 위한 올바른 근거를 없애버리는 것이나 다름없다. 왜냐하면 그것은 실재를 눈에 보이는 일시적인 생성의 세계와 동일시하는 것

158 Lamprecht, 「서양철학사」, 228-229.

이며, 하나님을 다만 인간의 정신 속에서 주관적인 지위만을 갖는 하나의 관념으로 환원하는 것이기 때문이다. 그러므로 기독교 신앙은 보편자들의 실재를 긍정해야만 한다. 보편자들이 실재한다고 긍정되면 무수한 보편자들이 의존해 있는 통일적 존재로서의 하나님이 또한 긍정되기 때문이다.[159]

둘째 예는 교회의 보편성이다. 도나투스파에 반대하며 쓴 그의 저작들에서 보듯 **아우구스티누스**에게 교회는 현실세계의 모든 우연한 것들을 초월하여 실재한다. 교회는 순결하여 조금도 더러운 티가 없으며, 거룩하지 않은 사제들이 더럽힐 수 없는 순결의 원천이다. 이런 교회는 영원한 것이지 일시적인 것이 아니다. 그런 점에 있어서 교회는 보편자와 비슷하다. '보편적 교회'(ecclesia universalis)란 말은 가톨릭교회의 교회론에서 교회가 가지고 있다고 인정하지 않으면 안 되는 실재성을 가리키는데 사용될 수 있다. 그러므로 보편자들의 실재성을 의문시하는 것은 중세 기독교 세계의 기본적 권위인 보편적 교회의 실재성을 의문시하는 것이 될 수 있다.[160]

마지막 예는 원죄의 보편성이다. **아우구스티누스**는 "아담 안에서 모든 사람이 죽은 것 같이 그리스도 안에서 모든 사람이 삶을 얻으리라"(고린도전서 15:22)는 말씀을 신플라톤주의 용어를 써서 설명함으로써 원죄 개념을 표현했다. 아담의 죄로 인간은 죄를 짊어지게 되었다. 이런 생각은 이치에 꼭 들어맞지 않는 것일지 모른다. 하지만 이런 생각은 적어도 보편자 문제에 대한 실재론의 입장과 일

159 Lamprecht, 「서양철학사」, 229-230 참조.
160 Lamprecht, 「서양철학사」, 230-231 참조.

치한다. **아우구스티누스**의 설명에 따르면, 인간은 죄인이며, 심지어 스스로 죄를 범하기 전에도 이미 죄인인데, 그 이유는 인간이 원래부터 죄를 지고 있기 때문이다. 그렇다면 인간은 개별적인 인간들에 앞서 그리고 개별적인 인간들과 별개로, 실재하는 것으로 생각할 수밖에 없다. 따라서 보편자의 실재를 의문시하면 구원론의 전제인 원죄 개념을 부정하는 잘못에 빠질 수 있다.[161]

이 세 가지 예에서 보듯, 교회 당국은 실재론적 입장을 좋게 여겼습니다. 하지만 사정이 그렇게 단순하지만은 않았습니다. 실재론을 극단적으로 적용할 경우 자칫 범신론으로 나아가는 것같이 보이기도 했습니다. 만일 존재하는 모든 것이, 신플라톤주의의 가르침처럼, 일자(一者)로부터 유출해 나오고, 또 일자의 존재에 참여하는 것이라면 하나님과 피조물을 구별하는 기독교의 구별이 있으나마나한 것이 될 수 있기 때문입니다.[162]

보편자 논쟁

중세 보편자 논쟁이 어떻게 시작되었는지는 분명하지 않습니다. 하지만 실재론자와 유명론자의 대립을 살펴보면 논쟁의 윤곽이 어느 정도 드러납니다. **로스켈리누스**는 유명론의 창시자라고 할 수는 없겠지만 적어도 최초의 유력한 주창자였습니다. 그래서 그를 유명론의 선구자라고들 합니다. **로스켈리누스**는 보편자에 대한 자신의 입장을 삼위일체 교리에 적용해서 다음과 같이 주장했습니다.

161 Lamprecht, 「서양철학사」, 231 참조.
162 Lamprecht, 「서양철학사」, 231-232.

인간성(humanity)은 개개의 인간을 합성한 하나의 실재가 아니며 그런 보편적 실재는 존재하지 않는다. 인간성은 개체들의 관찰과 유사한 것들을 묶음에서 나온 정신의 관념이다. 유와 종은 단어일 뿐, 그것들에 상응하는 실재는 없다. 이와 마찬가지로, 삼위일체 하나님은 관념일 뿐, 실재하는 존재는 성부·성자·성령, 즉 구별된 세 위격일 뿐이다. 삼위의 세 위격이 세 실체로서, 능력과 의지가 동등한 서로 다른 세 존재들이기에 그 각각이 다른 위격과 구분되는데 이것은 '세 사람,' '세 천사' 사이의 구분과 같다. 성자가 성부고, 성부가 성자라고 하는 것은 위격의 혼동이다. 따라서 삼위의 세 위격이 동일한 본질을 가진 존재라는 의미에서 한 하나님일 수는 없다. 만약 그런 경우라면 성부와 성령도 성자처럼 성육신해야 할 것이다.[163]

로스켈리누스는 그 당시의 극단적인 실재론에 반대한 것입니다. "세 신적 위격들은, 세 천사들처럼, 분리된 세 존재들이다. 관습이 이런 표현을 허용할는지 모르겠으나, 세 위격들은 세 신들이라 할 수 있을 것이다"[164]라고 말한 때문에 **로스켈리누스**는 삼신론으로 고발되어 1092년 스와송 공의회에서 이단으로 정죄되었습니다.

로스켈리누스와 달리 당시 대부분의 신학자들은 보편자가 실재함을 의심하지 않았는데, 그 대표자가 **안셀무스**입니다. **로스켈리누스**에 맞서 **안셀무스**는 실재론의 입장에서 삼위일체를 다음과 같이 설명했습니다.

만일 세 위격이 하나의 실체라는 사실을 부정하면 삼위일체론은

163 소광희 · 이석윤 · 김정선, 「철학의 제문제」 (서울: 지학사, 1984), 249; Cannon, *History of Christianity in Middle Ages*, 188; 그리고 Schaff, *History of the Christian Church*, 5:596-597 참조.
164 *MPL*, CLXXVIII, 357-372; Cannon, *History of Christianity in Middle Ages*, 188에서 재인용.

> 삼신론이 될 것이며 각 위격은 서로 독립된 다른 존재일 것이다. 모든 인간이 인간성이란 보편적 속성이 실제로 표현된 인간인 것처럼 성부·성자·성령 각각이 하나님이시지만 전체로는 유일한 하나님을 이루신다. 인간은 하나님을 직접적으로 알 수 없고 유추에 의해서 알 뿐이다. 성부와 성자의 관계는 인간 자의식의 이중적 본성인 기억과 이해력의 관계에 빗댈 수 있다. 기억과 이해력이 서로 맺고 있는 관계에서 나오는 이 둘 간의 사랑은 성령을 상징한다. 이렇듯 세 위격은 세 실체가 아니라 세 관계로 이해할 수 있다. 따라서 **로스켈리누스**의 주장과 달리, 성부와 성령의 성육신 없이 성자께서 성육신하실 수 있었다.[165]

안셀무스는 **아우구스티누스**를 따라 하나님 존재의 초월성을 증명했는데, 여기서도 그는 실재론의 입장을 취하고 있습니다. **안셀무스**의 증명은 다음과 같습니다.

> 하나님은 여러 곳에 항상 현존하시지만, 동시에 차별화된 현실 세계 안에서는 어느 때 어느 곳에도 존재하시지 않는다. 하나님은 창조주이므로 모든 개별적 피조물을 초월하시지만, 피조물은 하나님에 의존해서 비로소 존재하게 된다. 따라서 하나님은 피조물에 앞서 초월적으로 현존하신다.[166]

이렇듯 삼위일체와 하나님 존재의 초월성 증명 등에 실재론이 긍정적인 역할을 했지만, 실재론은 **플라톤**의 이데아론과 같은 맥락에 있다 보니 현실세

165 Schaff, *History of Christian Church*, 5:597 참조.
166 소광희·이석윤·김정선, 「철학의 제문제」, 249 참조.

계를 과소평가하는 경향이 문제였습니다. 하나님의 창조물인 현실세계를 과소평가하는 것은 잘못이기 때문입니다.

피에르 아벨라르는 인식론적인 입장에서 유명론을 다시 들고 나왔습니다.

> 인간의 인식은 감각적인 것에 의해 시작된다. 인식은 감각의 대상인 개체를 간직하고 있지만 그것만으로 인식이 이루어지지는 않는다. 인식에는 개체를 추상화하는 작용이 필수적이다. 따라서 보편자는 추상화의 결과다. 그것은 지적 활동의 산물이므로 결코 개체는 아니고, 개별적 대상을 지시하는 언어(voces)일 뿐이다.[167]

실재론과 유명론의 이렇듯 첨예한 대립 상황 속에서 **토마스 아퀴나스**는 보편자의 문제를 다음과 같이 세 가지로 구분해서 정리했습니다.

> 개체의 종과 같은 본질은 현실세계에서 실현되는 것과는 독립적으로 개체보다 앞서 존재한다. 즉, 본질의 면에서 보편자는 사물에 앞서(ante rem) 있다. 하지만 보편자는 사고 작용의 산물이므로 개념상으로는 사물 다음에(post rem) 있다. 한편, 개체는 종과 같은 본질이 구체적으로 실현된 것이기에 본질로서 보편자는 사물 안에(in re) 있다.[168]

이 구분을 사용하면 보편자와 개체의 관계에 대한 실재론과 실념론, 그리고 유명론 각각의 입장을 잘 드러낼 수 있습니다. 보편자가 우리의 의식과 독립적으로 실재함으로 모든 개체에 앞선다는 실재론의 핵심은 '사물에 앞서는'

---

167 소광희·이석윤·김정선, 「철학의 제문제」, 250 참조.

168 소광희 · 이석윤 · 김정선, 「철학의 제문제」, 250; 그리고 Frederick Copleston, *A History of Philisophy*, 9 vols. (New York: Image Books, 1993), 2:154-155 참조.

보편자라는 말로 표현할 수 있습니다. 보편자가 우리의 의식과 독립적으로 실재하지만 오직 그것이 서술하는 것들 안에만 실재한다는 실념론의 핵심은 '사물 속에 있는' 보편자라는 말로 표현할 수 있습니다. 이 실념론이 바로 개체를 중시하는 **아리스토텔레스**의 철학을 수용한 **토마스 아퀴나스** 자신의 입장이었음은 굳이 말하지 않아도 짐작할 수 있을 겁니다.

하지만 **오컴의 윌리엄**은 현실적으로 존재하는 모든 것은 각각의 개체들일 뿐, 유와 종은 사물의 본성으로 개체 가운데 있는 것이 아니라고 했습니다. 일찍이 실념론자인 **둔스 스코투스**는 보편자가 '사물에 앞서' 하나님의 정신 속에 있음을 부인하였는데, **오컴**은 한 걸음 더 나아가 보편자가 '사물 속에' 있는 것조차 부인한 것입니다. 그 대신에 **오컴**은 보편자는 사물이 있은 뒤에 관념으로서 정신 속에 있을 따름이라고 했습니다. 이런 유명론의 핵심을 '사물이 있은 뒤에' 있는 보편자라고 표현할 수 있을 것입니다. 유명론자들에게 보편자란 한갓 바람 소리(flatus vocis)이며, 하나의 명사나 이름(nomen) 이외에 아무것도 아니었습니다.[169]

오컴에게 있어서 사물은 개체로 존재할 뿐이고 보편자는 인간의 주관적 이해의 한 면에 불과했습니다. 인식은 사물에 대한 감각의 인상들로 구성되어 있기에, 교의의 내용들이 참인지를 이성으로 확인할 수는 없다고 했습니다. 따라서 삼위일체, 성육신, 화체설 등의 교리들은 이성의 관점에서만 본다면 냉혹한 빈정거림만 당할 것입니다. 이성적으로 보면, 그것들은 엉터리없기 때문입니다. 하지만 **오컴**은 로마 교회가 그것들이 진리라고 가르치는 이유만으로 우리는 신앙에 의거해 그것들을 믿어야만 한다고 했습니다. "가톨릭 교회에 속한 기독교 신자라면 자신의 자연 이성으로는 결코 받아들일 수 없는 그 무엇이라 할지라도 쉽게 믿을 수 있다."[170] 실제로 유명론자들은, 정통교리를

169 소광희·이석윤·김정선, 「철학의 제문제」, 250; 그리고 Lamprecht, 「서양철학사」, 295 참조.
170 William of Ockham, *Quodlibeta septem* (Paris, 1487), II, 3; Cannon, *History of Christianity in Middle Ages*, 302에서 재인용.

실재론의 방식으로 논하고 해석하는 것을 거부하는 경우에도, 정통교리를 믿는다고 공언했고, 교회의 권위에 복종했습니다.

중세 말 교회론에 나타난 변화

실념론이나 유명론의 영향으로 중세 기독교의 특정한 교리가 전적으로 바뀐 경우는 거의 없다 할 것입니다. 하지만 이런 논의가 중세교회 교리의 변화에 끼친 영향을 발견하기가 어렵지는 않습니다. 중세 말에는 타락한 인간의 본성에 관해서는 순수한 형태의 아우구스티누스주의 대신에 **둔스 스코투스**의 해석이 그 자리를 차지하고 있었습니다. 대속론에 있어서는 그리스도의 사역의 공로가 우리들이 용서받는 근거라는 객관적 견해와 **피에르 아벨라르**의 주관적 견해가 결합하여 **안셀무스**의 가르침을 대신했습니다. 하지만 가장 큰 변화는 교회론에서 나타났습니다.[171]

교회론, 특히 교계주의의 해석에 있어서 14·15세기의 사상은 13세기의 그것과 전혀 달랐습니다. 이제 교회는 그 구성원들과 관련해서 정의되었으며, 교회의 순수성 여부는 그 구성원들이 얼마나 성경의 가르침에 충실하게 생각하고 살아가는가에 달려있다고 가르쳐졌습니다. 교황과 공의회 모두 오류를 범할 수 있고, 주교들은 행정 업무를 제외하고는 일반 사제들과 전혀 다를 바 없다고 했습니다. 교황의 권력은 교회 전체의 권력이지 교회 안의 어떤 한 사람의 권력이 아니라고 했습니다. 따라서 교황제도는 전적으로 기능적인 것으로 보아야 하며, 그것이 전체 교회 조직에 미치는 영향에 따라 선악을 가려야 하며 여러 가지 상황과 조건에 따라 수정하거나 폐지할 수 있다고 했습니다. 따라서 교황은 일체의 세속적 권력을 포기하고 오로지 영적 책임만 감당해야 한다고 했습니다. 그리스도 자신은 물론 그의 모든 사도들이 사회적·정

171 Cannon, *History of Christianity in Middle Ages*, 303.

치적 사안들에서는 이 세상의 통치자들에게 복종했던 것처럼, 교회와 국가는 서로 독립된 별개의 실체들이라고 했습니다. 공의회에서는 이제 사제는 물론 평신도도 발언권을 가지게 되었습니다.[172] 교회론에 있어서 이런 변화의 바탕에는 보편 교회와 보편적 실재로서 교황제도를 옹호하는 중세교회의 주장에 대한 **오컴**을 비롯한 유명론자들의 신랄한 비판이 있었음을 기억하시기 바랍니다.

172 Cannon, *History of Christianity in Middle Ages*, 303-304.

12. 중세 신비주의와 데보치오 모데르나

중세 신비주의와 스콜라신학

신비주의는 영혼이 신적 성질을 소유하고 있기에 인간이 하나님과 하나가 될 수 있다는 생각을 가지고 직관적 통찰이나 직접적 체험 등을 통해 하나님과 합일을 추구하는 경향을 말합니다. 자못 딱딱하게 보이는 스콜라신학을 살피고 나면 도대체 그것과 신비주의가 무슨 상관이 있을까 하는 의문이 생길 것입니다. 하지만 신비주의를 잘 알지 못하고는 스콜라신학, 특히 초기 스콜라신학을 제대로 이해할 수가 없습니다. 신비주의와 스콜라신학은 상반된 것이 아니라 오히려 밀접한 관계가 있었습니다. **클레르보의 베르나르**를 필두로 하여 생 빅토르 수도원의 **위고**와 **리샤르** 등은 신비주의와 스콜라신학을 혼합한 사람들이었습니다. **토마스 아퀴나스**의 경우에도 복된 환상(beatific vision)이야말로 신학의 완성이라 할 수 있으며, 신학 지식은 이런 환상에 이르도록 하는 준비라 여겼습니다. **토마스**는 수많은 책을 연구해서 얻는 것보다 그리스도 십자가 앞에서 명상을 통해 더 많은 것을 배운다고 말했고, 「신학대전」의 집필 이유를 설명하며 자기가 쓴 것은 자기가 본 것에 비교하면 한갓 지푸라기에 지나지 않는다고 말했습니다. 신비주의적 명상이 때로는 스콜라신학 활동의 기초가 되었음을 암시하는 말이라 하겠습니다.[173]

중세 신비주의와 신플라톤주의

중세 신비주의는 신플라톤주의에 그 근원을 두고 있다고 볼 수 있습니다. 신플라톤주의는 3세기에 **플로티누스**에 의해 창시된 철학체계인데 플라톤 철학에서 영감을 받아 이루어진 것인데도 종교적이며 신비주의적인 성향이 매우 강했습니다. 신플라톤주의는 초대교회 사상가들, 특히 **아우구스티누스**와 **디오니시우스 위(僞)-아레오파기타**에게 큰 영향을 끼쳤습니다. 6세기 초에 쓴 것으로 추정되는 **위-아레오파기타**의 저작은 신플라톤주의와 기독교 교리가 혼합되어 있는 신비주의 사상을 담고 있습니다. 거짓이나 허위를 뜻하는 '위'라는 말은 오랫동안 사람들이 그 문서의 저자를 사도행전 17장 34절에 나오는 **디오니시우스 아레오파기타**("아레오바고 관리 디오누시오")라고 잘못 알고 있었던 때문에 붙여진 것입니다. **위-아레오파기타**의 저작은 9세기에 **요한네스 스코투스 에리우게나** 등에 의해 라틴어로 번역됨으로 널리 알려지게 되었습니다.[174]

12세기에 **위-아레오파기타**의 글에 대한 주석을 써서 신플라톤주의 사상을 부활시킨 이는 생 빅토르의 **위고**였습니다. **위고**는 금욕 생활에 힘쓰고 세상을 버려서 인간의 모든 감각 세계로부터 우리의 전인이 해방될 때 하나님과 연합할 수 있다고 했습니다. 이런 연합을 위해서는 먼저 죄 씻음을 받아야 하는데 죄 씻음은 교회의 종교적인 의식, 즉 세례, 견신례, 성찬을 통해, 그리고 선

173 김영재, 「기독교 교회사」, 332-334.
174 김영재, 「기독교 교회사」, 332.

한 행위와 금욕을 통해 받을 수 있다고 했습니다. 세상으로 후퇴했을 경우에는 고해를 통해 씻음을 받는다고 했습니다. 영혼이 교회 제도를 통해 성령과 거룩함을 선물로 받음으로 하나님과 진정으로 하나가 된다고 했습니다. 영혼은 때때로 순간적으로나마 본연의 자신이 되는 것을, 즉 하나님의 한 부분이 되는 것을 경험하는데, 그 경우 영혼은 알 수 없는 장소로 이끌리며, 알 수 없는 사랑의 품에 안기는 것을 느낀다고 합니다. 이런 상태가 영원히 계속되기를 바라지만, 그것은 지상에서는 달성될 수 없는 것이므로, 더 자주 이런 경험을 하기를 목표로 삼는다는 것입니다.[175]

이러한 신비주의적 경건 운동이 거의 모든 수도원과 심지어는 온 교회에까지 확산되었습니다. 중세 초기 신비주의에서는 인간의 영혼이 황홀(ecstasy)을 통하여 하나님과 연합한다고 가르쳤습니다. 그런데 뒤에 일어난 정적주의적 신비주의 사상은 하나님과 연합하려는 목표는 같았지만 그것을 실현하는 방도를 다르게 제시했습니다. 즉, 전혀 활동을 하지 않고 가만히 있어 자기를 비움으로써 하나님과 연합에 이른다고 가르쳤습니다.[176]

정적주의(靜寂主義, Quietism)라 일컫는 이런 신비주의 운동은 평신도들의 경건 운동에 많은 영향을 끼쳤습니다. 그 결과 평신도들이 제도적인 교회를 소홀히 여기게 되었고, 심지어 교회에 맞서는 무리까지 생겨났는데, 13세기에는 그런 경향이 현저했습니다.[177]

에크하르트의 신비주의

중세 후기 신비주의의 대표자는 **마이스터 에크하르트**입니다. '마이스터'(Meister)는 독일어로 '석사'를 의미하는데, 그가 파리대학교에서 신학석사 학

175 김영재, 「기독교 교회사」, 332-333.
176 김영재, 「기독교 교회사」, 334.
177 김영재, 「기독교 교회사」, 334.

위를 취득했기에 일반적으로 그의 이름 앞에 붙여 부릅니다. **에크하르트**는 신학적으로 **토마스 아퀴나스**와 관련이 있으면서도, 전통적인 기독교의 자료들을 신플라톤주의적 신비주의와 결합시켰습니다. **클레르보의 베르나르**는 그리스도의 생애에 근거를 둔 명상에 열중한 반면, **에크하르트**는 철학적 개념들을 좀 더 일반적으로 사용했습니다. **에크하르트**는 라틴어와 함께 독일어를 사용했으며, 설교자와 강연자로 활동했습니다. 그는 교회에 속해 있기 위해 노력했지만, 그가 죽은 직후 그의 교리 가운데 무려 28개 항목이 이단적인 것으로 정죄당했습니다. 그런 이유로 그의 이름은 알려지지 않게 되었지만 19세기에 와서 낭만주의 운동을 통해 그는 독일 신비주의의 대표적 인물로 알려지게 되었습니다.[178]

에크하르트는 영혼을 비우는 것이 하나님과 연합을 위한 전제가 된다고 말함으로써 정적주의 색채를 강하게 드러내었습니다. 누구든지 스스로를 비우면 하나님으로 말미암아 충만하게 되어, 자신에게 닥치는 모든 어려움을 즐겁고 평화롭게 극복할 수 있는데, 죽을 때까지 그렇게 견딜 수 있으면 그것이 곧 '완전함'이라고 했습니다. 그것은 부와 명예와 행복을 누릴 경우도 마찬가지라고 합니다. 인간은 외적인 반응과 행동에 병행하여 '평정,' 즉 내적인 자유를 가져야 한다고 하는데, 후기 신비주의에서는 이 '평정'을 곧 정신적인 힘으로 간주합니다.[179]

에크하르트는 하나님이 피조 세계의 복잡성은 물론 심지어 삼위일체 개념마저 초월하시는 절대자라고 합니다. 그는 세상의 기원을 한편으로는 창조로, 또 한편으로는 유출(emanation)로 설명했는데 이런 점에서 신플라톤주의의 영향이 확연히 드러납니다. 하지만 하나님과 피조 세계 사이에는 절대적인 구별이 있고, 인간의 영혼만이 그 중간에 위치한다고 했습니다. 영혼은 그 존재의

178 김영재, 「기독교 교회사」, 335.
179 김영재, 「기독교 교회사」, 336.

심연에 신적인 핵심을 포함하고 있는데, 이것이 곧 영혼의 근저 혹은 영혼의 불꽃이며, 이 영혼의 근저는 절대자와 동일하고 영혼 속에서 하나님이 배태되는 장소이기도 하다고 했습니다. **에크하르트**가 하나님과 절대적 존재를 동일시했으므로 그의 사상을 범신론으로 볼 수 있으나, 그는 하나님과 피조 세계를 확연하게 구분함으로써 자신의 범신론을 희석시켰습니다.[180]

에크하르트에 따르면, 그리스도는 하나님과 인간의 연합을 보여주는 원형(原形)으로서, 모든 신실한 자들을 위한 모범이었습니다. **에크하르트**는 이 연합을 증명하는 성육신을 십자가와 부활보다 더 중시했습니다.[181] 그의 이런 태도는 구원의 근거로서 십자가와 부활을 강조하는 교회의 일반적 가르침과는 큰 차이가 있음을 알 수 있습니다.

에크하르트는 인간이 세상에서 서서히 죽어가는 과정에서 그 과정과는 달리 하나님과 연합할 수 있는 길로 자신을 진입시킴으로써 구원을 받는다고 합니다. 이것은 세 단계를 거쳐 이루어지는데, 곧 정화·조명·연합의 단계입니다. 첫째, 정화는 죄악을 좇던 행습을 죽이는 것과 감각적인 것에 맞서 싸우는 단계를 의미하는데 회개를 통해 이루어집니다. 둘째, 조명은 그리스도의 고난과 순종을 본받는 단계로, 그리스도의 고난에 관한 명상과 인간 자신의 의지를 포기하는 일, 하나님의 의지에 흡수되는 것 등을 말합니다. **에크하르트**에 따르면, 자아의 죽음을 촉진시키는 것은 고난입니다. 고난이 인간으로 하여금 완전에 이르게 한다는 것입니다. 마지막으로, 하나님과 연합은 인간이 자기 자신으로부터 뿐만 아니라 모든 피조물과 그 유혹들로부터 완전히 해방되었을 때 이루어진다고 합니다. 바로 이때 영혼 속에서 그리스도가 태어나시고, 인간은 하나님이 원하시는 것을 스스로도 바라게 되며, 하나님과 더불어 하나가 된다고 합니다.[182]

---

180 김영재, 「기독교 교회사」, 336.
181 김영재, 「기독교 교회사」, 336.
182 김영재, 「기독교 교회사」, 336-337.

에크하르트는 독일 신비주의에 큰 영향을 미친 대표적인 인물입니다. **요한네스 타울러**와 **하인리히 조이저**도 **에크하르트**의 제자였기 때문에 그의 영향을 받았습니다. 하지만 그들은 대체로 **에크하르트**에게보다는 교회의 교리적인 전통에 더 충실하고자 했습니다. 이런 경향은 **타울러**와 「독일 신학」에서 현저하게 드러납니다. 참고로, 「독일 신학」의 저자는 '하나님의 친구들'(Die Gottes Freunde)이란 집단을 창설하는 일에 가담한 사람들이었습니다. **타울러**의 사상은 **에크하르트**의 사상보다 좀 더 실제적인 경향을 띠었으며, 그만큼 인기도 더 있었습니다. 또한 **타울러**의 글에는 순수하게 복음적인 사상도 많이 있어서 **루터**는 그를 높이 평가했습니다. 그럼에도 불구하고 **타울러**는 성경 말씀보다는 인간 영혼 안에 있는 근저 혹은 불꽃을 신앙의 출발점이라 생각하는 전형적인 신비주의자였습니다.[183]

데보치오 모데르나

데보치오 모데르나(Devotio Moderna)는 '새로운 경건'(modern devotion)이란 의미의 라틴어로 14세기 유럽의 북부 지역에서 일어난 '제3의 신비주의'라 일컫는 새로운 경건 운동을 말합니다. 데보치오 모데르나 운동은 네덜란드에서 시작해서 15세기에는 독일, 프랑스, 스페인 그리고 이탈리아까지 퍼졌는데, 이 운동을 시작한 사람은 평신도 설교자 **헤이르트 흐로테**였습니다.[184] 이 경건 운동에 '새로운'이란 수식어가 붙은 것은, 사색을 피하고 학문적인 것이 들어갈 여지가 거의 없다는 점에서 사색적이며 스콜라신학적인 **에크하르트**의 독일 신비주의와 뚜렷한 대조를 보인다는 이유에서였습니다.

흐로테는 **에크하르트**와 **조이저** 등 신비주의자들의 글을 읽고 감동을 받아

183 김영재, 「기독교 교회사」, 337-338.
184 김영재, 「기독교 교회사」, 339.

삶에 변화를 경험했습니다. 하지만 **흐로테**는, 신비주의자들과 달리, 하나님과 하나가 되는 길은 세상을 위해 활동하는 것이며, 성화는 이웃을 위한 봉사를 통해 성취된다고 생각했습니다.[185]

흐로테는 네덜란드의 데벤터 출신으로 파리대학교에서 수학했고 1366년 교황 **우르바누스 5세** 당시 아비뇽에 있는 교황청을 방문하기도 했습니다. 수도회 참사회원직과 개인 재산 덕분에 호사스러운 생활을 영위했지만 1374년에 중한 병을 앓는 중에 어릴 때 친구를 통해 진실한 회심을 하게 되었습니다. 그 뒤 **흐로테**는 자신의 수입을 포기하고 간소한 삶에 필요한 만큼만 유지한 채, 초라한 옷을 입고 회개를 설파하고 다녔습니다. 그는 성직수임은 사양했고 다만 주교의 허락을 받아 말씀을 전하는 선교사로 일하기를 원했습니다. 그 일을 시작하기 전에 **흐로테**는 자기에게 남아있던 것 전부를 수도서약 없이 함께 지내는 처녀들과 과부들의 공동체에 희사했습니다. 그는 여러 곳을 전전하며 말씀을 전했는데 평신도들과 성직자들에게 끼친 그의 영향이 지대해서 그를 따르는 이들이 상당히 많았습니다. 그가 속한 관구의 주교는 설교하도록 그를 자주 초청했는데, 1383년에는 축첩을 통렬하게 비판해 달라고 특별히 요청했습니다. 하지만 그때 거리낌 없는 비판으로 **흐로테**는 설교권을 박탈당했습니다. **흐로테**는 그 판결에 항의했지만 답은 없었고 얼마 지나지 않아 그는 죽었습니다.[186]

세속적인 성직자들은 자신들의 사치와 성직매매 그리고 고리대금 등의 잘못을 혹평하는 **흐로테**를 오히려 공격했습니다. 수도사들도 청빈의 맹세를 어기는 것과 게으름에 대해 통렬하게 비난하는 **흐로테**에게 역공을 퍼부었습니다. 하지만 **흐로테**는 자기 주위에 수도원 생활에 준하는 삶을 사는 몇몇 친구들을 끌어 모았는데 이들이 공동생활의 형제단(the Brethren of the Common Life)의

185 김영재, 「기독교 교회사」, 339.
186 김영재, 「기독교 교회사」, 339-340.

중심이 되었습니다. **호로테**의 삶과 가르침은 신비주의가 사람들이 일반적으로 생각하는 것보다 덜 탈속적(脫俗的)이며 덜 자기중심적이라는 느낌이 들도록 하는데 크게 기여했습니다.

플로렌스 라데베인스는 **호로테**의 설교를 듣고 감동을 받아 1380년경 절친한 사이가 되었고, 우트레히트의 참사직을 데벤터의 대목(代牧, vicar)직과 맞바꾸어 **호로테**의 말씀 전파 사역에서 그를 수행했습니다. **호로테** 자신은 사제직을 받지 않았지만 **라데베인스**를 보름스로 보내 도덕적으로 깨끗한 주교를 만나 사제로 안수 받도록 했습니다. 1384년에 **호로테**가 죽은 후 **라데베인스**가 공동생활의 형제단의 지도자가 되었습니다.

공동생활의 형제단을 중심으로 한 데보치오 모데르나 운동은 교육에는 직접 관여하지 않았지만 그들의 신앙과 삶은 당시의 교육에도 영향을 미쳤습니다. 참고로, **호로테**는 교육을 통해 어린아이들을 감화하므로 더 나은 성직자들을 배출하려 했고, 데벤터의 주교 성당 학교에 다니는 가난한 학생들로 하여금 자신 소유의 도서관을 위해 필사본을 만들도록 함으로 그들을 도왔습니다. 데보치오 모데르나 운동은 수도원 개혁 운동에도 자극을 주었습니다. 수도원을 설립하는 것이 **호로테**의 뜻이기도 했으므로 1387년 빈데스하임에 그들은 자신들의 수도원을 설립했는데, 1500년경에는 수도원이 87 곳으로 불어났습니다. 그들은 목회나 교육에 종사하는 일은 하지 않고 책을 필사하는 일과 수도원을 개혁하는 일에만 전념했습니다.[187]

독일의 공동생활의 형제단 역시 데벤터에 그 뿌리를 둔 것이었습니다. 그 창시자인 **하인리히 폰 아하우스**는 1396년에 성직을 받았는데 1400년에 데벤터에 머물며 형제단의 원리와 조직에 숙달할 뿐만 아니라 그들의 열정에 감동을 받고 돌아와서 1401년 뮌스터에 공동생활의 형제단을 세웠습니다.[188]

---

187 김영재, 「기독교 교회사」, 340-341.
188 김영재, 「기독교 교회사」, 341.

공동생활의 형제단의 일상은 매우 빡빡했습니다. 매일 새벽 세 시에 종이 울리고, 세 시 반에는 모두가 일어나 기도와 명상 가운데 하나님께 첫 열매를 드릴 준비를 했습니다. 그때부터 밤 아홉 시에 취침하기 전까지 하루 종일, 식사와 휴식을 제외하고는, 매 시간 일과 영적 훈련이 나뉘어 있었습니다. 일의 종류는 다양했습니다. 교육받은 성직자들은 책 필사에 많은 시간을 쏟았습니다. 평신도들이 성직자들에게서 기술을 배워 온갖 종류의 일들을 했습니다.[189]

겸손이 특별히 강조되었으며, 형제단에 속한 이들은 자신의 죄를 사제에게 뿐 아니라 서로서로에게 고백하는 것이 일반적이었습니다. 이런 관습 때문에 외부인들로부터 정통성을 의심받기도 했습니다. 복종의 정신 때문에 윗사람의 꾸지람이나 질책을 달게 받았습니다. 정례적으로 감화를 위한 담화를 가졌는데, 두 종류가 있었습니다. 하나는 주일이나 휴일에 외부인들에게 개방된 것이었는데 항상 그 지역 언어로 행해졌고, 다른 하나는 형제단에 속한 이들만 참여하는 한낮이나 저녁의 담화였습니다. 하루 일과가 너무 빡빡하게 짜여 있다 보니 형제단에 속한 이들은 창조 세계의 아름다움을 감상할 여유는 없었습니다.[190]

데보치오 모데르나의 사상과 경건을 엿볼 수 있는 대표적인 책이 「그리스도를 본받아」입니다. 각기 독립적으로 쓴 것으로 추정되는 네 권의 책이 1427년 이후부터 빛을 보게 되었는데, 15세기에는 이 책의 저자가 누구인가 하는 문제로 논란이 많았습니다. 한 때는 **클레르보의 베르나르**, **보나벤투라**, **타울러**, **조이저** 등 25명이나 되는 사람들이 저자로 거명되기도 했지만, 마침내 단지 필사자로 알고 있었던 **토마스 아 켐피스**가 저자인 것으로 인정되었습니다.[191]

---

189 김영재, 「기독교 교회사」, 340.
190 김영재, 「기독교 교회사」, 340.
191 Harold C. Gardiner, Introduction, in Thomas à Kempis, *The Imitation of Christ*, ed. with introduction by Harold C. Gardiner (Garden City, NY: Image Books, 1955), 10; 그리고 김영재, 「기독교 교회사」, 341-342.

문제는 「그리스도를 본받아」에 담겨진 사상이 역사적인 그리스도를 모범으로 여기는데 그치며, 그리스도께서 하나님이시면서 사람이 되신 사실이나 그리스도를 통해 성령 안에서 아버지 하나님께 나아갈 수 있다는 진리에 대한 언급은 볼 수 없다는 것입니다. 하나님의 사랑이 충만할 때 비로소 이웃을 사랑하고 교회를 위하게 된다는 생각도 볼 수 없으며, 선교의 사명에 대한 강조도 결여되어 있음을 흔히 지적합니다.[192]

데보치오 모데르나 운동이 그리스도를 본받아야 한다고 강조했지만 그런 강조가 도덕적인 의미에 머물렀던 것이 문제였습니다. 칭의와 은혜의 교리와 더불어 믿음의 대상이 되시는 중보자 그리스도를 새롭게 발견하고 강조하는 종교개혁자들과 같은 신학적 의미는 결여되어 있었습니다.[193]

교황에게 충실했던 프란체스코 수도회나 도미니크 수도회와는 달리 데보치오 모데르나 운동은 교회로부터 좀 더 독자적인 공동체 생활을 영위했습니다. 하지만 종교성과 도덕적인 행위에 역점을 둔 공동체였다는 점에서 데보치오 모데르나는 중세 로마 가톨릭 교회의 사상적 테두리 안에 머물렀던 운동이었습니다.[194]

데보치오 모데르나가 인간에 대한 봉사를 강조한다는 점이 이웃 사랑을 강조하는 **칼빈**의 경건 개념과 유사하게 보일지 모르나, 데보치오 모데르나가 세상에 대한 경멸의 태도를 가지고 있었던 반면에 **칼빈**의 경건 개념은 이 세상에 철저하게 참여함을 통해 성화의 삶을 살아간다는 점에서 상당히 큰 차이가 있습니다.

192 김영재, 「기독교 교회사」, 342.
193 김영재, 「기독교 교회사」, 342.
194 김영재, 「기독교 교회사」, 342.

신비주의의 문제점

모든 신비주의자들은 하나님과 하나 되기를 추구합니다. 하지만 하나님과 합일에 이르는 방법에 대해서는 신비주의자들에 따라 차이가 있습니다. 하나님과 하나 되는 방법으로 중세 초기 신비주의는 황홀을, 중세 후기 신비주의는 자기 비움을, 그리고 데보치오 모데르나는 이웃에 대한 봉사를 제시했습니다. 하지만 성경에서는 우리가 하나님과 만나는 특정한 방법을 제시하지 않습니다. 기도를 통해 하나님을 만날 수 있기에 '간절하게 기도하라'고 하지만, 기도의 방법을 세세히 규정해 두지 않았습니다. 따라서 황홀이나, 자기 비움, 이웃을 위한 봉사, 혹은 그 밖의 무엇이라도 하나님을 만나는데 없어서는 안 될 절대적인 것으로 주장함은 잘못입니다.

실제로 신비주의의 가장 큰 문제점은 자신의 체험을 절대시하고 체험만을 일방적으로 추구하는 것입니다. 체험은 기독교 신앙의 핵심적 요소이지만 체험을 절대시하고 체험만을 추구하는 것은 잘못입니다.

오늘날 우리는 신자나 비신자나 가릴 것 없이 과학을 맹신하는 경향이 있습니다. 그래서 일상생활에서 '과학' 혹은 '과학적'이란 말은 '진리' 혹은 '참'이라는 말과 동의어로 사용되는 실정입니다. 그런데 체험을 강조하는 신비주의와 오늘날 우리가 맹신하는 과학은 공통점이 있습니다. 둘 다 '보는 것'을 절대시한다는 점입니다. 흔히 '백문(百聞)이 불여일견(不如一見)'이라 번역하는 영어 속담 '보는 것이 믿는 것이다'(Seeing is believing)는 신비주의와 과학에 똑같이 적용되는 말입니다. 신비주의 체험은 '내가 보는 것'에, 과학 이론은 관찰 즉 '우리가 보는 것'에 절대적 신뢰를 둡니다.

하지만 우리는 과학이 진리가 아니라 이론(theory)일 뿐이라는 사실을 거의 망각하고 살아갑니다. 제가 어릴 때 초등학교 '자연' 시험에서는 태양계의 행성 수를 '아홉'이라 써야 맞는 답이었고, 그 아홉 개의 행성 이름을 외우기 위해 '수금지화목토천해명' 식으로 아홉 행성의 첫 글자를 셀 수 없을 만큼 되뇌어야만 했습니다. 그 때 기억해 둔 내용이 중학교 '물상' 시험과 고등학교 '지구과학' 시험에서도 매우 유용했던 것은 물론입니다. 하지만 2006년 국제천문연맹에서 1930년 이후 태양계의 아홉 번째 행성이라 부르던 명왕성을 빼고 태양계의 행성 수를 여덟 개로 줄였습니다. 진리는 변할 수 없습니다. 하지만 과학은 진리가 아니라 이론이기 때문에 언제든 바뀔 수 있습니다. 그런데도 오늘날 많은 이들이 과학을 진리라 착각하며 살아갑니다. '보는 것'에 대한 맹신 때문입니다.

'보는 것'에 대한 이런 맹신은 신비주의자들에게도 있습니다. 자신의 체험, 즉 '내가 본 것'이 신앙의 절대적 표준이 되어버립니다. 하지만 신앙의 절대적인 표준은 개인적 체험이 아니라 하나님의 말씀입니다. 올바른 믿음은 그 바탕을 개인적 체험이 아니라 하나님의 말씀에 두어야 합니다. 예수님 손의 못자국과 옆구리의 상처에 자기 손을 넣어 보지 않고서는 부활하신 예수님을 믿지 못하겠다고 하는 도마에게 "너는 나를 본 고로 믿느냐? 보지 못하고 믿는 자들은 복되도다"(요한복음 20:29)라고 하신 예수님의 말씀은 무엇이 우리 믿음의 근거가 되어야 하는지를 분명히 제시하고 있습니다. 그래서 히브리서 기자는 "믿음은…보지 못하는 것들의 증거"(히브리서 11:1)라고 합니다.

올바른 신자는 보는 것을 믿는 것이 아니라 하나님의 말씀이 가르치는 것을 믿습니다. 이것이 바로 말씀에 바탕을 둔 올바른 신앙입니다. 교인들 가운데 어떤 이들이 자신의 체험을 절대시하는 경우를 종종 봅니다. 하지만 개인적 체험을 하나님의 말씀보다 앞세우는 것은 매우 큰 잘못입니다. '천국을 보았다'는 이들의 말에 귀를 기울임도 매우 어리석은 일입니다. 우리 믿음을 위해서 필요한 것은 하나님께서 성경에 이미 다 기록해 두셨기 때문입니다.

중세 신비주의에 뿌리를 두고 있는 '영성' 개념은 성경이 가르치는 '성령 충만'과 다릅니다. 영성을 말하는 이들은 개인적인 묵상 혹은 명상을 장려합니다. 하지만 영성을 추구하는 명상과 성령 충만을 간구하는 기도는 다른 것입니다. 기도와 명상이 다르다고 해서 그리스도인은 기도만 해야 하고 명상은 해서는 안 된다는 그런 말은 아닙니다. 일반적인 의미의 명상은 하나님의 일반은총에 속하기에 그리스도인은 일반적인 지식을 추구하듯이 명상도 할 수 있고, 또 명상에서 유익을 얻을 수 있습니다.

하지만 명상으로 기도를 대치할 수는 없습니다. 명상으로 기도를 대신할 경우 신비주의에 빠질 수 있습니다. 기도를 대신한 명상은 마음을 비움으로써 자신의 영혼이 신적 세계의 영과 접촉하고 신적 존재와 합일을 지향하는 반면에, 기도는 살아 계신, 인격적인 하나님께 당신께서 영광을 받으시고 우리의 감사와 찬송을 받으시며 당신의 뜻을 이루시도록, 그리고 당신의 뜻 가운데서 우리의 간구를 들어주시도록 아뢰는 것입니다.

영성을 말하는 이들이 영적 체험을 강조하고 인격의 완성을 지향하는 점은 성령 충만을 말하는 경우와 비슷한 것 같지만, 실제 결과는 다르게 나타납니다. 명상은 일반은총에 속하지만 기도는 성령의 선물입니다. 성령께서 우리를 감동하시고 힘을 주셔서 우리는 하나님께 기도할 수 있습니다. 기도로 우리는 자신이 하나님의 자녀임을 확인하며 순진하게 하나님을 아버지라고 부르며 주께 영광을 돌리고 우리의 소원을 아뢥니다.[195]

기도보다 명상을 지나치게 중시했던 중세 신비주의의 영성 개념은 종교개혁자들이 배격한 공로주의를 배태하는 사상입니다. 하지만 우리 인간은 전적으로 부패했으므로 오직 하나님의 은혜와 성령의 일하심을 통해서만 그리스도를 믿는 믿음을 가질 수 있을 뿐 아니라, 의롭다함을 받아 하나님의 자녀가 되고 전 인격이 변화함을 받는 성화의 생활을 할 수 있습니다. 그러므로 명상보다는 하나님을 전적으로 신뢰하고 간구하는 기도에 힘써야 합니다.[196]

---

195 김영재, 「그리스도인의 매뉴얼」, 120-121.
196 김영재, 「그리스도인의 매뉴얼」, 335-336.

되찾아야 할 올바른 경건 추구

요즈음 개신교인들 가운데 일부가 열성을 쏟고 있는 집회 중에 '뜨레스 디아스'(Tres Dias)가 있는데, 이것은 로마 가톨릭 신학에 근접한 사상에 그 뿌리를 두고 있습니다. 믿음과 행함을 가르치고 사랑의 실천을 연습하는 일이 개신교의 부흥 집회보다 참신한 면이 있어서 참석자들이 감명을 받는다고 합니다. 개신교와 로마 가톨릭의 이질성을 강조하는 말만 듣고 동질성에 관해서는 별 말을 듣지 못한 개신교 교인들에게 그런 모임에 참석함은 충격을 주는 경험일 수 있습니다. 믿음과 사랑의 실천을 강조하는 면에서 개신교와 로마 가톨릭 사이에 눈에 뜨이게 큰 차이가 있는 것은 아니지만 로마 가톨릭의 영성 훈련에는 공로주의 신학이 그 바탕에 깔려 있음을 기억해야 합니다. 그런 모임과 그런 방식의 훈련에 익숙하다 보면 로마 가톨릭의 신앙 행태를 차츰 받아들이게 될 수도 있습니다.[197]

개신교 신자들이 로마 가톨릭으로 쉽게 개종할 수 있는 정서를 갖게 된다는 점에서 염려할 일일 수도 있지만, 개신교 교회 안으로 로마 가톨릭적인 경건이 스며들어 확산되는 것 자체가 바람직한 일이 아닙니다. 한국 교회는 부흥 운동을 통하여 회개 운동을 경험했으며 그런 운동을 통하여 성장해 왔습니다. 우리는 전적으로 부패한 사람들이므로 오직 하나님의 자비와 불쌍히 여기심을 바랄 때 성령께서 우리에게 믿음을 선물로 주시고 회개하게 하시며 구원의 확신을 갖게 하시고 감격과 기쁨을 안겨 주십니다. 기쁨으로 교회를 섬기게 하시며 그리스도를 증거하고 전도에 힘쓰게 하시며 거룩한 삶을 살기 위해 힘쓰게 하십니다. 이런 믿음과 삶이 공로주의를 바탕으로 한 로마 가톨릭적인 영성 훈련으로 인해 힘을 잃어서는 안 됩니다. 우리에게 공로사상이 있으면 성령께서 역동적으로 일하시는 부흥을 기대할 수가 없습니다. 한국 교회는 성

197 김영재, 「그리스도인의 매뉴얼」, 336.

령께서 더 많이 역사하시도록 자리를 드리고 기도하는 교회이어야 합니다. 그럼으로써 한국 교회는 교회를 부흥케 하신 하나님의 은혜에 보답하고 세계 교회에 기여할 수가 있습니다.[198]

하나님을 만나 뵙기를 원함은 모든 신자의 바람일 것입니다. 하지만 하나님을 만나는 길이라고 하여 특정한 수단이나 방법을 절대적인 것으로 제시하거나 좇는 것은 적절하지 않습니다. 우리가 할 것은 하나님 뵙기를 간절히 겸손한 마음으로 사모하는 것뿐입니다. 우리를 만나주심은 하나님의 몫입니다. 하나님과 만남의 관건은 우리의 노력이나 이런 저런 시도가 아니라 우리를 향하신 하나님의 긍휼과 자비입니다.

198 김영재, 「그리스도인의 매뉴얼」, 336-337.

13. 교황권의 쇠퇴

교황권 우위 주장의 망상

12세기와 13세기에도 교황권과 제왕권의 대립은 계속되었습니다. 사실 이것은 결국에는 왕이나 황제 편이 이길 수밖에 없는 뻔한 싸움이었습니다. 백성이 뼈대가 되는 민족국가에 기반을 둔 왕이나 황제의 권력은 신자들로 이루어진 교회에 기반을 둔 교황의 권력과 비교할 수 없을 정도로 튼튼한 것이기 때문입니다. 그럼에도 불구하고 교황은 국제적인 관계에서 외교적으로 현명하게 처신한다면 나름대로 권력을 유지할 수 있었습니다. 예를 들어, 프랑스는 잉글랜드와 가장 가까이 있는 나라다보니 잉글랜드와 프랑스 사이에는 영토 관련 분쟁이 잦은 편이었습니다. 따라서 교황은 잉글랜드와 프랑스 사이에서 적당히 줄타기만 해도 어느 정도 자신의 입지를 굳힐 수 있었습니다. 이렇듯 상황에 따라 유동적일 수밖에 없었던 교황권과 달리 세속 군주들의 권력은 나라들 간의 이해 문제로 인한 갈등 속에서도 국력과 함께 점점 신장되어 갔

습니다.[199]

이런 상황을 제대로 파악하지 못한 채 교황권 우위 주장의 망상에 젖은 교황이 무리수를 두는 일이 발생했습니다. 성직자들에게 받은 세금을 전비로 사용하는 것을 막는다는 명분으로 **보니파키우스** 8세는 1296년에 '클레리키스 라이코스'를 발표해 성직자들이 세속 정부에 세금 내는 것을 금지했습니다. 이에 대해 잉글랜드 왕 **에드워드 1세**와 프랑스 왕 **필리프 4세**는 크게 반발했습니다.[200]

에드워드는 성직자들이 교황의 교서를 따르는 것을 불법이라 선언했고, **필리프**는 프랑스로부터 모든 자금의 유출을 동결시켜 헌금이 로마로 가는 길을 차단했습니다. **보니파키우스**는 스코틀랜드가 교황의 영지이므로 잉글랜드가 침입하지 말라고 주장해 앙갚음하는 등 세속 정치에 간섭함으로써 교황과 왕들의 관계는 더욱 악화되었습니다.[201]

그런데 **보니파키우스**는 여기서 한 발 더 나갔습니다. 1302년에 '우남 상크탐'을 발표해 교황권이 제왕권보다 우위에 있음을 천명했습니다. '하나이며 거룩하며 보편적이며 사도적인 교회' 밖에는 구원도 없고 죄 용서도 없다고 하고, 한 몸인 이 교회의 머리는 그리스도와 그 대리자인 베드로, 그리고 베드로의 계승자들이라고 했습니다. 또한 누가복음 22장 38절, "저희가 여짜오되 주여 보소서. 여기 검 둘이 있나이다. 대답하시되 족하다 하시니라"의 두 개의 칼이 영적 권세와 세속적 권세를 의미한다고 해석했습니다. 두 권세 모두 교회의 것인데, 영적 권세는 교회, 즉 사제가 사용해야 하며, 세속적 권세는 세속 군주들이 사용하되 사제의 뜻대로 그 허락을 받아 교회를 위해 써야 한다고 주장했습니다. 한 칼이 다른 칼 아래 있듯이 세속적 권세는 영적 권세에 복종해야 한다고 했습니다. **보니파키우스**는 유럽 정치계의 변화를 감지하지 못하

---

199 김영재, 「기독교 교회사」, 343.
200 김영재, 「기독교 교회사」, 344-345.
201 김영재, 「기독교 교회사」, 345.

고 **그레고리우스 7세**를 비롯하여 그를 잇는 여러 교황들이 주장한 교황권 우위에 대한 헛된 환상에서 깨어나지 못했던 것입니다.[202]

교황에 대한 비난과 파문 선언을 통한 앙갚음이 있은 후, 1303년 9월 7일 격앙된 **필리프**가 보낸 **노가레의 기욤**이 이끄는 군대가 아나네이에 머물고 있던 **보니파키우스**를 사로잡았습니다. **보니파키우스**는 사흘 뒤에 풀려났지만 한 달 후인 10월 11일 로마에서 사망했습니다. 그 뒤를 이은 교황 **베네딕투스 11세**는 1304년 6월 7일 **노가레의 기욤**을 비롯해 **보니파키우스** 체포에 관련된 이들을 파문했습니다. 하지만 그 역시 한 달 후인 7월 7일 사망했습니다. 명백한 증거는 없었지만 사람들은 **노가레의 기욤**이 그를 독살했다고 생각했습니다.[203]

베네딕투스 사망 후 추기경단이 프랑스에 우호적인 진영과 이탈리아에 우호적인 진영으로 양분되어 있어 교황 선거는 11개월을 허송세월했습니다. 결국 프랑스에 우호적인 추기경들의 뜻대로 되어 그들이 추대한 후보자가 1305년 6월 5일 **클레멘스 5세**라는 이름으로 교황에 선출되었습니다.

클레멘스는 프랑스 왕 **필리프**의 수중에 놀아나는 꼭두각시에 지나지 않았습니다. 그가 교황이 되고 제일 처음 한 일이 9명의 프랑스인 추기경을 새로 세운 것이었습니다. 재위 중 **클레멘스**는 **필리프**의 압력으로 전임 교황 **보니파키우스 8세**가 **필리프**에게 내린 파문을 철회했고, 성전 기사 수도회의 해체도 선언했습니다.

교황청의 아비뇽 유수

하지만 **필리프**의 압력으로 인해 **클레멘스** 재위 중에 일어난 결정적인 사

202 김영재, 「기독교 교회사」, 343.
203 김영재, 「기독교 교회사」, 345.

건은 바로 교황청의 아비뇽 유수(幽囚)였습니다. 론 강 기슭 왼편에 위치한 아비뇽은 1309년 당시 명목상으로 시칠리아 왕의 지배 아래 있었지만 약빠른 **필리프**가 기술적으로 자기 세력 판도 안에 두고 있던 곳이었습니다. **클레멘스**는 교황청을 아비뇽으로 옮길 의사가 없었지만 **필리프**의 압력이 점점 거세지자 결국 굴복하고 말았습니다. 그 결과 교황청은 1309년에 아비뇽으로 옮겨갔고 **클레멘스**를 이은 여섯 명의 후임자들이 아비뇽에 살았습니다.[204]

교황청의 아비뇽 유수는 교황권 우위 주장의 환상을 깨우쳐준 결정적 사건이었는데, 교황주의를 비판하고 반대하는 지성인들의 목소리는 이미 그 전부터 점점 커지고 있었습니다. 이런 움직임에 사상적으로 영향을 준 이는 **오컴의 윌리엄**과 **파도바의 마르실리오**였습니다. **마르실리오**가 1324년에 쓴 「평화의 변호인」은 획기적인 저작이었습니다.[205]

마르실리오에 따르면, 사회를 하나로 통합하는 지배력은 국가에 있으므로 교회도 전적으로 국가에 복종해야 합니다. 국가의 권력은 국민에게서 나오는 반면에 교회는 세속적이든 영적이든 본래의 권력이 없습니다. 그러므로 사제들은 사람들을 추방하는 등 사법권을 행사하는 일을 해서는 안 되고, 말씀을 가르치고 교인들을 영적으로 돌보는 일만 해야 합니다.[206] 만약 교회가 가진 권력이 있다면 그것은 국가가 준 것이기에 국가가 원하면 언제든 박탈할 수 있습니다. 교회는 재산을 가질 수 없고 다만 국가가 빌려준 것을 사용할 뿐이며, 성직자들의 위계는 하나님께서 제정하신 것이 아니라 순전히 사람이 만든 제도입니다. 지상권이 베드로에게 결코 주어지지 않았으며 교황권의 특전은 '**콘스탄티누스**의 증여'에 따른 것입니다. 물론 **마르실리오**는 그 문서가 위조문서임을 모르고 있기에 이런 주장을 한 것이지요. 어쨌든 **마르실리오**는 모든 교회 문제들에 있어서 최고 권위는 사제들과 평신도들로 구성된 전체 공의

204 김영재, 「기독교 교회사」, 345.
205 *New Schaff-Herzog Encyclopedia of Religious Knowledge*, s.v. "Marsilius of Padua," by F. Sander.
206 김영재, 「기독교 교회사」, 344.

회에 있다고 했습니다. **마르실리오**의 이런 생각은 당시 중세 사회의 생각과 완전히 반대였기 때문에 그를 종교개혁의 선구자라 일컫는 이들도 있습니다.

교황청의 아비뇽 이전은 온 교회에 호된 비판을 불러일으켰습니다. 프란체스코회 수도사들은 이를 이스라엘의 바빌로니아 유수에 비유했습니다. 당시 사람들은 교황청이 반드시 있어야 하는 것으로 알았으며, 베드로의 후계자인 교황이 거주해야 할 곳은 바로 베드로의 교구인 로마라고 생각했습니다. 얼마 지나지 않아 백년전쟁(1337~1453)이 시작될 정도로 프랑스와 적대 관계에 있었던 잉글랜드는 교황청의 아비뇽 이전을 특히 싫어했습니다.[207]

교황청의 아비뇽 이전은 교회와 교황청 관리들에게 중대한 결과를 초래했습니다. 교황청은 단순히 법을 제정만 하는 기관이 아니라 그 법을 시행하고 그 법에 따라 재판도 하는 기관이었습니다.[208] 오늘날 대부분의 나라들에서는 입법·사법·행정의 삼권이 나뉘어 있습니다. 그 각각을 책임지고 있는 최고 기관의 중요성은 굳이 설명하지 않아도 될 것입니다. 2004년 우리 정부가 행정수도를 서울에서 충남으로 이전하려 했지만 엄청난 반대 여론 때문에 난항을 겪다가 헌법재판소의 위헌 결정으로 무산된 일이 있었습니다. 삼권 중 하나를 책임지고 있는 행정부를 옮기는 문제를 두고 온 나라가 들썩였던 겁니다. 그런데 교황청은 서방교회 전체의 입법·사법·행정, 삼권 모두를 한 손에 쥐고 있던 최고 기관이었습니다. 그런 교황청이 갑자기, 그것도 외부의 압력에 의해 옮겨가게 되었으니 그에 따른 혼란은 아주 대단했으리라 추측할 수 있습니다.

게다가 교황청 이전에 따른 재정적 부담의 증가도 큰 문제였습니다. 교회는 로마에 있는 재산을 유지하는 한편 아비뇽에 필요한 건물을 지어야 했으므로 이중적 부담을 져야만 했습니다. 상황이 이런데도 교황들은 새로 짓는 건물을 전에 없이 장대하고 화려하게 짓도록 하여 그 부담을 가중시켰습니다.

---

207 김영재, 「기독교 교회사」, 345; 그리고 Gonzalez, 「중세교회사」, 190.
208 김영재, 「기독교 교회사」, 346.

왕이나 황제 같은 세속 권력자들과 힘으로 맞서다 보니, 그들 못지않게 위세를 떨치며 호화로운 생활을 영위하기 위해 막대한 돈을 쏟아 부었습니다. 때로는 교황청 재정의 상당 부분이 전쟁 지원비로 사용되기도 했습니다.[209]

교황청 수입 증대를 위해 고안된 온갖 수단들

클레멘스 5세 사망 후 약 2년 3개월이라는 긴 공백기가 지나 교황이 된 **요한 22세**는 교황으로 선출될 당시 이미 70세에 가까운 고령이었습니다. 그런데도 **요한 22세**는 교황권을 강화하기 위해 여러 나라들의 정치 문제에 적극적으로 개입했습니다. 그러다 보니 **요한 22세** 당시 문서에 따르면, 교황청 재정의 63.7%를 전쟁비로, 의상에 3.35%를 지출하는 때도 있었습니다. 이런 식으로 늘어나는 지출을 충당하기 위해 교황청은 수입 증대를 위한 각종 제도를 만들었습니다. 그래서 교황청 재정은 오히려 넉넉하기까지 했습니다.[210]

이와 반대로, 지역 교회들은 빈곤했습니다. 교황청에 가장 인접한 프랑스의 경우 백년전쟁으로 예배당이 파괴되거나 소실되는 등 심하게 피폐해진 데다가 중한 과세로 인해 교구민과 성직자들은 더욱 가난하게 되었습니다. 프랑스의 경우, 이른바 주교들이 거두는 '순회 거마비'가 교황의 손에 넘어가게 되어 주교들은 가난해지고 교황은 더욱 부유해졌습니다.[211]

교황청 수입 증대를 위한 또 다른 수단은 성직자들이 교구에 임명된 첫 해 받는 수입 전부를 교황에게 바치도록 하는 초년금(初年金, annates) 제도였습니다. 1400년경에는 모든 성직록의 대부분이 초년금 납부 대상이 되었습니다. 이렇게 교회의 재정이 증가됨으로 교황청 관리들은 부를 축적하게 되었지만, 지방의 주교들은 재정 고갈로 인해 교구를 제대로 돌보지 못하는 상황이었습

209 김영재, 「기독교 교회사」, 346.
210 김영재, 「기독교 교회사」, 346-347.
211 김영재, 「기독교 교회사」, 346-347.

니다.[212]

교회는 교인들의 십일조를 비롯한 각종 헌금 외에, 유력한 이들이 바치는 유산 기부 등을 통해 재산을 불려나갔습니다. 예를 들어, 보헤미아의 경우 전 국토의 절반이 교회 재산이었습니다. 하지만 교황청이나 주교구청은 그것에 만족하지 않고 더 많은 돈을 거두어들이기 위해 갖은 수단을 다 동원했습니다. 속죄를 위한답시고 여러 가지 명목의 미사를 만들어냈습니다. 먼저는 개인을 위한 속죄 미사, 다음에는 가족을 위한 속죄 미사, 그리고 나중에는 죽은 사람을 위한 속죄 미사까지 만들어서, 대가를 지불하는 대로 미사 집례를 했습니다.[213]

종교개혁 당시 중요한 쟁점이 되었고 개혁의 구체적 대상이기도 했던 면죄부는 교황청의 재원 마련을 위한 수단 중 하나였습니다. 원래 매우 가혹한 보속 행위를 대체하기 위해 나온 면죄부는 교황 **우르바누스 2세**가 십자군 원정을 독려하기 위한 수단으로 사용한 이후 점점 남발되었습니다. 그러더니 나중에는 속죄와 구원을 위해서 고행을 할 것과 로마의 교황청을 순례할 것을 권장하면서 면죄부를 사면 고행을 면제해 주기도 했습니다. 그 결과 일반 교인들은 면죄부만 사면 모든 죄를 용서받을 수 있다는 잘못된 믿음을 가지기가 십상이었습니다. 하지만 교황청이 면죄부의 오용을 지적하거나 면죄부 매매를 문제 삼는 일은 없었습니다. 면죄부 판매액의 상당한 부분이 교황청으로 상납되었는데 그 액수가 엄청났기에 굳이 면죄부 매매를 금하지 않으려 했던 것이라 추측할 수 있습니다.[214]

재원 마련을 위해 교황청이 고안한 또 다른 방법은 성직매매와 수뢰였습니다. 교회가 무자격자에게 성직을 파는 일은 흔한 일이었으며 해묵은 병폐였

212 김영재, 「기독교 교회사」, 347.
213 김영재, 「기독교 교회사」, 347.
214 김영재, 「기독교 교회사」, 347-349.

습니다.[215] 하지만 11세기 말에는 성직매매의 뿌리가 평신도 성직 서임권에 있었던데 반해, 중세 말에는 교황청이 성직매매의 뿌리라는 점이 큰 차이였습니다.

중세 말 성직매매는 두 가지로 나눌 수 있습니다. 첫째는 사제직을 팔고 사는 것이었습니다. 이런 일이 성행한 이유는 그리 어렵지 않게 추측할 수 있습니다. 돈을 주고 성직을 사려는 이들이 무자격자일 것은 너무 뻔합니다. 신학 수업을 하고 수련 기간을 거치며 사제가 되기 위해 착실히 준비한 사람이 돈을 주고 성직을 살 필요는 없기 때문입니다. 그런데 무자격자가 왜 성직을 샀을까요? 그 당시 성직자가 되면 누릴 수 있는 특권도 많고 돈벌이도 꽤 되기 때문이었겠지요. 이렇듯 무자격한 이들이 돈을 주고 성직자가 되다 보니, 성직자들 가운데 첩을 둔 사람이 많았으며 사제관에 거주하는 가정부는 내연의 처인 경우가 수두룩했습니다. 사제들이 무식하다 보니 성찬식의 미사문과 세례식 미사문을 뒤바꾸어 읽기도 했습니다. 1555년 잉글랜드 위건의 주교 보고에 따르면, 교구에 속한 목사들 211명 가운데 십계명을 외우지 못하는 이가 무려 166명이었고, 주기도문의 저자가 누구인지 모르는 이가 14명이었다고 합니다.[216] 참고로, 1555년이면 선왕들의 뜻과는 달리 로마 가톨릭 교회를 다시 잉글랜드의 국교로 삼으려 개신교도들을 극심하게 탄압해서 '피의 메리'(Bloody Mary)라 부르는 **메리 1세**의 5년 통치 중 절반이 지난 때였습니다.

또 다른 성직매매는 고위 성직을 팔고 사는 것이었습니다. 교황청은 주교나 대주교 자리를 이동시킴으로써 수입을 올렸습니다. 주교와 대주교는 자기 자리를 지키기 위해, 혹은 좀 더 나은 자리로 옮기기 위해 위에다 거금을 헌납했고, 교황청은 이런 재미를 보느라고 고위 성직자의 전임 발령을 될 수 있는 대로 자주 내렸습니다.[217] 이렇게 돈을 주고 성직을 산 사람들이 맡은 일을 제

215 김영재, 「기독교 교회사」, 349.
216 김영재, 「기독교 교회사」, 349.
217 김영재, 「기독교 교회사」, 349.

대로 감당할 리 만무했습니다.

15세기 신자들의 신앙생활

무자격자들이 사제로 있다 보니 그들의 지도를 받는 교인들의 신앙도 문제가 많았습니다. 15세기에 교회 생활이 강조되면서 일반 백성의 민속 신앙이 다시 활기를 띠었습니다. 그 전 시대부터 전수되어 오던 신앙의 여러 형태들, 즉 공로 쌓는 일, 기적과 순례에 대한 과도한 집착, 성인숭배 및 사자숭배, 면죄부 매매 등이 15세기에 이르러 더 성행했습니다. 그래서 바른 신앙에서 점점 더 멀어졌습니다.[218]

성인숭배 가운데 특히 마리아 숭배와 안나 숭배가 성행했습니다. 각 나라와 도시, 교회 등을 수호하는 성인이 있었고, 질병, 고난 등 여러 가지 상황과 심지어는 외양간의 소를 위해서도 각기 수호성인이 있었습니다. 사자숭배는 면죄부와 관련되어 성행했습니다. **루터**를 보호했던 **프리드리히 선제후**(選帝侯)는 1509년까지 무려 5,005개에 달하는 사자의 뼈 혹은 유품을 수집했다고 합니다.[219]

교회와 수도원이 너무 많은 것도 문제였습니다. 인구 3, 4만이 사는 쾰른의 경우, 11개 주교구에 19개의 교구가 있었고 채플이 100개 이상, 수도원이 22개, 수녀원이 76개나 있었습니다. 독일 전역에 있는 수도원만 3,000개에 달했습니다.[220]

그런 가운데 긍정적인 변화도 있었습니다. 교회 생활을 강조함에 따른 설교 강화가 바로 그것이었습니다. 설교는 지방어로 했습니다. 특히 탁발수도사들은 사람들이 알아들을 수 있는 그 지역 언어로 설교하는데 크게 공헌했습니

218 김영재, 「기독교 교회사」, 350.
219 김영재, 「기독교 교회사」, 350.
220 김영재, 「기독교 교회사」, 350.

다. 도시의 중심적인 교회들은 설교에 특별한 관심을 기울이기도 했습니다. 성경도 많이 보급되기 시작해서, 독일어 성경의 경우, 1466년부터 1521년까지 18종의 번역본이 나왔습니다. 하지만 로마 가톨릭 교회는 지방어로 번역된 성경의 보급을 금했습니다.[221]

서방교회의 분열과 교황권의 실추

1309년에 시작된 교황청의 아비뇽 유수는 1377년 1월 교황청 기구들의 로마 귀환이 마무리됨으로 끝이 났습니다.[222] 거의 70년에 가까운 아비뇽 유수를 겪은 후 교황청의 위세는 이전과 같지 않았습니다. 그런데 엎친 데 덮치기로 아비뇽 유수보다 더 황당한 일이 벌어졌습니다.

교황청 환도를 주도했던 교황 **그레고리우스 11세**가 환도가 끝난 이듬해인 1378년 3월에 사망하자 오랜 만에 로마에서 봉쇄 교황 선거가 있었습니다. 로마 시민들은 프랑스 출신이 교황으로 선출될 경우 다시금 아비뇽으로 돌아가 버릴 것을 우려하여, 로마 출신이나 적어도 이탈리아 출신이 교황에 선출되기를 바랐습니다. 선거 결과, 새로 교황으로 선출된 **우르바누스 6세**는 나폴리 출신이었는데, 추기경단에 속하지 않은 사람으로서 교황에 선출된 마지막 교황이었습니다. 그런데 착좌식과 대관식이 거행된 후 교황과 몇몇 추기경들 사이에 불화가 생기자 추기경들은 **우르바누스 6세**의 교황 선출이 무효라고 선언했습니다. 교황 선거가 강요에 의해 치러졌기 때문이라는 주장이었습니다. 결국 프랑스 출신의 추기경들은 1378년 9월 20일 **클레멘스 7세**를 교황으로 선출했습니다.

우르바누스와 **클레멘스** 둘 다 자신이 적법한 교황이라고 주장했기 때문에

221 김영재, 「기독교 교회사」, 350.
222 김영재, 「기독교 교회사」, 351.

두 교황 가운데 어느 교황이 적법한 교황인지 확실하게 분간할 수 없는 상황이 전개되었습니다. **클레멘스**는 아비뇽에 자리 잡고 새로운 교황청 기구를 조직했습니다. 세속 군주들은 정치적 이해득실을 따라 로마를 지지하는 이들과 아비뇽을 지지하는 이들로 나뉘었습니다. 이탈리아 북부와 중부, 독일의 대부분 주들과 헝가리는 로마 쪽을 지지했습니다. 프랑스의 적인 잉글랜드도 로마 쪽이었습니다. 이에 반해, 프랑스와 부르군디, 사보이, 나폴리는 아비뇽 편이었습니다. 잉글랜드의 적인 스코틀랜드도 아비뇽 편에 섰습니다. 아르곤과 카스티야는 오랜 망설임 끝에 아비뇽 쪽을 택했습니다.[223] 서방교회가 둘로 분열한 것입니다. 로마에서는 **우르바누스 6세**를 이어 **보니파키우스 9세**, 인노켄티우스 7세, 그리고 **그레고리우스 12세**가 교황이 되었고, 아비뇽에서는 **클레멘스 7세**를 이어 **베네딕투스 13세**가 교황이 되었습니다.

교회가 둘로 갈라진 채 30여년이 흐르고 보니 서방교회의 꼴은 말이 아니었습니다. 두 명의 교황과 두 개의 교황청이 존재했으므로 교황권에 대한 불만이 점점 쌓여갔습니다. 두 교황이 엄청난 재정이 소요되는 교황청을 따로 운영했기 때문에 이런 이중적 재정 소요는 그것을 실제로 감당해야 하는 지역 교회들과 신자들의 부담을 가중시켰습니다. 두 교황은 각기 왕이나 제후들의 지지를 요청하지 않을 수 없었고, 지지의 대가로 왕이나 제후들은 교황청에 불리하게 작용할 수밖에 없는 요구들을 제기하기도 했습니다.

로마 가톨릭 교회는 교황이 그리스도의 대리자이기에 교회의 머리라고 주장하는데, 그들의 주장대로라면 교회의 머리가 둘인 채 30여년이 흐른 것입니다. 다른 문제라면 오늘날 식으로 말해 입법·사법·행정을 총괄하는 최고 지도자인 교황이 풀 수 있었겠지만, 교황이 둘인 상황이 되니 그런 기대를 할 수가 없었습니다. 이런 대립을 어떤 개인이 나서서 해결할 수는 없는 듯 보였습니

223 Jedin, ed., *History of Church*, 2:235; 그리고 John Julius Norwich, 「교황 연대기」, 남길영 · 임지연 · 유혜인 역 (서울: 바다출판사, 2014), 439.

다. 그래서 당시 교회 개혁을 논구하던 많은 저술들에서 제시한 방법이 바로 공의회를 통한 교회 통일이었습니다.

서방교회의 통일을 모색하기 위해 토스카나 지방의 피사에서 공의회가 열렸습니다. 공의회는 기존의 두 교황을 퇴위시키고 새로운 교황을 선출함으로 교회 일치를 시도했습니다. 그래서 세운 교황이 **알렉산데르 5세**였습니다. 하지만 기존의 두 교황은 공의회의 결정을 받아들이지 않았습니다. 그 결과 이제는 두 명이 아니라 세 명의 교황이 대립하는 상황이 되었습니다. 신자들 대다수가 **알렉산데르**를 지지했지만, 실제로 **알렉산데르**는 공의회가 요구한 교회 개혁을 시작조차 할 수 없었습니다. 로마 교황청은 **그레고리우스**가, 아비뇽 교황청은 **베네딕투스**가 차지하고 있는 탓에 볼로냐에 자리 잡았던 **알렉산데르**는 교황 임기를 일 년도 채우지 못하고 별다른 업적도 남기지 못한 채 1410년 3월에 사망했습니다. **알렉산데르**를 이어 교황으로 선출된 **요한 23세**의 원래 이름은 **발다사레 코사**로 그는 피사 공의회를 주동했던 사람이었습니다.[224]

교회의 머리가 둘도 모자라 셋이 된 상황이 계속되자 교회 분열을 종식하기 위해 새로운 공의회를 소집해야 한다는 목소리가 점점 높아갔습니다. 하지만 피사 공의회가 교회 일치라는 소집 목적과 전혀 다른 결과를 낳았기 때문에 무조건 공의회로 모이는 것이 능사는 아니었습니다. 실제로 힘을 가진 공의회가 필요했습니다. 이때 나선 사람이 당시 독일 왕이기도 했던 헝가리 왕 **지기스문트**였습니다. **지기스문트**는 **요한 23세**를 움직여 독일에서 공의회를 소집하도록 하는 데 성공했습니다. 그 결과 콘스탄츠 공의회(1414~1418)가 소집되었습니다.[225]

콘스탄츠 공의회에는 명실 공히 기독교권을 대표하는 이들이 대거 참석했

224 김영재, 「기독교 교회사」, 352.
225 김영재, 「기독교 교회사」, 352.

습니다. 추기경 29명, 대주교 33명, 주교 약 150명, 수도원장 100명 이상, 동방 교회의 총대주교 3명, 다수의 신학 교수들과 박사들, 수도사들 5,000명 이상, 그 외에 제후들과 귀족들, 그리고 대사들까지 참석한 대규모 공의회였습니다. 공의회 기간 동안 콘스탄츠에 온 외부인들은 아무리 적게 잡아도 50,000명은 족히 되었는데 그 가운데는 대금업자들, 순회 공연하는 배우들, 그리고 창녀들도 있었습니다. 특히, 콘스탄츠로 몰려든 창녀의 수가 3,000명 이상이었다고 하니 당시 교회 지도자들의 도덕성을 짐작할 수 있습니다.[226]

콘스탄츠 공의회에서 결정된 사항을 보면 교황의 권위가 추락된 것이 여실히 드러납니다.

(1) 교회의 최고·최종적 권위는 보편 공의회에 있다.
(2) 보통은 교황의 존재가 유익한 것이기는 하나 그의 존귀한 권세는 부수적인 것으로서 항상 공의회의 심판과 평가의 대상이 된다.
(3) 교황 역시 오류를 범할 수 있으며, 이단도 될 수 있다.
(4) 교황은 단지 교회 내 최고의 행정 관리에 지나지 않는다. 따라서 그 직무를 제대로 수행하지 못할 경우에는 제거될 수 있다.[227]

공의회가 최고·최종적 권위를 가짐은 그 권세를 그리스도께로부터 직접 받았기 때문이라고 했습니다. 그러므로 신앙, 분열 종식, 그리고 교회 개혁에 관한 무슨 일에 있어서든, 모든 사람이 지위나 직무에 상관없이, 심지어 교황이라 할지라도, 공의회에 복종해야만 한다고 천명했습니다.[228]

콘스탄츠 공의회 개막 회의에서 **요한 23세**는 로마의 **그레고리우스 12세**

226 김영재, 「기독교 교회사」, 352.
227 김영재, 「기독교 교회사」, 352.
228 Walker et al., *History of the Christian Church*, 388; 그리고 Sacrosancta (1415), in Documents of the Christian Church, ed. Bettenson, 135.

와 아비뇽의 **베네딕투스 13세**의 퇴위를 요구했습니다. 하지만 공의회에 참석한 사람들은 세 교황의 공동 퇴위만이 교회 분열에 종지부를 찍을 수 있다는 견해를 표명했습니다. 그래서 콘스탄츠 공의회는 당시 교황의 자리에 있던 세 사람을 다 정리했습니다. **요한 23세**는 퇴위하도록 결정했으며, 로마의 **그레고리우스 12세**에게서는 사임원을 받았습니다. 아비뇽의 **베네딕투스 13세**는 콘스탄츠 공의회가 그의 퇴위를 거듭 확인했음에도 불구하고 교황직을 포기하지 않고 스페인으로 도주했습니다. 공의회는 1417년 11월 **오도 콜론나**를 교황으로 선출했고, 그가 **마르티누스 5세**로 즉위함과 동시에 40년에 가까운 교회 분열이 끝났습니다.[229]

교황으로 선출되자 바로 공의회를 주재한 **마르티누스 5세**는 추기경 숫자를 24명에서 26명 선으로 제한하고, 5년 후에 차기 공의회를 개최할 것이라 공포하면서 1418년 콘스탄츠 공의회를 폐회했습니다. 하지만 **마르티누스**는 콘스탄츠를 떠나기 전에 교황에 맞서 공의회에 제소하는 것을 금지시켰습니다. 이로써 **마르티누스**는 공의회가 교황보다 우위에 있다는 공의회 지상주의를 비난한 것입니다. 2년 후 로마에 입성해서는 복구 작업에 총력을 기울여 다시 질서를 잡아 갔습니다. 마르티누스는 정치적으로 유리한 입지를 확보하기 위해 잉글랜드와 프랑스 및 여러 나라들의 이해관계와 대립 등을 교묘하게 이용했습니다. 1423년에 예정대로 공의회가 개최되었으나 **마르티누스**는 교황에 대한 적대적인 분위기가 싹트기 전에 공의회 장소를 몇 차례 옮기는 식의 방법으로 공의회의 힘을 약화시켰습니다. 그래서 그 후 공의회가 여러 번 개최되었지만 교회의 개혁이나 부흥을 위해 기여할 수 있는 기관으로 발전하지는 못했습니다.

이런 우여곡절 끝에 서방교회가 다시 하나가 되고 한 사람의 교황만을 갖게 되었지만, 교황의 권위는 13세기 때와 전혀 달랐습니다. 제왕권과 대립하

229 김영재, 「기독교 교회사」, 352-353.

던 교황의 권세는 과거의 일일 뿐이었습니다. 유럽이 여러 민족 국가로 분리됨으로 말미암아 교황령 역시 이탈리아 내에 있는 다른 소왕국들과 같은 위치로 전락하고 말았습니다.[230]

동방교회와 재결합 도모

공의회가 연이어 개최되었던 또 다른 목적은 동방교회와 재결합 도모였습니다. 14세기 들어서는 십자군 운동을 위한 교황들의 호소가 왕들과 제후들의 관심을 더는 불러일으키지 못했습니다. 하지만 동로마 제국의 황제들은 서방의 도움이 필요했습니다.[231]

셀주크 투르크 왕조는 1243년 몽고의 침략으로 세력이 꺾였지만 그 결과 기독교권에 더 큰 문제가 생겼습니다. **오스만 1세**가 투르크 변방의 여러 부족을 결속해서 오토만 제국을 건립했기 때문입니다. 오토만 제국의 세력이 눈덩이처럼 불어나 셀주크 왕조와 함께 소아시아에 있는 동로마 제국의 영토를 덮쳐 점령했습니다. 앞서 7세기에 아랍의 침공으로 시리아, 팔레스타인, 이집트를 비롯한 북부 아프리카가 이슬람화 되었는데, 이제는 이슬람화 된 투르크에게 소아시아의 기독교 도시들이 다 삼켜지게 된 것입니다. 발칸반도도 같은 운명에 처할 것이라는 위기감이 엄습했습니다.[232]

초기 십자군 운동 때와 마찬가지로 동로마 황제는 서방의 도움을 기대할 수밖에 없었으며, 그러기 위해서는 먼저 동·서로 분열된 교회를 재결합하는 것이 선결 과제였습니다. 그래서 동·서 교회의 재결합을 위한 회담을 하게 되었습니다.[233]

230 김영재, 「기독교 교회사」, 353.
231 김영재, 「기독교 교회사」, 354.
232 김영재, 「기독교 교회사」, 354.
233 김영재, 「기독교 교회사」, 355.

필리오퀘, 연옥설, 성찬 문제, 교황권의 우위 문제 등이 다루어졌습니다. 필리오퀘는 동방교회와 서방교회 분열에 중요한 교리적 문제였으므로 그 문제를 토의하는 데 가장 많은 시간을 소모했지만 견해차를 좁히지 못했습니다. 성찬 문제도 마찬가지였습니다. 그럼에도 불구하고 동로마 제국과 동방교회가 당면하고 있던 위급한 정치 상황 때문에 1439년 7월 피렌체 공의회에서 동·서방 교회의 재결합을 결의하는 합의문이 작성되었고 그 내용은 교서 '라이텐투르 코일리'로 공표되었습니다. 하지만 재결합이 실제로는 이루어지지 않았습니다. 동방교회 대표들이 본국에 돌아갔을 때 그들은 무교병신봉자들(Azymites)이라 비난당했습니다. 서방교회와 재결합 합의는 주민들의 반대로 무효가 되었습니다.[234]

사실 9세기 이후 동로마 제국의 교회는 정치적으로 별 의미가 없는 교회가 되었습니다. 황제의 무력행사로 완전히 자유를 잃었으며, 왕실의 윤리적 퇴폐와 권모술수에 무기력했으며, 신학적으로도 별로 큰 결실이 없었습니다. 수도사들은 백성을 돌보는 역할을 다했으나 신비주의적 성향이 짙었으며 교회와 국가 문제를 두고는 지나치게 폐쇄적이었습니다.[235]

그런 중에도 콘스탄티노폴리스는 투르크의 침공을 받기 이전까지는 동유럽을 무슬림들의 침공으로부터 방어하는 보루 역할을 해왔습니다. 하지만 1453년 마침내 콘스탄티노폴리스가 투르크 군의 침공에 함락되었습니다. 12세기와 13세기까지만 하더라도 동로마 제국에 사는 주민들의 일반적인 교육수준은 서유럽의 주민들보다 높았습니다. 북방에 사는 민족들, 러시아인, 불가리아인, 세르비아인들은 비잔틴 문화에 압도되어 기독교로 개종했습니다. 하지만 동로마 제국이 패망한 이후 동방교회는 이슬람의 지배를 받게 되었습니다. 무슬림들은 그런 대로 정교회를 상당히 관대하게 대했습니다. 16~17세

234 김영재, 「기독교 교회사」, 355.
235 김영재, 「기독교 교회사」, 355.

기에 개신교 신자들과 로마 가톨릭 신자들이 서로에게 대했던 것보다 훨씬 관대하게 대했습니다. 콘스탄티노폴리스를 정복한 술탄 **무함마드 2세**는 총대주교구에 합당한 예우를 해주며 예배하는 것을 허락했지만, 그 치하에서 기독교 신자들은 종교의 자유를 보장받는 대신에 열등한 사회적 신분의 차별을 감수해야 했습니다. 한편, 동로마 제국이 무슬림들의 지배 아래 있게 되자 러시아인들은 자신들이 정치적으로나 교회적으로 동로마 제국의 상속자가 되었다고 생각했습니다. 러시아 정교회는 몽고 시대 이후 꾸준히 발전했는데, 14세기 이후 러시아 정교회의 중심은 모스크바였습니다.[236]

교황청의 아비뇽 유수와 서방교회의 분열을 통해 교황의 권위가 실추하고 쇠퇴하는 과정을 보고 있자면 거기서 드러나는 많은 문제점들이 오늘날 한국 개신교회 가운데 드러나는 문제점들과 너무 닮았다는 생각이 듭니다.

아비뇽 교황청 건축과 오늘날의 예배당 건축

로마에 있는 재산을 유지하는 한편 아비뇽에 새 건물을 지어야 하기에 이중적 부담을 져야만 하는 상황임에도 불구하고 세속 군주들과 맞설 위세를 위해 교황이 새로 짓는 건물을 전에 없이 장대하고 화려하게 짓는 것을 보다 보면, 오늘날 한국 개신교회의 일부 교회들이 예배당을 지으며 교인들이 감당할 수 있는 재정적 역량을 훨씬 넘어서는 건축 계획을 세우고 '믿음'의 이름으로 무리하게 추진하는 예들이 떠오릅니다. 1997년 말에 터진 IMF 구제금융 사태로 인해 한국 사회 전반에 큰 변화가 일어났지만 그런 변화와 전혀 상관없는 곳이 교회인 듯합니다. IMF 구제금융 사태 이후 연쇄 부도로 많은 회사들이 망하고 실직자들이 엄청나게 생겨서 대한민국 사람이라면 가족이나 친척

236 김영재, 「기독교 교회사」, 356-357.

중에 어려움을 겪고 있는 사람이 적어도 한 사람은 있을 정도로 힘든 상황에서도 교회는 '성전' 건축, 혹은 증축을 위한 부흥회를 쉬지 않았습니다. '어려울 때일수록 헌금을 더 많이 해야 하나님께서 축복하신다'는 식의 억지를 부리기도 합니다. 그리고 부흥회 강사들은 어떻게 그렇게 말을 잘 할까요? 부흥회 참석하고 있으면서 건축헌금 작정하지 않으면 큰 죄인이 되는 느낌이 들 정도로 참석자들의 가슴을 후벼댑니다. 도산하거나 실직해서 자살할 생각까지 했다가 마음을 돌이키고 다시 한 번 살아보려고 몸부림치는 성도들에게 격려와 힘이 되는 생명의 말씀을 들려주어야 할 목사가, 살고 있던 아파트도 날리고 전세금도 없어 사글셋방을 전전하는 성도에게 '성전' 건축 헌금을 독려하는 설교를 일삼는 것은 이미 상처 받은 심령을 갈기갈기 찢어놓는 일입니다.

예배 장소가 없거나 현재 예배당이 너무 협소해서 예배당을 새로 짓는다면 그것은 좋은 일입니다. 하지만 그런 경우라 해도 교인들의 형편과 처지를 고려하지 않고 무리하게 예배당 건축을 추진하는 것은 문제가 있습니다. 아비뇽에 장대하고 화려한 교황청을 짓고도 교황과 교황청 관리들은 재정적으로 넉넉했지만 그 부담을 실제로 감당했던 지방 주교들과 지역 교회 사제들, 그리고 교인들은 엄청난 고통을 감내해야 했던 것처럼, 오늘날 교회가 건축을 무리하게 진행하면 그 부담과 고통은 교인들에게 고스란히 돌아가는 것입니다.

7년 반의 유학 기간 동안 처음 반년은 주일이 되면 다닐 교회를 찾느라 이 교회 저 교회를 전전했습니다. 그러다가 정통장로교회(Orthodox Presbyterian Church)에 속한, 생긴 지 1년 쯤 된 미국인 교회를 소개 받게 되었고 그 뒤로는 귀국할 때까지 그 교회를 다녔습니다. 개척교회였던지라 교회 전용 예배 장소가 없어서 중간시설(halfway house)이라 할 수 있는 단체의 체육관 건물을 빌려서 예배를 드리고 있었습니다. 평소에는 농구 코트인지라 예배 전에 창고에서 의자를 꺼내 와서 가지런히 배열을 하고 예배가 마치면 접어서 다시 창고에 보관하는 식이었습니다. 아이들까지 다 해서 50명가량 모이고는 했는데, 예배 전에 의자를 놓는 일은 성도들 가운데 자원자들이 한 달씩 맡아서 수고했습니다. 문제는 예배 단상이었는데 찬양을 맡은 성도들이 일찍 나와서 창고에 보관해 둔 널빤지들을 맞추어 만들었습니다. 매 달 한 번은 각 가정이 집에서 조금씩 준비해 온 음식을 함께 나누는 파틀럭(potluck)이 있었는데, 그럴 때는 예배 후에 여자 성도들은 미리 준비해 온 음식을 부엌에서 데우고 남자 성도들은 창고에 있는 둥근 탁자를 굴려와 펴고 종이를 위에 깔아 식탁을 마련해서 공동 식사를 즐겁게 했습니다. 하지만 그런 일을 반복하다 보면 번거롭게 여길 수도 있을 텐데 어느 성도 한 사람도 그런 내색을 하지 않았습니다. 다닌 지 2, 3년쯤 되었을 때 궁금한 게 있어서 담임목사님께 물어봤습니다. 한국에서는 교회가 조금만 성장하면 제일 먼저 교회 건물을 마련하거나 지으려 하는데, 목사님은 설교하실 때는 물론이고 사석에서도 교회 건물 마련에 대해서는 아예 말씀하시지 않는 것 같다고 하며 그 이유가 궁금하다고 물었습니다. 목사님의 답은 간단했습니다. 교회 성도들의 생활 형편을 고려할 때 우리 교회가 전용 예배 장소를 마련할 시기가 아직은 아니라고 생각하기 때문이라고 했습니다. 목사님 자신이 먼저 제의하지 않고 성도들 다수가 전용 예배 장소를 마련하자고 자발적으로 원할 때를 기다린다는 바람도 덧붙였습니다. 장소나 건물이 교회가 아니라 하나님께서 불러 모으신 성도들의 모임이 교회임을 기억할 때 목사님의 생각이 참 좋다고 여겼습니다.

우리나라, 특히 대도시에는 개척교회들이 많이 있습니다. 하지만 수 십 개, 심지어 수 백 개의 개척교회 교인수를 합해 놓아도 대형교회 하나에 속한 교인수에 미치지 못할 정도로 요즈음 교인들은 개척교회에 다니기를 꺼려합니다. 한 지역에 여러 교회가 있어서 비교가 되다 보니 전용 예배 장소가 있는 교회를 선호하게 마련일 것이고, 그런 경향에 부응하기 위해 무리를 해서라도 전용 예배 장소를 미리 마련하고 그 비용을 충당하기 위해 교인들에게 부담을 주니까 교인들은 그런 부담 때문에 개척교회 다니기를 기피하는 악순환이 거듭되는 것이라 봅니다. 지금이라도 그런 악순환의 고리를 끊어야 합니다. 그 고리를 끊는 일은 목회자의 몫입니다. 전용 예배 장소가 없어서 힘들고 어려울지라도 성도들을 먼저 생각하는 목회를 해야 합니다. 전용 예배 장소를 마련할 형편이 아니라면 대안을 위해 하나님께 지혜를 구해야 할 것입니다.

중형 교회들의 경우, 예배 장소가 협소하다고 해서 교인들의 사정과 형편을 고려하지 않고 예배당 증축이나 신축을 하는 일은 자제해야 합니다. 하나님께서 상당수의 교인들 가운데 자발적인 마음을 주셔서 더 넓은 예배 장소를 마련하고자 그들 스스로 나선다면 그 때가 적기라 여기는 자세가 필요합니다.

성직매매와 교회 분열

중세 말 성직매매는 사제직을 팔고 사는 것과 고위 성직을 팔고 사는 것, 두 가지로 나눌 수 있습니다. 어느 쪽이든 정말 한심하다는 생각이 듭니다. 그런데 오늘날 한국 개신교 일부 총회들의 총회장 선거와 관련된 부조리는 고위 성직을 팔고 사던 중세 말의 추태와 참 많이 닮았다는 생각이 듭니다. 총회장 선거일 전날 총대들의 숙소로 총회장 혹은 부총회장 후보자가 마련한 돈 봉투가 도는 상황을 당연하게 받아들이는 것입니다. 음성적인 선거 운동이 너무 심하다 보니 그런 부조리를 미연에 방지하려고 제비뽑기 방식을 도입하는 총회들도 있습니다. 총회장직 자체는 선한 것입니다. 그리고 누군가는 그 직을 맡아 수행해야 합니다. 하지만 총회장직처럼 교회 전체를 섬기는 직분이 더는 명예나 감투로 여겨지지 않고 그 본래의 의미대로 기능직으로, 더 나아가 섬김의 직으로 올바로 인식되는 날이 속히 오기를 바랍니다. 그래서 "주 예수보다 더 귀한 것은 없네. 이 세상 명예와 바꿀 수 없네. 이전에 즐기던 세상일도 주 사랑하는 맘 뺏지 못해. 세상 즐거움 다 버리고 세상 자랑 다 버렸네. 주 예수보다 더 귀한 것은 없네. 예수밖에는 없네"라는 찬송을 주님께 대한 죄송한 마음 없이 부를 수 있게 되기를 바랍니다.

또 다른 성직매매는 사제직을 팔고 사는 것이었습니다. 오늘날 수많은 신학교들에서 무수한 목회자 후보생들을 배출하다 보니 신학교를 나오고도 목회할 교회가 없는 이들이 매우 많습니다. 벽지의 경우에는 지금도 교회가 없는 곳이 있고 교회가 있어도 사역자를 구하지 못해 어려움을 겪는 예가 많지만 대도시의 경우에는 건물 하나에 여러 개의 교회가 난립할 정도로 교회들 간에 경쟁이 심합니다. 그러다 보니 사람들이 모일만한 괜찮은 장소에 예배당을 마련해 일정 기간 유지하다가 웃돈을 받고 다른 목사에게 파는 목사답지 않은 '목사'도 있다고 합니다. 교회가 지고 있는 빚을 갚을 수 천 만원 혹은 억대의 돈을 내는 목사에게 공석인 담임목사직을 주겠다는 교회답지 않은 '교회'도 있다고 합니다. 오늘날 한국 개신교 안에서 벌어지고 있는 이런 추태는 사제직을 팔고 샀던 중세 말 로마 가톨릭 교회를 향한 우리의 손가락질을 부끄럽게 만듭니다.

로마 가톨릭 측에서 교회의 머리라고 주장하는 교황이 둘이 되고 셋이 된 웃지 못 할 상황이 그래도 오늘날 우리 모습보다 낫다는 생각이 드는 것은 오늘날 우리나라 개신교 총회들의 수는 장로교파만 해도 두셋이 아니라 수 십 개 아니 거의 백 여 개에 이르기 때문입니다. 갈라져 있는 여러 총회들을 하나로 다시 묶지는 못한다 하더라도 앞으로는 더 갈라지지 않았으면 하는 것이 소박한 바람입니다.

온갖 종류의 헌금과 교인들의 기복신앙

어떤 죄라도 면죄부만 사면 모두 다 용서받을 수 있다는 잘못된 믿음을 가지고 있던 중세 말의 신자들과 그런 잘못된 믿음을 바로잡아주기는커녕 오히려 면죄부 판매 후에 교황청으로 들어오는 엄청난 상납금에 눈이 멀어 면죄부 매매를 눈감아 주었던 교황청의 부패를 보면서도 이런 잘못이 그들의 문제만은 아니라는 생각이 듦은 어쩔 수가 없습니다. 십일조를 비롯한 각종 헌금 외에 유산 기부 등을 통해 교회 재정을 넉넉히 유지할 수 있는 상황인데도 더 많은 헌금을 받기 위해 여러 가지 명목의 속죄 미사를 만들어내어 시행했던 중세 말 로마 가톨릭 교회의 모습에서 오늘날 우리나라 개신교회의 단면을 보는 아픔이 있습니다. 오늘날 한국 개신교회들 대부분에서 볼 수 있는 온갖 종류의 헌금 봉투는 우리 마음을 씁쓸하게 합니다. 매우 잘게 갈라놓은 헌금 조목들은 여러 가지 속죄 미사를 만들어내던 중세 말 로마 가톨릭 교회를 떠올리게 만듭니다. 더 걱정되는 것은 날이 갈수록 헌금의 종류가 늘어간다는 점입니다. 이웃 교회에서 시행했는데 효과가 있다 싶으면 그것이 성경적인가 하는 문제는 고려하지도 않은 채 바로 도입해 시행하는 예들이 너무 많습니다. 어떤 제도나 규정이라도 그것을 만들기는 쉽지만 일단 만들어 시행하고 있는 상황에서 그것을 없애기란 매우 어렵습니다. 성경에 근거하지 않은 중세 말 로마 가톨릭 교회의 많은 의식들과 행태들은 하루아침에 생긴 것이 아니고 오랜 기간에 걸쳐 조금씩 쌓여진 것입니다. 잘못된 의식과 행태를 성경에 비추어보아 뿌리 뽑고 바로잡으려고 하지 않은 채 내버려두다 보니 또 다른 잘못이 더해지면서 결국 종교개혁자들이 나서서 교회 전체를 갈아엎어야 하는 상황에 이르렀던 것입니다. 오늘날 한국 교회 전반에 널리 퍼져있는 기복신앙의 문제는 헌신과 희생, 사랑과 봉사 같은 기독교 신앙의 열매들을 갉아먹는 정도를 넘어 이제 아예 기독교 신앙의 본질을 위협하고 있습니다. 입으로는 '주님'을 부르면서도 마음속 깊은 곳에서는 맘몬을 섬기고 있다면, 모양만 신자일 뿐 참 신자는 아닙니다. 스스로를 '주님의 몸인 교회'라고 자처하지만 소외되고 상처 입은 영혼을 감싸고 품으려 애쓰지 않고, 교회의 외면적 성장을 위해 '양 뺏기'를 마다하기는커녕 '믿음'의 이름으로 불법도 자행하는 '교회'는 결코 주님의 참된 몸일 수 없습니다.

한국 교회를 위한 정직한 기도가 필요함

이런 상황이 계속되면 마침내 종교개혁을 초래했던 중세 말처럼 될 수 있습니다. 제2의 종교개혁이 일어날 수도 있습니다. 그냥 이대로 가면 우리 한국 교회는 쫄딱 망할지도 모릅니다. 하나님께서 능력이 없어서가 아니라 우리 속에 하나님께서 온전히 안 계셔서 말입니다. 그러므로 지금 상황을 올바로 깨닫고 위기의식을 가진 채 주님께 간구해야 합니다. 지금이라도 우리 한국 교회가 말씀 위에 올바로 서게 해주시기를 간절히 구해야 합니다. 또한 우리 자신이 한국 교회를 올바로 서게 하는 일에 도구가 됨으로써 주님의 교회를 위한 우리의 기도가 정직한 기도임을 입증해야 합니다. 우리의 정직한 기도를 주님께서 들어주신다면 사람의 눈으로 볼 때는 도저히 불가능해 보이는 기적과 같은 일이 우리에게 일어날 수 있음을 믿습니다.

14. 중세 종파운동과 종교개혁의 선구자들

교회가 처한 상황을 가늠하는 척도인 종파운동

몸에 문제가 있으면 그것은 보통 질병으로 나타나는데, 이때 그 질병을 대수롭지 않게 여겨 내버려두면 때로는 아예 손댈 수조차 없는 중병이 될 수도 있습니다. 그래서 건강에 문제가 있으면 그 문제를 덮어두지 말고 치료해서 풀어야만 합니다. 오래 전 몸에 기운이 없어 한의사의 진맥을 받은 적이 있습니다. 진단 결과는 허로(虛勞)였습니다. 피로가 쌓이면 과로가 되고, 과로 상태가 오랜 기간 지속되면 허로가 된다고 했습니다. 이렇게 몸과 마음이 전체적으로 허약하고 피로한 것도 건강에 큰 문제지만, 몸의 한 부분에 생기는 질병이 심각할 경우에는 그로 인해 생명을 잃을 수도 있습니다. 오늘날에는 농업이 주였던 옛날과 달리 생체주기와 상관없이 불규칙한 생활을 하는 경우가 많고 스트레스 받을 일도 많다 보니 위염을 앓는 이들이 매우 많다고 합니다. 하지만 어지간한 위염의 경우에는 한 주간 쯤 약을 복용하면 낫기 때문에 사람들이 그리 대수롭지 않게 여기기도 합니다. 그런데 대수롭지 않은 병이라 여겨 위염을 방치하고 지내다 보면 어느새 위궤양으로 진행될 수 있습니다. 위궤양의 경우, 여러 주 동안 약을 먹으며 규칙적인 식사 습관을 유지해야 고칠 수 있는 병으로, 그냥 내버려두어서는 쉽게 낫지 않습니다. 그런데 위궤양을 대수롭지 않게 여겨 방치하다 보면 위벽에 구멍이 나는 위천공(胃穿孔)이 생길 수 있으며 그럴 경우 바로 수술하지 않으면 생명이 위험할 수도 있습니다.

종파운동과 교회의 관계는 질병과 몸의 관계와 비슷합니다. 종파운동은 교회가 처해 있는 상황을 가늠하는 척도의 역할을 합니다. 사람들의 종교적 욕구가 충족되지 않을 경우, 혹은 교회가 개혁되어야 할 부분이 많을 경우, 종파운동이 일어나기 마련이기 때문입니다. 중세 때는 12세기에 이르러 유럽 각처에서 종파운동들이 일어났습니다. 사람들의 종교적인 욕구가 증대된 데다가 평신도들의 정신적인 자립성이 높아진 것도 한 요인이었습니다.[237]

종파운동이 일어나는 것은 교회 내에 무슨 문제가 있기 때문입니다. 따라서 드러난 종파운동을 억누르고 제거한다고 해서 문제가 해결되는 것이 아닙니다. 종파운동을 일어나게끔 만든 근본 문제가 무엇인지 밝히고 그것을 풀어야 합니다.

정결파 운동

중세의 대표적 이단 운동은 정결파(淨潔派) 운동으로, 이것은 초대교회 시대의 마니교로 돌아가자는 운동이었습니다. 마니교는 기독교적 혼합주의로 그 가르침의 특징은 이원론이었습니다. 정결파는 11세기에 마니교의 사상이 표면으로 다시 올라오면서 형성되었는데, 12세기에는 로마 가톨릭 교회에 위협을 주는 운동이 되었습니다.[238] 정결파는 독일에서는 카타리파라 불렸고 프랑

237 김영재, 「기독교 교회사」, 358.
238 김영재, 「기독교 교회사」, 359.

스에서는 남부에 있는 마을 이름을 따라 알비파라 불렀습니다.

이원론의 핵심은 영은 중시하고 육은 경시하는 것입니다. 실제로 정결파는 육을 극도로 혐오하여 육을 극복하기 위해 싸웠습니다. 그래서 결혼을 거부하고 국가를 부인했습니다. 그들은 죽음을 갈망했으며, 자의로 굶어 죽음으로 육을 소멸시키려는 갈망을 실현했습니다.[239] 정결파는 완전자들 혹은 지순자(至純者)들의 중심 집단과 청종자들 혹은 지지자들의 바깥 집단으로 나뉘어 있었습니다. 완전자들은 결혼과 장사, 피흘림은 물론 고기와 치즈, 달걀 먹는 것을 삼갔으며 극도로 금욕적으로 살았습니다. 청종자들은 고기 먹는 것이 허용되었으나 그들 자신이 도살하는 것은 금지되었습니다. 또한 결혼은 허용되었으나 자녀 출산은 금지되었습니다. 그리고 임종 때 정화를 받아 완전케 되어야 한다는 규정도 있었습니다. 하지만 그 밖의 점에서 그들은 저 좋은 대로 살도록 아무런 속박이 없었기에 방종이 큰 문제였습니다. 정결파는 이렇듯 분명히 이단적인 분파였습니다. 그런데도 당시 교회가 세상을 다스리는 권세까지 장악하려하고 온갖 수단을 동원해 치부하는 데 혈안이 되어 있으니 그런 교회와 반대 극단에 서있던 정결파의 이단적 가르침이 오히려 많은 이들에게 호소력을 가졌고 실제로 교회에 큰 타격을 입혔습니다.[240]

발도파 운동

"리옹의 가난한 사람들" 또는 "심령이 가난한 사람들"이라고 자처했던 **발도**파는 리옹의 부유한 상인이었던 **발도**로부터 시작되었습니다. 1173년 **발도**는 자기 재산을 가난한 이들에게 나누어주고 자신은 걸인으로 살며 수 년 후부터는 회개를 설파하는 설교가로 활동했습니다. 그 주위에 순회 설교자들이

239 김영재, 「기독교 교회사」, 359.
240 김영재, 「기독교 교회사」, 359.

모여들었는데, 그들은 예수님의 제자들이 그 명을 따라 둘씩 짝을 지어 돈은 물론 여벌옷이나 신발을 가지지 않은 채 자선에만 의존해 전도하러 다닌 본을 따랐습니다. **발도**는 그와 그의 동료들은 교회 안에 사도적인 삶을 회복시키기 위해 하나님으로부터 직접 부르심을 받았다고 했습니다. 리옹의 대주교는 교황의 승인을 얻어 **발도**에게 설교를 중지하라고 명령했습니다. 하지만 **발도**는 그에 따르지 않았고, 교황 **루키우스 3세**는 1184년 설교 중지 명령을 무시했다는 이유로 **발도**를 파문했습니다. 발도파는 교황권의 부패를 공격했고 로마 가톨릭 교회의 가르침과 배치되는 여러 교리들을 가르쳤습니다. 이 교리들 가운데는 남녀 구분 없는 만인제사장론과 선한 신자라면 누구라도 설교할 수 있으며 사죄를 베풀 수 있고 성례를 집례할 수 있다는 주장이 들어있었습니다. 죽은 사람을 위한 미사와 기도를 거부했고, 면죄부, 고해성사, 참회, 교회 음악, 영창으로 하는 기도, 라틴어로 하는 기도, 성인숭배도 거부했습니다. 거짓말을 치명적인 죄라 여겼고, 맹세하는 것은 심지어 법정에서라도 하지 말아야 한다고 했고, 모든 종류의 살인을 죄라 여겼기에 십자군 운동을 독려하는 설교를 하는 이들을 저주했습니다. **발도**는 교회가 사도적인 권세를 가진 것은 사실이지만, 그 권세는 사도적으로 실천할 때 비로소 인정될 수 있는 권세라고 했습니다.[241]

발도는 성경을 문자적으로 해석하고 따르려 했기 때문에 여러 면에서 교회와 마찰을 일으킬 수밖에 없었습니다. 하지만 수많은 사람들이 **발도**파를 지지하고 따랐습니다. 당시 신자들이 성직자들의 생활에 실망하고 있었고, 그래서 교회 개혁에 대한 커다란 열망에 사로잡혀 있었기 때문입니다.

241 김영재, 「기독교 교회사」, 359-360.

신령파 운동

마지막으로 살필 종파운동은 신령파 운동인데, 그 대표적 인물은 **피오르의 요아킴**입니다. 원래 **요아킴**은 세계 역사를 구약시대와 신약시대, 둘로 구분하고, 첫째 시대는 그리스도의 초림으로 끝나며, 둘째 시대는 그리스도의 재림으로 끝난다고 했습니다. **요아킴**은 둘째 시대의 끝이 임박했다고, 즉 두 세대만 지나면 그리스도께서 재림하신다고 믿었습니다.

그런데 **요아킴**이 죽은 후, 그의 사상의 중심 개념인 삼위일체와 그의 역사 이해가 엮이어져서 그의 역사관은 약간 다르게 도출되었습니다. 그 역사관에 따르면, 세계 역사는 삼위 하나님의 세 위격, 즉 성부·성자·성령의 세 시대로 구분됩니다. 성부의 시대는 구약시대로 율법 아래 있는 시대이며, 성자의 시대는 신약시대로 은혜 아래 있는 시대라 했는데, 이 두 시대는 각각 42세대로 구성되어 있다고 보았습니다. 따라서 성자의 시대는 한 세대를 30년으로 잡아 42세대를 곱하여 나온 1260년에 끝난다고 생각했습니다. 첫째 시대는 결혼한 평신도들이 주도하는 육체의 시대, 둘째 시대는 사제들이 주도하는 영과 육이 혼합된 시대, 셋째 시대는 수도사들이 주도하는 완전히 영적인 시대라고 했습니다. 특히 1260년에 시작되는 성령의 시대는 사랑과 자유의 시대이며, 이때는 요한계시록 14장 6절("또 보니 다른 천사가 공중에 날아가는데 땅에 거주하는 자들 곧 모든 민족과 종족과 방언과 백성에게 전할 영원한 복음을 가졌더라") 말씀처럼 모든 사람들이 하나님으로부터 직접 교훈을 받을 것이기에 눈에 보이는 가톨릭 교회의 교계주의 체계는 사라지고 영적인 교회가 그 자리를 대신할 것이라고 했습니다. 성령의 시대가 되면 하나님과 신자 사이를 가로막고 있던 모든 의식과 제도가 제거되고 신자들이 하나님께로부터 직접 교훈을 받게 된다는 것이 신령파의 가르침의 핵심이었습니다. 신령파 운동은 일반에 많은 영향을 미쳤습니다. 심지어 반대 입장에 있는 프란체스코 수도회도 **요아킴**의 견해를 받아들였으며, 그의 반교회적인 자세도 받아들여 교회를 비판하는 입장에 서게 되었습니다.[242] 하나님과 신자 사이에 절대적 존재처럼 자리 잡고 있던 성직자 집단의 횡포에 질린 신자들의 교계주의에 대한 반감이 이런 결과를 낳았다고 볼 수 있습니다.

다시 시작된 이단 처형

교회가 처음 생겼을 때는 교회가 박해를 받는 대상이었으므로 이단들에게 형벌을 가하는 일은 생각할 수도 없었습니다. 하지만 기독교가 로마제국의 국교가 되면서부터 상황이 달라졌습니다. 385년 **프리스킬리아노**와 그 추종자들은 이단자와 마법사라는 혐의로 스페인의 주교들에게 고발당해 황제에 의해 법에 따라 화형을 당했습니다. 교부들 가운데는 이단을 죽이는 일에 반대하는 사람들이 많았습니다. 그래서 프리스킬리아노파가 처형당한 이후 이단을 처형하는 일은 없었습니다. 하지만 12세기에 이르러 이단 처형이 다시 시작된 것입니다.[243]

종파운동은 이에 가담하는 사람들의 수가 늘어나면서 로마 가톨릭 교회에 큰 위협이 되었습니다. 교회는 특히 정결파를 엄하게 다스려야 한다고 생각했습니다. 물론 교회가 종파운동에 대한 방안을 강구하고 그들의 종교적 욕구를 가능한 한 충족시켜 주려고 애썼던 것도 사실입니다. 교황 **인노켄티우스 3세**는 발도파로 하여금 가톨릭교회의 품안에서 생활하도록 조치를 강구했습니다. 그리고 이미 교회를 이탈한 자들이 교회로 돌아오도록 선교와 전도 활동을 폈습니다. 도미니크 수도회는 원래 이런 목적에서 창설된 것이었습니다. 하지만 이런 노력은 얼마 못가서 강압 정책에 밀려나게 되었습니다.[244]

---

242 김영재, 「기독교 교회사」, 360; 그리고 Schaff, *History of the Christian Church*, 5:374-376.
243 김영재, 「기독교 교회사」, 360-361.
244 김영재, 「기독교 교회사」, 361.

종교재판의 가혹함

이단을 벌하기 위해 북쪽에서는 화형을 시행했고 남쪽에서는 재산을 몰수하고 추방하는 벌을 가했습니다. 교황 **루키우스 3세**가 1184년에 실시한 이단 재판을 근거로 **그레고리우스 9세**는 1231년 이른바 교황의 종교재판(inquisition)을 시행하기 시작했습니다. 원래는 황제 **프리드리히 2세**가 이단 사냥 명령을 내렸습니다. 그런데 황제가 이단 사냥을 빌미로 교회에까지 권력을 뻗칠까 염려한 교황이 이단 사냥 같이 험하고 궂은일을 굳이 교회로 돌렸습니다. **그레고리우스**는 종교재판을 관장하는 일을 주로 도미니크회 수도사들에게 맡겼습니다. 도미니크회 수도사들은 지식을 갖춘 데다, 재판이 끝나고 나서도 권력을 탐하지 않았기 때문에 그런 일을 맡기기에 적임자들로 여겨졌습니다. 종교재판은 이단 혐의가 있는 자를 심문하고 고문했으며, 회개하고 돌아서지 않는 이단자는 화형에 처했습니다. 종교재판의 처벌이 가혹하고 가공할 만한 것이라는 사실은 재판 과정에서부터 드러났습니다. 검사와 판사가 다 한 편인데다가 재판은 비밀리에 진행되었습니다.[245]

15세기에 이르러 스페인에서는 종교재판의 처벌로 많은 사람들이 처참하게 희생되었습니다. 세비야에서는 40년 사이에 무려 4,000명이 화형을 당했으며, 30,000명이 중형의 벌을 받았습니다. 과달루페라는 마을에는 3,000명의 주민이 살았는데, 1485년에 행해진 종교재판에서는 53명을 산 채로 화형에 처하고, 46구의 시체는 파내어 불살랐으며, 16명은 지옥으로 보내도록 판결했습니다. 사람이 다른 사람을 영원한 지옥으로 보내도록 판결한다는 일이 어떻게 가능하겠습니까만, 그런 어처구니가 없는 판결이 실제로 있었습니다. 또 여러 사람들을 배에서 노 젓는 노예로 보내거나 다른 방법으로 처벌했습니다. 이렇

245 김영재, 「기독교 교회사」, 361-362.

듯 중세 기독교의 종교재판은 말로 표현하기 어려울 정도로 잔인했습니다.[246]

15세기 중엽 피렌체에서 **지롤라모 사보나롤라**가 종교재판을 받아 화형을 당한 것도 기억할 만한 일입니다. 신비주의 경향을 가지고 엄격한 금욕 생활을 한 **사보나롤라**는 교회 제도나 교리에 대한 이의를 제기한 것은 아니었지만 성결한 생활과 회개를 외쳐 백성의 신앙생활에 많은 영향을 끼쳤습니다. 그래서 그는 교황교회뿐 아니라 메디치 가에도 거추장스러운 존재였습니다. **사보나롤라**는 1498년에 교황 **알렉산데르 6세**에 의해 종교재판을 받고 교수형에다 화형까지 당했습니다.[247]

중세 이단 처형의 문제점

중세교회가 이단을 처형한 것은 불가피한 일이었다고 변호하는 사람들이 있는가 하면, 초대교회의 **크리소스토모스**처럼 있을 수 없는 일로 여기는 이들도 있습니다. 그런데 형벌을 가한 일에 대한 시비를 가리기 전에 사람을 이단으로 규정할 수 있는 규범이 무엇이냐 하는 것이 문제입니다. 중세교회가 **존 위클리프**를 정죄하고 **얀 후스**를 이단으로 정죄하여 화형에 처했지만, 개신교편에서 볼 때 **위클리프**나 **후스**는 종교개혁의 선구자였으며, 그들의 신학이 건전했는데도, 아니 건전했기 때문에 처형당했던 것입니다. 그래서 교회나 지도자, 또는 공의회가 사람을 이단이라고 정죄할 수는 있다고 하더라도 죽이기까지 할 권한은 없음을 새삼 깨닫게 됩니다. 교회가 사람을 정죄하여 죽일 수 있을 정도로 자신의 견해를 절대적으로 옳다고 주장할 수는 없습니다. 최후의 영원한 심판은 하나님께서 하시는 것입니다.[248]

246 김영재, 「기독교 교회사」, 362.
247 김영재, 「기독교 교회사」, 362.
248 김영재, 「기독교 교회사」, 363.

사형제도에 대하여

극형 얘기가 나왔으니 사형제도에 대해 잠깐 생각해 봤으면 좋겠습니다. 현재 세계 반 이상의 국가가 사형제도를 법률적으로 혹은 실제적으로 이미 폐지했습니다. 2007년 12월 30일 우리나라는 10년 동안 사형을 집행하지 않음으로써 국제 앰네스티(Amnesty International)의 규정에 의해 "실질적 사형 폐지국"이 되었습니다. 하지만 사형제도 자체는 아직 존속합니다. 미국은 주에 따라 다른데, 세계적 추세가 폐지 쪽으로 가는 것과는 달리 사형제도가 존속하고 있는 주들의 수가 훨씬 많습니다.

예를 들어, 부녀자 강간살인범이나 가정파괴범, 어린아이 유괴살인범 같은 파렴치범의 경우 사형시키는 것이 마땅하다는 생각이 드는 것은 인지상정일 겁니다. 하지만 극형에 반대하는 이유 가운데 첫째는 아마 사형제도가 존재하는 한 억울하게 사형당하는 부당함을 없애는 것이 절대 불가능하다는 점입니다. 2005년 8월에 방영되기 시작한 후 후속 시리즈가 계속 제작될 정도로 선풍적인 인기를 끈 미국 드라마 〈프리즌 브레이크〉는 사형수인 형과 함께 감옥을 탈출하기 위해 철두철미한 계획을 세우고 스스로 죄수가 되어 감옥에 들어간다는 상식에 역행하는 발상으로 처음부터 시청자들의 흥미를 유발했습니다. 그런데 그 드라마 줄거리의 밑바탕에는 억울하게 사형수로 몰린 형을 그냥 두면 사형 당할 수밖에 없기 때문에 형을 억울한 죽음의 자리에서 빼낸다는 생각이 깔려있습니다. 실제로 미국에서는 사형수로 복역하는 중에 새로운 증거가 발견되어 석방된 이들의 수가 상당합니다. 이 가운데 일부는 사형 선고 후 수 년이 지나 처형이 임박해서 풀려난 경우도 있습니다. 검찰이나 경찰의 잘못, 신빙성 없는 증인 진술이나 물리적 증거 채택 등이 오판의 주요 원인이었습니다. 하지만 이와 반대로, 유죄 사실과 관련하여 심각한 의문이 제기되었지만 결국 사형당한 이들도 많이 있습니다. 이렇듯 인간의 오판 가능성과 한번 집행하면 결코 되돌릴 수 없다는 사형의 특성 때문에 사형제도를 반대하는 이들이 많이 있습니다.

하지만 저는 조금 다른 관점에서 이 문제를 보고 싶습니다. 미국에서 만든 영화 가운데 사형제도 문제를 다룬 것들이 꽤 있는 편인데, 그 중에서 1995년에 제작된 것으로 션 펜과 수전 서랜던이 호연한 〈데드맨 워킹〉은 여러분도 꼭 봤으면 싶은 영화입니다. "데드맨 워킹"(Dead man walking)은 미국 감옥에서 교도관이 사형수를 형장으로 이끌어 들일 때 외치는 말이라고 합니다. 형장을 향해 걷는 사형수는 몸은 아직 살아있지만 이미 죽은 사람과 마찬가지입니다. 그러니까 '죽은 자의 걸음'이란 표현이 참 적절하다는 생각이 듭니다. 매슈 폰슬럿은 교외에서 데이트를 하고 있던 십대 남녀를 보고 동료 부랑배와 더불어 여자 아이를 강간한 후 남녀 아이들을 잔혹하게 살해한 죄로 사형 선고를 받고 집행을 기다리고 있는 사형수입니다. 독극물 주입을 통한 사형 집행의 날이 점점 다가오자 폰슬럿은 흑인 빈민 지역 고아원에서 일하고 있는 헬렌 프리진 수녀에게 구명을 요청하는 편지를 보냅니다. 항고를 도와 달라는 요청에 그를 방문하지만 헬렌 수녀는 폰슬럿이 거만한 성차별주의자일 뿐만 아니라 일말의 뉘우침도 없음을 발견합니다. 헬렌 수녀는 사형을 종신형으로 바꾸기 위해 애쓰지만 그 일은 끝내 이루어지지 않습니다. 헬렌 수녀는 폰슬럿에게 사형을 당하더라도 그 전에 자신의 죄를 솔직히 고백하고 피해자 가족에게 용서를 구하라고 설득하지만 그는 사형 집행 당일까지도 뉘우치지 않습니다. 하지만 사형 집행 직전, 마침내 폰슬럿이 자신의 엄청난 죄를 고백하고 피해자 부모의 용서를 구합니다. 그리고 얼마 지나지 않아 그의 몸에 독극물이 주입됩니다.

1995년에 SBS에서 방송된 미니 시리즈 〈모래시계〉의 마지막 회에 나왔던 주인공 박태수의 사형 집행 묘사도 잊을 수 없는 장면들 중 하나입니다. 태수는 범죄단체 조직과 살인 등의 죄로 사형을 받게 됩니다. 사형 당일 교도관이 다른 때와 달리 접견실 쪽으로가 아니라 다른 쪽으로 그를 이끌자 태수는 이제 자신이 사형장으로 가고 있음을 알게 됩니다. 비트적거리며 교도소 마당을 가로질러 가는데 하늘에 새들이 스산하게 날아가는 광경이 눈에 들어옵니다. 감방 창문을 통해서도 종종 볼 수 있었던 광경이었지만 그때 보는 광경은 왠지 달라 보입니다. 이제 사형장으로 들어서면 이후로는 그런 광경을 다시는 볼 수 없다는 절박감 때문일 겁니다. 사형이 집행되기 직전에 마지막 인사를 나누려 다가온 친구 검사 강우석에게 태수가 던진 한 마디 "나 떨고 있니?"는 시청자들의 귓가에 오랫동안 맴돌았으리라 추측합니다. 섬뜩할 정도로 잔인하고 지독한 조폭 두목도 죽음 앞에서는 결코 태연할 수 없는 겁니다. 하지만 제가 주목하고 싶은 장면은 그 다음에 나옵니다. 태수의 목에 밧줄을 걸기 전에 그의 머리에 두건을 씌웁니다. 사형수에게 두건을 씌우는 또 다른 이유가 있겠지만, 저는 두건은 사형수를 위한 것이라기보다는 사형 집행 참관인을 위한 것이라 생각합니다. 목이 졸려 한참 동안 버둥거리다 죽어가는 사람의 허옇게 뒤집힌 눈을 본 기억은 평생토록 사라지지 않을 것입니다. 그런 광경을 보고도 아무 상관없이 잠 잘 수 있는 사람이 과연 몇이나 되겠습니까? 두건 씌우는 장면은 둘로 나뉘어 묘사됩니다. 먼저는 참관인들이 바라보는 태수의 모습이 보입니다. 한쪽으로 기운 두건이 태수의 머리를 스르르 내려가며 씌워지고 있습니다. 두건이 중간쯤 내려갔을 때 갑자기 화면이 바뀌어 이제는 태수가 바라보는 참관인들의 모습이 보입니다. 조금 전과는 반대쪽으로 기운 시커먼 두건이 화면 상단을 뒤덮은 채 내려오기 시작하더니 이내 화면 전체를 다 가려버립니다. 태수가 바라보는 세상은 이제 닫혀버렸습니다. 사형이 무엇인가를 보여주는 절묘한 묘사입니다.

세상을 살다보면 종종 지금 당장 죽여도 시원치 않을 악하고 못된 사람들도 있습니다. 잘잘못을 따져 악인을 응징하고 벌하는 것은 반드시 필요합니다. 하지만 악인을 벌하는 것과 악인을 사형시키는 것은 다른 일입니다. 사형 집행은 사형수의 세상을 완전히 닫는 것입니다. 세상의 질서를 세우기 위해 악인은 반드시 처벌해야 하지만 그의 생명을 끝내는 것은 우리 인간이 행할 몫이 아닙니다. 한번 닫은 세상은 다시 열 수 없기 때문입니다. 우리 한 사람 한 사람의 세상을 여신 분이 하나님이시기 때문에 한 사람의 세상을 닫도록 결정하기에 합당한 분은 하나님밖에 없습니다. 더구나 우리를 이 세상에 보내셨을 뿐만 아니라 우리 인생을 주관하시고 훗날에 상벌을 엄하게 행하실 하나님을 믿는 신자라면 비록 악인인 경우라 할지라도 그의 생명을 함부로 여기는 잘못을 범해서는 안 될 것입니다.

존 위클리프

존 **위클리프**는 옥스퍼드에서 철학 교수로 있다가 1363년부터 신학을 가르치면서 교황제도와 교회의 처사들이 성경에 위배됨을 지적했습니다. 이전 같으면 고립될 위기에 처할 수도 있었을 터인데 당시가 유럽의 왕들과 국민들 가운데 민족국가 의식이 고취되던 때여서 잉글랜드 왕 **에드워드 3세**와 국민들은 **위클리프**가 교황의 여러 가지 부당성을 지적하는 것을 환영했습니다. 그만큼 백성의 마음이 교황교회로부터 멀어져있었던 것이라 추측할 수 있습니다. 왕의 호의로 **위클리프**는 1374년 러터워쓰의 목사직을 얻었습니다. 하지만 교회 교직자들은 그를 적대시했습니다.[249]

위클리프가 「하나님의 통치」라는 글을 써서 세속 권력이 교황에게서 독립되어야 한다는 점을 주장함과 동시에 모든 교회의 재산이 국가에 귀속되어야 한다고 천명하자, 런던 주교가 고소를 해서 1377년 법정에 서게 되었습니다. 하지만 무장한 귀족들이 법정으로 들어와 보호해주어 그는 무사할 수 있었습니다. 같은 해에 교황 **그레고리우스** 11세가 그의 주장 몇 가지를 정죄함으로

249 김영재, 「기독교 교회사」, 363-364.

말미암아 다시 재판을 받게 되었지만 런던의 귀족과 시민들의 보호를 받았습니다.[250]

위클리프는 교황교회와 교계주의를 공격했을 뿐 아니라 교회관과 성례관에서도 종교개혁의 선구자적인 견해를 피력했습니다. 그는 영적이거나 세속적인 것을 막론하고 통치권이 하나님께로부터 중간의 매체들을 통해 전수된다는 당시의 이론을 부인했습니다. 하나님의 은혜가 신자에게 교회의 교계제도를 통해서가 아니라 직접 전달된다고 했으며, 하나님의 율법 즉 성경 말씀을 준수하는 자가 이런 통치권을 소유한다고 주장했습니다.[251]

성경만이 신앙과 삶의 척도가 된다고 가르친 **위클리프**는 친구들의 도움을 받아 라틴어 성경[Vulgata]을 영어로 번역했습니다. 이전의 번역들이 복음서나 성경의 일부를 번역했던 것과는 달리 **위클리프**의 것은 성경 전체를 다 번역한 것이었습니다. 그리고 당시의 관행과는 달리 주해를 달지 않은 점이 특이했습니다. **위클리프**는 일반 백성이 읽을 수 있도록 영어로 성경을 번역했던 것인데, 아쉽게도 지나친 직역이어서 기대에 크게 미치지 못했습니다.[252]

봉건제도의 개혁을 요구하는 이들이 재산에 관한 **위클리프**의 교리를 오용하기도 했습니다. 1381년 **존 볼**과 **잭 스트로** 등이 농민반란을 일으켰는데, **위클리프**는 나중에 종교개혁 당시에 농민전쟁에 대해 독일에서 **루터**가 그랬던 것처럼 영주들의 불의와 탐욕을 비난하는 한편 농민들의 반란도 질타했습니다. 그는 반란 주도자들을 적그리스도요 국가에 대한 반역자라고 비난했습니다.[253]

위클리프는 성찬의 화체설을 부인하고, 그리스도는 우리의 감각으로 인지할 수 없지만 성례 속에 임재하신다고 가르쳤습니다. 또한 그는 면죄부와 사

250 김영재, 「기독교 교회사」, 364.
251 김영재, 「기독교 교회사」, 364.
252 김영재, 「기독교 교회사」, 364-365.
253 김영재, 「기독교 교회사」, 365.

자숭배, 성인숭배, 성유물숭배 등은 거부했지만 연옥에 대한 믿음은 여전히 가지고 있었습니다. 이런 점에서 **위클리프**의 개혁 의식은 종교개혁자들의 수준에는 아직 미치지 못했다고 볼 수 있습니다. **위클리프**는 1384년에 뇌일혈로 사망했는데, 20년이 훨씬 지난 후 로마 가톨릭 교회는 **위클리프**의 가르침과 더불어 그의 성경 번역본을 정죄했습니다.[254]

얀 후스

보헤미아에서 활동한 **얀 후스**는 15세기 초반에 나타난 지방 지도자들 가운데 가장 큰 영향력을 끼쳤던 개혁의 선구자였습니다. **후스**는 1402년에 프라하 대학교의 인문대학 학장에 임명되었습니다. 그는 **위클리프**의 견해에 동의하지 않았지만 1403년부터 보헤미아의 학자들과 학생들이 **위클리프**의 글을 읽고 연구할 수 있는 권리를 옹호했습니다. 하지만 그때만 해도 **후스**는 화체설, 미사, 면죄부 등 교회의 교리들을 그대로 받아들이고 있다고 천명하면서 자신이 이단적 사상을 소유하고 있다는 일체의 혐의를 부인했습니다.[255]

1411년에 이르러서 **후스**는 왕과 동료들의 절대적 지지를 받아 국가적인 영웅이 되어있었습니다. 하지만 1년 후 새로운 상황을 맞게 되었습니다. 교황 **요한 23세**가 군자금을 마련하기 위해 대대적으로 면죄부를 판매했습니다. 보헤미아에서도 면죄부 거래가 활발하게 이루어지는 것을 목격한 **후스**는 이전에 그대로 받아들이던 교회의 교리에 대한 생각을 달리하게 되었습니다. 면죄부를 부당하게 이용하는 일을 못마땅하게 여기면서부터 교회 제도 전반에 대한 회의를 품게 되었습니다. 그래서 마침내 **후스**는 교회와 교리 개혁을 촉구하는 선지자의 길을 가게 되었습니다.[256]

---

254 김영재, 「기독교 교회사」, 365.
255 김영재, 「기독교 교회사」, 365-366.
256 김영재, 「기독교 교회사」, 366.

이를 알게 된 교황은 심문관을 파견해서 **후스**에게 23일간의 기한을 주면서 교회를 비판하는 주장을 철회하라는 명령을 내렸습니다. 만일 그렇게 하지 않으면 파문할 것이라고 선언했습니다. 또한 **후스**에게 호의를 베풀거나 숙식을 제공하는 지역은 모두 성례 정지 명령을 받게 될 거라고 경고했습니다. 대학의 교수들은 **후스**를 지지하는 이들과 교황을 지지하며 교황교회에 충실하려는 이들로 나뉘었습니다.[257] 그만큼 시대가 많이 바뀐 것이지요.

하지만 이제 **후스**는 교황과 교회에 대한 **위클리프**의 견해를 그대로 받아들여 자신의 개혁 사상을 굽히지 않았습니다. 세속 정부가 교회의 부정부패를 일소하고 성직자와 신자들의 도덕생활을 바로 지도하도록 요청했고, 설사 교회와 교황이 반대한다하더라도 개혁은 이뤄져야 한다고 주장했습니다.[258]

후스는 콘스탄츠 공의회에서 자신의 견해를 밝히라는 출두 명령에 응하기로 했습니다. 하지만 그는 출두하기 6개월 전에 교황의 군사들에게 체포되었습니다. **후스**가 공의회에 출두할 수 있도록 신변을 보호해 주기로 약속했던 헝가리와 독일 양국의 왕인 **지기스문트**가 약속을 저버렸던 것입니다. 1415년 6월 공의회의 결정에 따라 7월 6일 **후스**는 화형을 당했습니다.[259]

후스의 순교 소식이 보헤미아에 전해지자 귀족들은 신의를 저버리고 **후스**에게 악형을 가한 공의회를 비난했습니다. 또한 국민들은 1419년 8월 **바클라프 4세**가 죽었을 때, 그 형제인 **지기스문트** 왕을 자기들의 왕으로 받아들이기를 거부했습니다.[260] 보헤미아 국민들이 자신을 왕으로 인정하기까지 **지기스문트**는 17년을 기다려야 했습니다.

후스의 추종자들은 두 파로 나뉘었습니다. 양종배찬주의자들 또는 성배론자들이라 불리는 온건파는 로마 가톨릭 교회 안에 그대로 머물러 있기를 원

257 김영재, 「기독교 교회사」, 366.
258 김영재, 「기독교 교회사」, 366.
259 김영재, 「기독교 교회사」, 366-367.
260 김영재, 「기독교 교회사」, 367.

하면서 하나님의 말씀을 자유롭게 설교하도록 해 줄 것, 성직자들뿐만 아니라 평신도들에게도 빵과 포도주를 다 나누는 성만찬을 베풀 것, 도덕적 개혁을 수행할 것, 그리고 성직자들로부터 권력과 재산을 몰수할 것을 주장했습니다. 하지만 급진파인 타보르파(Taborites)는 로마 가톨릭 교회를 거짓된 교회로 단정하고 거기서 독립할 것을 주장했습니다.[261] 결국 양종배찬주의자들이 로마 가톨릭 교회와 재결합하고 1434년 리파니 전투에서 급진파를 격퇴함으로 그 뒤에 일어난 **후스** 추종자들은 거의 전부가 양종배찬주의자들이었습니다.

르네상스와 인문주의

'르네상스'(Renaissance)는 라틴어 성경에서 '쇄신,' '개혁'이라는 뜻을 가진 말로 '종교개혁'(Reformation)과 어원이 같습니다. 하지만 '르네상스'는 고전의 부흥, 즉 문예부흥을 가리키는 말로 통용되었습니다. '인문주의'(Humanism)는 르네상스 시대의 여러 가지 사상과 활동을 서술하는 말로 사용되었는데, 새로운 시민 계급(bourgeoisie)이 형성되면서 그들이 갖게 된 사회적 인문주의 사상, 그리고 문학과 예술에서 나타난 인문주의 사상으로 나눌 수 있습니다.[262]

이탈리아의 르네상스

피렌체는 르네상스를 꽃피운 대표적인 도시였습니다. 피렌체는 유럽 전역에 은행 지점망을 가진 메디치가의 **코시모**의 통치 아래 부강한 도시국가로 발전했습니다. 많은 지성인들과 예술가들이 메디치 가문의 재정적인 지원을 받아 다방면으로 활동하며 창의적인 결실을 맺을 수 있었습니다. 하지만 15세기

261 김영재, 「기독교 교회사」, 367.
262 김영재, 「기독교 교회사」, 368-369.

말부터 메디치가의 부와 실력이 기울기 시작했습니다. 1500년에는 지중해 연안 나라들의 경제적인 퇴조로 르네상스 문화도 퇴색되어 갔으며 유럽에서 가장 부강했던 이탈리아는 그 자리를 내놓게 되었습니다. 교회 건축에서도 하늘을 지향하는 것을 상징하는 고딕 양식이 조화를 추구하는 르네상스 양식으로 바뀌었습니다.[263]

합리주의, 자연신론, 무신론, 그리고 현대의 신학적 자유주의를 낳은 17세기 계몽사조의 뿌리가 르네상스의 자유주의적인 인문주의임은 사실입니다. 하지만 르네상스의 인문주의가 기독교 신앙에 부정적 역할을 한 것으로만 평가하는 것은 옳지 않습니다. 그렇게 말하기에는 르네상스와 인문주의가 너무 광범위하고 복합적이기 때문입니다. 실제로 종교개혁 때의 많은 신학자와 신앙인들이 인문주의 교육을 받았습니다. 또한 르네상스 시대의 대다수 인문주의자들은 신학과 스콜라철학을 공부한 사람들이었습니다. 그들 모두가 비신자이거나 성직자를 반대하는 사람들은 아니었습니다.[264]

하지만 인문주의자들은 인간의 가치와 존엄성은 고려하지 않고 하나님과 교회의 이름을 들먹거리며 교권을 행사하고, 윤리보다는 교리를 앞세우고, 도덕적으로 타락했으면서도 독선에서 깨어나지 못하며, 비인간적이며 무자비한 종교재판을 감행하는 교권주의자들의 실상을 직시할 수 있었습니다. 인문주의자들은 교회 지도자들의 옹졸하고 편협한 삶은 그들이 하나님을 진정으로 사랑하는 데서 떠나있기 때문이라 생각했습니다. 또한 교회의 많은 주교들이 부패했을 뿐 아니라 저속하고 무지하다고 여겼습니다. 이런 생각 때문에 인문주의자들은 교회의 쇄신을 촉구하고 그것을 위해 헌신했습니다.[265]

사람은 하나님을 아는 지식과 인간, 즉 자기 자신을 아는 지식 둘 다를 균형 있게 가져야 합니다. 그 어느 한편에 치우치면 건전한 신앙과 세계관을 가

263 김영재, 「기독교 교회사」, 370.
264 김영재, 「기독교 교회사」, 373.
265 김영재, 「기독교 교회사」, 373-374.

질 수 없습니다. 하나님 없이 인간의 자율과 자유만을 내세우는 자유주의적 인문주의는 사람들을 교만하게 만들며 자기 자신을 상실한 미아로 만드는 반면에, 하나님 중심임을 빙자한 중세 교권주의나 독선주의 혹은 열광주의는 사람들을 종교와 교권주의의 노예로 만들 뿐 아니라 하나님을 상실하게 만듭니다.[266]

알프스 이북의 인문주의와 에라스무스

이탈리아의 르네상스는 15세기부터 프랑스, 잉글랜드, 스페인 등 유럽의 여러 나라로 확산되었습니다. 이 나라들에서 르네상스는 별로 큰 영향을 주지 못했지만 독일에는 큰 영향을 끼쳤습니다. 인문주의는 알프스 이북 지역에서는 이탈리아에서보다 기독교에 훨씬 더 긍정적인 관계로 발전했습니다. 예를 들어, **루터**가 공부한 에르푸르트 대학은 인문주의의 중심지였습니다.[267]

데시데리우스 에라스무스는 옥스퍼드에 있을 때 **존 콜렛**과 **토머스 모어**의 인문주의의 영향을 받았습니다. 그래서 그는 이탈리아의 세속적 인문주의와는 거리를 두게 되었습니다. **에라스무스**는 **로렌조 발라**가 제기한 고대 문화와 기독교의 관계를 규명하는 일을 자기 필생의 과업으로 삼았습니다. 그는 발라를 따라 역사적인 방법으로 기독교에 대한 1차 자료를 섭렵함으로써 문제를 해결하려고 했습니다. 그 일을 위해서 성경에 대한 비판적인 연구와 교부학의 연구는 필수적인 것이라 여겼습니다.[268]

고대 문화가 기독교보다 상위에 있는 것으로 본 **발라**와는 달리 **에라스무스**는 고대 문화와 기독교를 대등한 것으로 보며, 본질적으로 서로 일치하는 것으로 보았습니다. 기독교는 환원을 통해, 혹은 종교개혁을 통해 본래의 순

266 김영재, 「기독교 교회사」, 374.
267 김영재, 「기독교 교회사」, 374-375.
268 김영재, 「기독교 교회사」, 375.

수한 상태로 되돌아가야 한다고 했고, 그것은 신학 연구와 불가분의 관계를 가진 고전 연구를 통해 해결될 수 있다고 보았습니다. 그러므로 기독교는 **에라스무스**에게 교양을 위한 종교이기도 했습니다.[269]

에라스무스의 최종 목표는 로마 가톨릭 교회의 실제적인 개혁이었습니다. 그는 성경 말씀 가운데서도 예수 그리스도의 산상보훈을 인문주의의 압권이라면서 가장 귀하게 여겼습니다. 1516년 **에라스무스**는 가톨릭교회를 섬기기 위해 최초로 본문비평과 자신의 라틴어 번역문 그리고 간략한 주해를 단 「신약 성경」을 출판했습니다. 이와 같이 여러 책을 써내면서 **에라스무스**는 당시에 교회를 가장 예리하게 비판하는 사람으로 알려지게 되었습니다. 신학, 수도원 제도, 종교 의식 등 어느 것도 기지와 해학에 찬 그의 신랄한 비평 앞에 남아나지를 않았는데, 그런 저작 가운데 가장 널리 알려진 것이 「우신예찬」입니다.[270]

에라스무스는 교회를 비판함으로써 종교개혁 운동을 유발한 셈이었지만 막상 적극적으로 교회를 개혁하려는 종교개혁 운동에 대하여는 부정적인 자세를 취했습니다. 그가 의중에 가진 교회 개혁은 교회의 하나됨을 지향하는 것이었습니다. 그에게 교황은 하나됨의 상징으로서 불가결한 존재였습니다. 기독교는 교양 종교로서 조용하고 평화로워야 한다는 것이 그의 생각이었습니다. 그는 16세기 초에 있었던 유럽 통일 운동의 선구자였으며 최초의 평화주의자였습니다.[271]

교회의 생명 자체를 위협하는 위중한 상황이 오기 전에…

질병이 우리 몸의 이상 여부를 드러내는 징후 역할을 하듯이, 사람들의 신

269 김영재, 「기독교 교회사」, 376.
270 김영재, 「기독교 교회사」, 376.
271 김영재, 「기독교 교회사」, 377.

앙적 욕구가 충족되지 않을 경우나 교회가 개혁되어야 할 부분이 많을 경우에 일어나게 마련인 종파운동은 교회가 처한 상황을 가늠하는 척도의 역할을 합니다. 종파운동이 일어나는 것은 교회 내에 어떤 문제가 있음을 의미하기에, 단순히 그 종파운동을 억눌러 제거한다고 해서 그 원인이 된 근본 문제를 풀 수는 없습니다. 그 원인이 된 문제를 풀어야만 합니다.

영은 중시하고 육은 경시하는 이원론의 잘못에 빠져있던 정결파 운동은 세속적 욕심에 가득 찬 부유한 교회에 맞서 일어난 종파운동이었습니다. 성경 말씀에 문자적으로 순종해 자신들이 가진 것을 모두 가난한 이들에게 나누어 주고 복음 전파에 나섬으로 여러 면에서 교회와 부딪혔던 발도파 운동은 사랑 실천이 결여된 외식적인 교회에 맞서 일어난 종파운동이었습니다. 하나님과 신자 사이를 가로막고 있던 모든 의식과 제도가 제거되고 신자들이 하나님께로부터 직접 교훈을 받게 된다고 가르쳤던 신령파 운동은 하나님과 신자 사이를 가로막고 있던 교계주의에 맞서 일어난 종파운동이었습니다.

만약 중세 로마 가톨릭 교회가 이런 종파운동들이 일어났을 때 그것들을 강압해서 제거하려고만 하지 않고 그것들을 배태한 원인을 찾아내어 고쳐나가기만 했어도 중세 말 로마 가톨릭 교회가 그토록 극심한 부패와 타락에 빠지지는 않았을 겁니다. 그런데 중세교회는 밖으로 드러난 반대 세력을 꺾기만 하면 모든 문제가 다 풀리는 것으로 오해하고 문제의 원인은 아랑곳 하지 않았습니다. 그러다보니 중세교회의 뿌리 자체가 썩어 마침내 그 뿌리 자체를 제거하고 아예 나무를 새로 심어야 할 상황을 맞게 되었던 것입니다. 실제적으로 교회의 생명 자체마저도 보장할 수 없는 위중한 상황이 되니 개혁이라는 수술이 필연적으로 요구되었던 것입니다. 그래서 일어난 것이 종교개혁이었습니다.

12세기에 유럽 각처에서 여러 가지 종파운동이 일어났을 때 로마 가톨릭 교회가 종교재판을 통한 이단 처형을 전가의 보도 쓰듯 시행할 것이 아니라 그런 이단적 운동이 일반 신자들의 지지를 받게 된 이유를 살피고 그 뿌리에 있는 문제를 풀어나갔다면 종파운동이 야기한 어려움이 오히려 교회를 더 단단하게 세우는 계기가 되었을 것입니다. 하지만 당시 로마 가톨릭 교회는 종파운동을 강압하기에 급급했지 그런 운동이 일어날 정도로 곪아있는 교회의 타락과 부패를 제거하는데 전혀 힘을 쏟지 않았습니다. 마침내 종교개혁이 일어나 교회를 새롭게 세우려는 움직임이 있자 그때서야 상황의 심각성을 깨닫고 자정 노력을 나름대로 기울였습니다. 하지만 그때는 이미 중세 로마 가톨릭 교회가 스스로 개혁할 수 있는 단계가 아니었습니다.

현재 한국 교회를 갉아먹는 이단들의 경우도 오늘날 우리 교회가 처한 상황을 가늠하는 척도가 될 수 있습니다. 성경의 가르침에서 명백히 벗어난 수많은 이단 종파들이 교회라는 이름을 버젓하게 내걸고 있어 많은 이들을 혼미하게 만듭니다. 이 상황에서 우리 교회들은 그런 이단적 운동들의 잘못된 가르침과 행태를 드러내어 신자들이 미혹되지 않도록 도와야 할 뿐만 아니라 한 걸음 더 나아가 우리 신자들이 그런 이단 집단들에 미혹되는 이유가 무엇인지를 밝혀내어 그 뿌리에 있는 문제를 풀어나가야 합니다. 만약 그렇게 하지 않고 밖으로 드러난 문제를 풀기에만 급급하다면 우리가 깨닫지 못하는 사이에 우리 교회의 뿌리가 곪아가 마침내는 우리 한국 교회가 종교개혁 당시의 로마 가톨릭 교회와 같은 상황을 맞게 될지도 모릅니다. 하지만 지금이라도 우리가 이단 종파들의 발흥을 직시하고 그 단초를 제공한 우리 스스로의 잘못을 고쳐나간다면 이것이 오히려 우리 한국 교회를 더 굳건하게 세우는 계기가 될 수 있을 것입니다.

종파운동에 관한 이런 적용은 개별적인 교회에도 고스란히 적용할 수 있다고 봅니다. 교회는 하나님께서 불러주신 사람들의 공동체이지만 그 구성원들이 온전한 삶을 살아가는 것은 아니기에, 세상에 존재하는 교회라면 어느 교회라 할 것 없이 문제는 항상 가지고 있습니다. 그런데 일상적인 문제가 아니라 공동체의 존속을 위협할 정도의 큰 문제가 발생했을 경우, 문제를 일으킨 사람들을 강압하는 식으로 문제를 덮어버리고 그 뿌리에 있는 불만과 욕구를 다루지 않으면 당장은 아닐지 몰라도 그 곪은 부분이 표면으로 터치고 나오는 순간 교회의 생명 자체가 위험에 빠질 것입니다. 그러므로 교회내의 일부 회원들 가운데 불평과 불만이 터져 나올 때는 그런 불만의 이면에 있는 근본적인 문제를 다룸으로 불만을 가진 당사자들을 품을 뿐만 아니라 그대로 방치할 경우 맞게 될 더 악화된 상황을 미연에 방지해야 할 것입니다.

주님의 시간에

루터의 개혁이 1517년에 시작되었고 **츠빙글리**의 개혁은 1519년에 시작되었으므로, **위클리프**는 종교개혁이 시작되기 150년 전 쯤 그리고 **후스**는 100년 전 쯤 각각 당시 로마 가톨릭 교회의 잘못된 신앙과 관행을 개혁하려 일어났다고 말할 수 있습니다. 결과만 본다면, **루터**나 **츠빙글리**의 개혁은 풍성한 열매를 거두었지만 **위클리프**나 **후스**의 개혁은 실패한 것이라 할 수 있습니다. 하지만 **루터**나 **츠빙글리**의 개혁의 바탕에 **위클리프**나 **후스**의 개혁이 깔려있기에 우리는 **루터**나 **츠빙글리**를 종교개혁자들이라 부르고 **위클리프**나 **후스**는 종교개혁의 선구자들이라 부릅니다.

그렇다면 종교개혁은 왜 **위클리프**나 **후스**의 시대가 아니라 **루터**와 **츠빙글리**의 시대에 열매를 맺었을까요? **루터**나 **츠빙글리**가 **위클리프**나 **후스**보다 훨씬 탁월한 사람들이라서 그랬던 것은 아니라고 봅니다. 옥스퍼드의 교수였던 **위클리프**나 프라하대학교의 인문대학장이었던 **후스**가 **루터**나 **츠빙글리**보다 지식이 부족했던 것은 아니기 때문입니다. 인간관계의 문제가 있었던 것도 아닙니다. 왜냐하면 **위클리프**는 잉글랜드 왕과 귀족들의 지지를 받고 있었고 **후스**는 보헤미아의 범국민적 지지를 받고 있었기 때문입니다. 그렇다면 무슨 이

유일까요?

핵심은 이것입니다. **위클리프**나 **후스**의 시대는 아직 하나님의 때가 아니었기 때문입니다. 그 이전 시대에 비해서는 왕이나 귀족 그리고 백성의 지지가 훨씬 더 강해져 있었지만 그래도 그때는 아직 때가 아니었던 것입니다. **루터**나 **츠빙글리**가 **위클리프**나 **후스**보다 훨씬 뛰어난 사역자들이라서가 아니라 그때가 하나님의 때이기 때문에 16세기 초에 일어난 개혁 운동은 알찬 열매를 맺을 수 있었습니다.

오늘날 교회의 목회 사역도 마찬가지입니다. 목사를 비롯한 사역자들이 아무리 힘쓰고 애써도 사역의 열매가 바로 바로 맺히는 것은 아닙니다. 전력을 다하며 오랜 시간이 흐른다 해도 사역의 열매가 나타나지 않을 수 있습니다. 만약 이때 우리 사역의 내용과 방향이 잘못되어 있다면 그것은 물론 바로 고쳐야 하겠지요. 하지만 성경을 바탕으로 한 올바른 사역을 하고 있는데도 오래도록 열매가 나타나지 않고 있다면 낙심하지 말아야 합니다. 목회 사역은 눈에 보이는 열매가 바로 바로 맺히지 않는 경우가 매우 많습니다. 목회에 평생을 쏟았는데도 가시적인 결과가 초라할 수 있습니다. 하지만 사역을 올바로 하고 있다면 그 결과로 인해 낙심해서는 안 됩니다. 하나님께서 풍성한 열매를 거두실 그날이 언제일지 우리는 모르기 때문입니다. 풍성한 열매를 주시는 여부는 하나님께 달렸습니다. 우리 사역자의 몫은 성경을 좇아 올바르게 목회하는 것뿐입니다. 만약 **위클리프**나 **후스**가 '왜 지금이 그때가 아닙니까?'하고 푸념만 늘어놓으며 개혁의 씨를 뿌리지 않았다면 150년 혹은 100년이 지나도 개혁의 열매는 맺히지 않았을 것입니다. 그들이 종교개혁자가 아니라 종교개혁의 선구자라고 해서 하나님께서 그들을 홀대하셨을 리가 없습니다. 자신에게 주어진 하나님의 소명에 순종하여 최선을 다하는 것이 그때나 지금이나 목회자의 사명이고 신자의 사명이기 때문입니다.

하나님께서 주시는 부흥과 개혁이 언제 우리에게 일어날지 우리는 알 수 없습니다. 어쩌면 우리 평생에 그 부흥과 개혁의 열매를 직접 따고 맛보지 못할 수도 있습니다. 하지만 비록 우리 자신이 부흥과 개혁의 열매를 직접 따고 맛보지 못한다 할지라도 우리가 하나님 앞에서 정직하고 순전하게 목회하며 뿌린 복음과 헌신의 씨는 하나님의 때에 하나님의 자녀 중 누군가가 반드시 그 열매를 거둘 것입니다(요한복음 4:35~38). 지금 우리 손에 보이는 열매가 없다고 세상은 우리를 비웃으며 성공적인 목회자가 아니라고 조롱할지 몰라도 우리가 정직하고 순전하게 씨를 뿌렸다면 훗날 하나님 앞에 설 때 우리는 부끄럽지 않고 담대할 수 있습니다. 나 아닌 다른 하나님의 자녀가 그 열매를 딴다고 해서 하나님 나라를 위해 흘린 우리의 눈물과 땀이 헛된 것은 아니기 때문입니다. 오히려 하나님은 그런 우리를 어여삐 보시며 격려하실 것입니다. "우리 주 예수 그리스도로 말미암아 우리에게 승리를 주시는 하나님께 감사하노니, 그러므로 내 사랑하는 형제들아, 견실하며 흔들리지 말고 항상 주의 일에 더욱 힘쓰는 자들이 되라. 이는 너희 수고가 주 안에서 헛되지 않은 줄 앎이라"(고린도전서 15:57~58).

찾아보기

(인명 · 저작명 · 성구)

1. 인명

(* 위 내용 중 앞에 다른 지명 없이 '총대주교'라고 쓴 것은 '콘스탄티노폴리스 총대주교'를 말한다.)

2. 저작 · 문서

3. 성구

대조표

(지명 · 국가명 · 부족명 등)

갈리아(Gallia)
게르만(German)
고트족(Goths)
과달루페(Guadalupe)
나바라(Navarra)
노틀담(Notre Dame)
니카이아(Nicaea)
다미에타(Damietta)
달마티아(Dalmatia)
데벤터(Deventer)
도나우(Donau)
동(東)고트족(Ostrogoths)
라인(Rhein; Rhine)
라테란(Lateran)
랭스(Reims)
러터워쓰(Lutterworth)
로마(Roma)
론(Rhone)
롬바르드족(Lombards)
르와르(Loire)
리용(Lyon)
리파니(Lipany)
마그데부르크(Magdeburg)
마르세유(Marseille)
마인츠(Mainz)
만수라(Mansoura)
만지케르트(Manzikert)
메디치(Medici)
모스크바(Москва)
몬테 카시노(Monte Cassino)
바빌로니아(Babylonia)
바티칸(Vatican)
반달족(Vandals)
발칸반도(Balkans)
베네치아(Venezia)
보름스(Worms)
보헤미아(Bohemia)
볼로냐(Bologna)
부르군디(Burgundy)
브리튼(Britain)
브릭센(Brixen)
비스툴라(Vistula)
비잔티움(Byzantium)
빈데스하임(Windesheim)
뽀와티에(Poitiers)
사보이(Savoy)
살레르노(Salerno)
살레프(Saleph)
색슨족(Saxons)
서(西)고트족(Visigoths)
세비야(Sevilla)
센(Seine)
셀주크(Seljuk)
슈파이어(Speyer)
스키리족(Scirii, Sciri 또는 Scirians)
스와송(Soissons)
시칠리아(Sicilia)
시토(Cîteaux)
신성(神聖)로마제국(Sacrum Romanum Imperium)
아나네이(Anagni)
아라곤(Aragon)
아베르사(Aversa)
아비뇽(Avignon)
아시시(Assisi)
아크레(Acre)
안티오크(Antioch)
알레만니(Alemanni)
알프스(Alps)

앵글로 색슨(Anglo-Saxon)
앵글족(Angles)
에데사(Edessa)
에르푸르트(Erfurt)
엘베(Elbe)
엘비라(Elvira)
오토만(Ottoman)
옥스퍼드(Oxford)
우트레히트(Utrecht)
위건(Wigan)
자다르(Zadar)
작센(Sachsen)
제노바(Genova)
주트족(Jutes)
카노사(Canossa)
카스티야(Castilla)
카이사리아(Caesarea)
카파도키아(Cappadocia)
칼라로가(Calaroga)
캔터베리(Canterbury)
케임브리지(Cambridge)
켈트족(Celts)
코르비(Corbie)
콘스탄츠(Konstanz)
콘스탄티노폴리스(Constantinopolis)
클레르몽(Clermont)
클루아(Cloyes)
토스카나(Toscana)
톨레도(Toledo)
투르(Tours)
투르크족(Turks)
튀니스(Tunis)
트레부르(Trebur)
트렌토(Trento)
트리어(Trier)
파비아(Pavia)
파티마(Fatimid)
판노니아(Pannonia)
포르티운쿨라(Portiuncula)
풀다(Fulda)
프라하(Praha)
프랑크족(Franks)
프루이유(Prouille)
피렌체(Firenze)
피사(Pisa)
하틴(Hattin)
할버슈타트(Halberstadt)
화레즘(Khwarezm)
훈족(Huns)
히에리아(Hieria)

역사의 거울 앞에서

개정판

2008년 10월 31일 도서출판 수풀 초판 1쇄.
2012년 3월 10일 기독교연합신문사 초판 1쇄.
2015년 3월 2일 기독교연합신문사 초판 2쇄.
2019년 4월 24일 산책길 개정판 1쇄.
2025년 3월 15일 도서출판 소망 1쇄

지은이 임원택
펴낸곳 도서출판 소망
주 소 10252 경기도 고양시 일산동구 고봉로 776-92
전 화 031-976-8970
팩 스 031-976-8971
이메일 somangsa77@daum.net
등 록 (제48호) 2015년 9월 16일

ISBN 979-11-988176-1-7 03230
책값은 뒤표지에 있습니다.